HUIT MOIS

sur les

DEUX OCÉANS

Panama. — Le Collège des Jésuites.

U. MAC-ÉRIN

MEMBRE DE LA SOCIÉTÉ DE GÉOGRAPHIE DE PARIS

HUIT MOIS

SUR LES

DEUX OCÉANS

VOYAGE D'ÉTUDES ET D'AGRÉMENT

NOUVELLE ÉDITION

TOURS

ALFRED CATTIER

ÉDITEUR

A M. PAUL LATHOUD

ARCHITECTE-INGÉNIEUR

A SANTIAGO-DU-CHILI

Dont j'ai pu apprécier le splendide talent et la haute influence, l'aimable distinction et le noble caractère,

JE DÉDIE CES PAGES,

comme un hommage de mon estime et de ma sympathie.

U. MAC-ÉRIN.

A tous ceux qui ont fait des jours de mon voyage des jours de bonheur, j'offre ici l'expression de ma reconnaissance et de mon souvenir.

U. MAC-ÉRIN.

HUIT MOIS

SUR LES

DEUX OCÉANS

LES VOYAGES D'ÉTUDES ET LA JEUNESSE

Le petit Goyito péruvien. — Les habitudes casanières d'autrefois et l'humeur voyageuse d'aujourd'hui. — Goyitos français. — L'amour des voyages instructifs chez les Américains et les Anglais. — Le voyage par excellence : le voyage d'études et d'agrément autour du monde. — Noble entreprise de M. Biard. — Praticabilité de sa conception malgré l'insuccès de la première expérience. — Le voyage d'études est un admirable complément d'instruction supérieure. — Avantages intellectuels, politiques et moraux qui en résulteraient. — Opportunité et avenir d'une idée éminemment patriotique et française.

Un des hommes les plus considérables du Pérou, Pardo, grand politique doublé d'un fin littérateur, publia un jour un entrefilet délicieux dans une revue de Lima : *le Miroir de mon pays*. — Avec un humour plein d'abandon et de charme, il mettait en parallèle les habitudes timides d'autrefois, qui redoutaient le moindre voyage, et l'amour des grandes pérégrinations, qui aujourd'hui, au contraire, entraînent tant de touristes dans les pays lointains.

« Le petit Goyito, dit-il, va faire un voyage. Le petit Goyito touche à ses cinquante-deux ans, mais quand il naquit, on l'appela le petit Goyito ; on le nomme encore ainsi aujourd'hui et il conservera ce nom dans trente ans, parce que beaucoup de gens s'en vont au Panthéon (cimetière) tels qu'ils sont venus au monde.

« Ce petit Goyito, qui, partout ailleurs, serait un don Grégorio de fort bonne qualité, a reçu, durant trois longues années, des lettres du Chili, dans lesquelles on le prévient que sa présence est indispensable dans ce pays, pour mettre ordre à d'importantes affaires de famille restées fort embrouillées depuis la mort subite d'un parent. Or, Grégorio a employé ces trois ans à songer à la façon dont on répondrait aux lettres et à la manière dont on ferait le voyage. Le bonhomme ne pouvait se décider à prendre un parti. Pourtant les instances renouvelées de son correspondant l'obligèrent à se consulter avec son confesseur, son médecin et ses amis. Enfin, senor, l'affaire est conclue : le petit Goyito part pour le Chili.

« La nouvelle se répand dans toute la famille ; elle défraye les causeries, donne de l'occupation à tous les domestiques, met en émoi et en dévotion tous les couvents et convertit enfin la case en une Livourne. On mande des couturières d'un côté, des tailleurs de l'autre, des restaurateurs partout. On prie un propriétaire de Canete de faire tisser à Chincha des porte-cigares. La mère Transverbération du Saint-Esprit se charge de faire confectionner dans un couvent une partie des biscuits ; dans un autre couvent sœur Maria en fera faire une portion notable ; une petite sœur Récollette envoie en présent un scapulaire, une autre deux images. On commande enfin à divers manufacturiers et négociants des conserves de volailles, des pharmacies portatives, du vinaigre des Quatre-Voleurs pour le mal de mer, chemises par centaines, houppelandes, vestes et pantalons pour les jours tempérés, vestes et pantalons pour les jours de chaleur. En fin de compte, l'expédition de Bonaparte en Égypte ne donna guère lieu à de plus grands préparatifs.

« Ils employèrent six mois et encore, grâce à l'activité des petites (je parle des petites sœurs de don Grégorio, dont la plus jeune l'avait tenu sur les fonts du baptême), lesquelles, en dépit

du chagrin que leur causait le voyage, embrassèrent en un clin
d'œil toutes les prévoyances que commandait l'événement.

« Allons au navire. Mais qui pourra nous dire s'il est bon ou
mauvais? Grand Dieu, quel embarras! Ira-t-on trouver l'Anglais
don Jorge qui habite sur les hauteurs? Bah ! il ne faut pas y penser ; les petites sœurs disent que c'est un sauvage qui s'embarque-
rait dans un soulier. Un cabaretier catalan, qui a navigué en qualité
de sergent sur la *Esmeralda*, est enfin l'expert accrédité. On lui
fournit un cheval; il va au Callao, opère sa reconnaissance et
revient en disant que le navire est bon et que don Goyito y voya-
gera aussi sûrement que sur un vaisseau de la Royale Armada.
Cette assurance calme les inquiétudes.

« Visites d'adieux. — La voiture chemine dans tout Lima.
Comment, vous nous quittez? Comment, vous vous décidez à vous
embarquer?... Quel gaillard! — Don Grégorio se met à la disposition de tout le monde. Ses yeux se baignent de larmes à chaque
embrassement; il se recommande aux prières, et on le charge de
rapporter des jambons, des friandises, des langues fumées et de
faire des recouvrements. Mais personne ne le recommande à Dieu,
et lui-même se garde bien de songer aux jambons, aux friandises,
aux langues fumées et aux recouvrements.

« Le jour du départ arrive. — Quel bruit! Quelle confusion!
Quelle Babel! Malles dans les patios, ballots dans la chambre à
coucher, matelas sous le vestibule et partout un déluge de papiers.
Tout sort enfin, tout s'embarque, mais pas sans peine, je vous le
jure. Don Grégorio part accompagné d'un nombreux cortège,
dont font partie, avec amulettes pour le temps des orages, ses
sœurs bien-aimées qu'une circonstance aussi solennelle pouvait
seule décider à l'horrible sacrifice d'aller pour la première fois
de leur vie au Callao. Les infortunées se couvrent les yeux de
leur mouchoir et le voyageur fait de même. L'heure de l'em-

barquement approche ; l'heure de l'attendrissement s'accroît encore... Nous reverrons-nous jamais?... Enfin il faut partir, le canot attend ; tout le cortège se rend au môle. Embrassades générales, sanglots ; les amis arrachent les sœurs des bras du frère. — Adieu ! nos petites sœurs ! — Adieu, Goyito de mon cœur ! que l'âme de *mi mama chombita* veille sur toi ! ! !...

« Ce voyage est devenu un événement important dans la famille ; il a fixé une époque d'éternels souvenirs, une *ère*, comme celle du christianisme, comme l'hégire, comme la fondation de Rome, comme le déluge universel, comme l'ère de Nabonassar. Si d'aventure, l'on demande dans la Tertullia : — Depuis combien de temps s'est mariée une telle ?

« — Attendez ! une telle se maria, lorsque Goyito allait partir pour le Chili.

« — Quand donc est mort le Père gardien de tel couvent ?

« — Je vais vous le dire : On sonnait son agonie le lendemain du jour où Goyito s'embarqua. Je me souviens au moins que je m'associai aux prières étant au lit, malade des suites de mon voyage au Callao.

« — Quel âge a ce petit garçon ?

« — Laissez-moi me rappeler. Il est né en... Tenez ! ce calcul est plus sûr ; ce sont des fèves comptées, il changeait de dents quand nous reçumes la première lettre de Goyito, vous pouvez donc facilement faire le compte.

« C'est ainsi que voyageaient nos aïeux, c'est ainsi que voyageraient, s'ils se déterminaient à voyager, bien des individus de la génération qui s'éteint, bon nombre aussi de la génération actuelle, qui conservent les habitudes du temps du vice-roi Avila. Bien d'autres ne voyageraient pas même ainsi, ni ne voyageraient d'aucune manière.

« Mais les révolutions ont fait de l'homme, à force de le secouer et de le ballotter, le meuble le plus léger et le plus portatif. Les infortunés qui, depuis leur enfance, n'ont pas vécu dans une autre atmosphère, en ont au moins tiré, au milieu de mille désagréments, le léger bénéfice d'une grande facilité de locomotion. La santé, les affaires ou un intérêt quelconque vous conseillent-ils un voyage ? Voyons les journaux. — Navires pour le Chili. — Senor consignataire, y-a-t-il des cabines ? — Certes. — Le navire est-il fin voilier ? Excellent. — Passage ? — A vos souhaits. — C'est chose faite. Petite, prépare-moi une douzaine de chemises et un sac de voyage. Cette note à l'avocat, cette autre au procureur. Prends garde ! ne t'endors pas avec la blanchisseuse, car je pars samedi. Pour l'imprimerie les quatre lignes qui disent adieu aux amis.

« Le samedi arrive, un baiser à l'épouse, quelques baiser aux enfants et puis :

« —Bonjour. Avant peu de mois, je serai de retour [1]. »

Ces lignes ne sont-elles pas d'une justesse admirable autant que d'une exquise finesse ? Il n'y a plus de petits Goyitos en Angleterre, en Amérique, en Russie..., mais combien n'en trouve-t-on pas encore en France ? Nous sommes loin d'avoir assez hardiment secoué notre torpeur casanière et d'apprécier les voyages à leur juste valeur. Combien vivent chez eux comme s'ils étaient seuls au monde et que tout finisse là où finit leur domaine ! Quitter un moment le sol de la patrie, franchir le Méditerranée ou la Manche, voilà ce qui constitue chez nous un événement de famille extraordinaire, exceptionnel et qui fait époque dans les annales domestiques. — Il y en a qui parlent cinquante ans et plus d'une promenade sur les bords du Rhin ou même... à Carcassonne. On l'a dit, et c'est vrai, le Français aime plus sa robe de chambre que sa couverture de voyage.

[1] Cité par Max Radiguet dans ses *Souvenirs de l'Amérique centrale*.

Depuis bien longtemps, l'accomplissement d'un grand voyage est considéré comme le meilleur, le plus brillant complément d'éducation et d'instruction supérieur qui puisse être donné à un jeune homme arrivé à la fin des études classiques. Les États-Unis et l'Angleterre surtout nous ont singulièrement devancés dans cette voie. Là, on voit souvent des pères de famille envoyer leur fils, sans hésitation, sous la conduite d'un précepteur, faire le tour du monde. C'est de la hardiesse sans doute, mais c'est surtout de l'intelligence. On a vu récemment toute une famille anglaise richissime quitter une vie tranquille, facile et luxueuse pour braver les hasards et les fatigues d'une expédition autour du globe. M. et MM. Brassey se sont embarqués en 1876 sur leur yacht le *Sumbean*, pour former pendant onze mois leurs enfants, dont l'aîné n'avait que quinze ans, à la grande, à l'incomparable école de la mer. La fortune ainsi noblement employée pour l'éducation de la jeunesse et la gloire d'un pays n'excitera jamais la haine ou l'envie, et les hommes de toutes les latitudes et de toutes les conditions la salueront toujours avec admiration et enthousiasme.

Il n'est donc pas rare de voir de jeunes Américains et de jeunes Anglais faire, à la fin de leurs études classiques, un grand voyage et, de préférence, le tour du monde pour compléter d'une manière aussi brillante que sérieuse et pratique leur instruction supérieure. Ainsi, il y a quelques années, — pour ne citer que cet exemple, — le plus jeune fils de l'écrivain anglais Manuel Smiles, dut entreprendre un voyage maritime pour les besoins de sa santé. Vous pensez qu'il va se borner à voguer un ou deux mois dans l'Atlantique ou la Méditerranée ? — Point du tout. Il profite de cette circonstance pour satisfaire sa fantaisie circumnavigatrice, et le voilà bientôt en Australie. Là, le jeune explorateur *de 16 ans* fait des études sérieuses et agréablement instructives sur Melbourne, Marlborough, Sydney, etc. Les mœurs, les coutumes, l'organisation de ces peuples si naïfs, si actifs et qui se sont si rapidement enrichis, tout est observé avec un scrupule jaloux. Puis, il visite Auckland, dans la Nouvelle-Zélande, les îles Sandwichs et traverse toute l'Amérique septentrionale de San-Francisco à New-York. De là enfin, il revient à Londres, où il publie avec autant d'érudition que de charme le *Voyage d'un adolescent autour du monde*.

« Le tour du monde ! » Ce grand mot représente immédiatement à l'esprit un voyage plein, sans doute, d'attraits, de prestige, presque de gloire, mais aussi de difficultés, de fatigues et de dangers. Et, en effet, malgré les merveilleux progrès de la navigation et le confort étonnant des grands steamers qui sillonnent les mers du globe, on ne saurait nier que cette gigantesque tournée n'entraîne encore des périls et des ennuis. Les continuels transbordements auxquels le touriste est condamné, la cohabitation dans une petite cabine de bord avec un ou plusieurs étrangers, la nécessité, à chaque port, de faire et de défaire les malles, que sais-je encore?... Tout cela, je l'avoue, constitue des inconvénients plus ou moins sérieux, des soucis sans cesse renouvelés et n'est guère favorable d'ailleurs au travail et à l'étude. Mais si l'on pouvait disposer d'un paquebot spécial, bien emménagé, s'y installer au départ d'une manière confortable avec sa petite bibliothèque et ses objets familiers que l'on n'aurait plus à remuer qu'au retour ; si, après chaque excursion à terre, on pouvait retrouver son navire, comme on retrouve sa maison, son château et s'installer encore dans la même cabine, n'aurait-on pas détruit du même coup bien des inconvénients et des ennuis ? Que l'on suppose ensuite à bord des professeurs chargés de faire des conférences aux passagers sur les divers pays à parcourir et n'aurat-on pas alors créé le voyage par excellence, le grand voyage d'études et d'agrément, sans perte de temps, sans grandes fatigues et sans grands dangers ?... Dans cette hypothèse, le touriste studieux, retrouvant à bord ses livres, ses cahiers, ses notes, *son home* enfin, n'a plus à s'inquiéter de paquets, de malles, etc. ; il peut consacrer tous les loisirs de la traversée à faire son journal, coordonner ses notes, emmagasiner ses collections, échanger ses idées avec ses compagnons de route d'une manière aussi utile qu'agréable. Comment rêver un voyage plus facile, plus instructif, plus séduisant ?...

Omne tulit punctum qui miscuit utile dulci.

Eh bien ! cette heureuse conception, on a tenté de la réaliser. — Un jeune officier de notre marine militaire, M. Georges Biard, il n'y a pas longues années, a groupé autour de cette idée féconde des personnalités distinguées parmi lesquelles il me suffira de citer MM. Levasseur, de l'Institut, Bischoffsheim, le vicomte de Chabannes, C. Delamarre, le baron de Bernard de Fauconval. La *Société des Voyages d'études autour du monde* s'était adjoint un comité d'études dans lequel siégaient MM. Ferdinand de Lesseps et Geoffroy Saint-Hilaire, et devait organiser chaque année un voyage de circumnavigation.

Cette entreprise généreuse et pratique fut accueillie par les éloges unanimes de la presse sans distinction de parti ni de nationalité et honorée de l'approbation flatteuse de presque toutes les sociétés savantes de France et de l'étranger. Il s'agissait, en effet, nul ne le niera, d'une œuvre éminemment utile et nationale et venant glorieusement combler une lacune qui existait dans les éléments de l'instruction supérieure de notre pays. D'ailleurs le choix de l'itinéraire était on ne peut plus judicieux. Le voyage, effectué dans la direction de l'occident, devait durer environ onze mois. Les touristes n'avaient ainsi ni à redouter une absence trop prolongée, ni à faire un tour de force en parcourant trop rapidement le monde, « comme un corps grave décrivant une orbite autour du globe terrestre », suivant l'expression pittoresque de Jules Vernes. .

M. Biard affréta la *Junon*, de la compagnie Fraissinet de Marseille, et nous partîmes joyeux, le 1ᵉʳ août 1878. Rien de plus gai et de plus souriant que le début du voyage. Mais bientôt un différend commercial qui s'éleva entre la Société des Voyages d'études et la compagnie Fraissinet assombrit l'horizon de tristes nuages, et l'expédition commencée sous de si brillants auspices fut rompue à Panama.

Si je n'ai aucune autorité, aucune compétence pour juger un pareil conflit, il m'est du moins permis de le regretter et d'en déplorer les fâcheuses conséquences. Et me plaçant avec une entière impartialité dans la haute et sereine région des considérations générales, n'ai-je pas encore le droit de dire que l'échec de la Société des Voyages est dû, au fond et en dernière analyse, à cette inéluctable et perpétuelle fatalité que trouve toute idée neuve qui se fait jour dans le monde?... M. Biard déploya, pour la réalisation de son généreux projet, un talent et une constance au-dessus de tout éloge. Mais les capitaux, — qui ne le sait? — sont de bons bourgeois lâches et égoïstes qui ne recherchent que des gains sûrs et immédiats. Faites donc briller à leurs yeux la noblesse et le patriotisme d'une entreprise ! Si les résultats matériels en sont un peu aléatoires ou lointains, ils l'estiment pratiquement à peu près autant que les neiges d'antan. Aussi M. Biard, malgré la sympathie générale qui plana toujours sur sa création, ne put-il constituer qu'un capital social assez restreint et recruter qu'un petit nombre de voyageurs. Il dut donc renoncer à son premier projet d'acheter un paquebot et se borna à l'affréter.

— Si la *Junon* lui avait appartenu, il eût été absolument chez lui,

maître de ses actes, tout à fait indépendant, et il aurait certainement atteint le but qu'il s'était proposé. Cependant son entreprise
n'a pas été inutile. En arrivant, malgré les obstacles de toute sorte,
à l'exécution partielle de sa conception, il en a prouvé la sagesse
féconde et la praticabilité, et d'autres, plus heureux que lui,
reprendront un jour sans doute son œuvre, et, profitant de son
expérience, la mèneront à bon terme.

Sic vos, non vobis...

Cette pensée est marquée en effet d'un tel caractère d'utilité et
d'actualité que l'on ne peut manquer d'en poursuivre encore la
réalisation. La Société des Voyages a disparu ; mais son idée
reste et restera parce qu'elle répond au besoin plus accentué que
jamais de propager les connaissances géographiques et d'appliquer
plus largement la science au commerce afin d'en accroître l'intelligente activité.

Un voyage de circumnavigation n'est-il pas propre, en effet, à
éveiller dans la jeunesse le goût des grandes et nobles entreprises,
à donner un nouvel élan à notre commerce maritime par les relations qu'il provoquerait et par les spectacles des merveilleux résultats obtenus dans des contrées lointaines par des peuples hardis
et vigoureux et particulièrement par la race anglo-saxonne ? N'y
a-t-il pas là de quoi enflammer les cœurs d'une émulation énergique et d'un patriotisme éclairé ? Et la géographie ne devien-
drait-elle pas alors un instrument de production ?... Si nous dis-
putons si peu à nos voisins d'outre-Manche le commerce du
monde, c'est que nous ignorons les conditions nécessaires au
succès et nous les ignorons précisément parce que nous restons
trop chez nous. C'est là un cercle vicieux qu'il nous importe souverainement de faire disparaître. Les Anglais pénètrent dans tous
les pays du globe ; partout ils établissent des comptoirs ou tout

au moins des maisons de commerce et par là acquièrent une
influence et une puissance d'action qui provoquent et facilitent
l'établissement des colonies officielles de leur gouvernement. —
Nous pourrions certainement en faire autant. Et que l'on ne dise
pas que nous manquons du génie de la colonisation et des affaires
lointaines ! Ces qualités, nous les avons au fond et même à un
degré supérieur, mais elles sont arrêtées dans leur expansion,
comprimées dans leur essor par la législation, par nos préjugés,
par le milieu dans lequel nous vivons et par le genre d'éducation
qu'on nous donne.

Les Français, pris individuellement, ne sont pas, quoi que l'on
prétende, inférieurs aux autres peuples, et, si notre nation prise
comme telle, n'a point toute l'importance que nous lui désirerions
dans le monde des colonies et du commerce, il faut en chercher
la cause non dans notre génie national, mais dans notre éducation,
nos préjugés, nos habitudes révolutionnaires et la fièvre de l'ambition politique qui paralysent notre activité industrielle et commerciale. La colonisation dans sa vraie et haute signification, ne
consiste-t-elle pas à s'assimiler intellectuellement et moralement
les pays conquis ? or, qui mieux que la France a su transmettre à
un peuple subjugué, son esprit, sa foi et son cœur ? Les Anglais
et les Hollandais nous sont assurément supérieurs par l'habileté
et l'art de l'exploitation, mais non par le véritable et beau génie
de la colonisation. C'est l'éternel honneur de la France de n'avoir
perdu ses colonies que par le malheur des guerres étrangères. —
Nulle, Saint-Domingue excepté, ne s'est violemment séparée de
nous. Toutes nous ont été, comme l'Alsace-Lorraine, arrachées
par l'injustice et ne cessent de garder à leur métropole des sympathies que rien ne parvient à détruire. Voyez la Louisiane, Maurice et surtout le noble, le chevaleresque Canada ! Aujourd'hui
encore les habitants de ces pays respectent et chérissent le nom

français et recueillent et fêtent nos compatriotes comme des frères. Est-ce là le spectacle que nous ont donné les États-Unis, le Cap, les Indes et les colonies de l'Espagne et celles du Portugal?... — Ce sont donc des causes extérieures et accidentelles qui nous empêchent de conquérir dans le commerce lointain le rang que nous occupons dans le monde de l'intelligence. Eh bien ! qu'on les combatte en donnant le goût des voyages d'études et en mettant l'instruction de la jeunesse française plus en harmonie avec les besoins modernes. Nous avons trop de pseudo-littéraeurs, d'avocats politiques et de candidats à tous les emplois du gouvernement, mais pas assez d'hommes sérieux, pratiques et laborieux. Nous sommes arriérés pour la connaissance de la goégraphie moderne, malgré le développement que ces études ont depuis quelque temps reçu. Qui connaît d'une manière un peu complète le Nouveau-Monde, l'Orient, les ressources des divers peuples, leurs mœurs, leur administration et leur système politique?... Peut-être ne manque-t-il pas chez nous de législateurs, même de haut bord, qui ignorent la différence profonde qui distingue la République fédérative des États-Unis de la République unitaire de la France. On entend faire parfois, entre les constitutions qui régissent les deux pays, des comparaisons qui prouvent à cet endroit une bien ridicule ignorance.

Très sensés les anciens qui reconnaissaient tellement l'utilité des voyages pour la formation pratique de l'intelligence, qu'ils s'imposaient le devoir de faire de longues excursions avant de se livrer à la politique ou à la philosophie. Lycurgue, Solon, Pythagore, Hérodote avaient visité les contrées étrangères pour en étudier l'histoire et les mœurs. A égalité de talent et d'honneur, qui ne préférerait, pour le gouvernement d'un État, un homme mûri par des voyages instructifs dans les divers pays du monde à celui qui n'aurait fait que des travaux solitaires et des études abstraites.

Richelieu donnait une grande leçon aux hommes d'État à venir quand il écrivait dans son testament politique : « La capacité des conseillers ne requiert pas une suffisance pédantesque ; il n'y a rien de plus dangereux pour l'État que ceux qui veulent gouverner les royaumes par les maximes qu'ils tirent de leurs livres ; ils les ruinent souvent tout à fait par ce moyen, parce que le passé ne se rapporte pas au présent et que la constitution des temps, des lieux et des personnes est différente. Elle requiert seulement bonté et fermeté d'esprit, solidité de jugement, vraie source de prudence, teinture raisonnable des lettres, connaissance générale de l'histoire et de la *constitution présente de tous les États du monde* et particulièrement de celui auquel on est. »

Les grands voyages dont je parle ne tarderaient pas à répandre parmi nous ces connaissances géographiques devenues de plus en plus nécessaires et cette instruction des choses et des faits, la seule peut-être qui manque en France.

Et que dire des avantages spéciaux qu'y trouverait la jeunesse Notre éducation pédagogique a un caractère trop théorique et semble vouloir prolonger indéfiniment l'enfance. Ce n'est point ce qui existe en Angleterre. L'éducation chez les fils de la « blanche Prytain » tend bien mieux aux résultats pratiques, par la discipline, par l'enseignement et la manière dont on le donne. Aussi l'enfant anglais en sortant des bancs du collège a-t-il sur l'élève français une évidente supériorité : il connaît mieux et davantage la vie pratique et se trouve plus préparé à en combattre les difficultés.

L'école des voyages d'études corrigerait le caractère défectueux de notre éducation nationale. Elle initierait merveilleusement les jeunes touristes à la vie réelle, à la vie pratique.

Un voyage de circumnavigation fait d'une manière sérieuse et intelligente, dans les conditions rêvées et formulées par M. Biard, ne peut qu'élever leur esprit, les arracher à l'amour du *farniente* et de la frivolité en leur inspirant des idées excitantes et le goût de l'étude. Rien de plus propre, ce me semble, à éclairer leur intelligence, à former leur jugement et à fortifier leur caractère. En un mot, un tel voyage autour du monde est, pour un jeune homme, le plus admirable complèment d'éducation pratique et d'instruction supérieure, que l'on puisse imaginer. Nul autre ne saurait le remplacer: car, — toutes choses égales d'ailleurs, — il y a une grande différence entre celui qui n'a jamais quitté son pays et celui qui a voyagé : celui-ci jouit sans conteste d'une supériorité marquée, son esprit a le cachet d'une sage largeur de vues et d'une noble indépendance. Il n'a point ordinairement ces idées étroites, cet égoïsme borné, ce patriotisme faux et exclusif qui rétré-cissent également et l'intelligence et le cœur. Il connaît davantage et apprécie plus justement les choses et les hommes, le monde avec ses avantages et ses dangers ; s'il respecte la tradition qui se justifie, il méprise la routine qui s'adore...

Puis quel intérêt de curiosité et quelle source d'émotions dans l'étude des pays qu'il a visités ou entrevus !... Quand on a été dans une contrée, ne serait-ce qu'un moment, on n'en perd plus le souvenir, on veut connaître son histoire, on suit avec passion ses luttes, ses évolutions et ses progrès, et on trouve là une source d'études aussi fructueuses qu'attachantes. Cela fait vivre, pour ainsi dire, d'une vie multiple. Lorsqu'on parle devant vous d'un pays d'outre-mer que vous connaissez, son nom ne résonne point à vos oreilles comme un nom vulgaire ; il vous éveille, il vous plaît, il vous impressionne de quelque manière et excite dans votre esprit tout un monde de pensées, de sentiments et de sou-venirs. Non, on ne parlera jamais devant moi du Chili, du Brésil, du Pérou, etc., sans m'intéresser à un souverain degré. Nul évé-nement important ne se passe dans ces contrées sans exciter ma curiosité, et remuer dans mon esprit et dans mon cœur comme un tourbillon de craintes et de désirs. Ces régions ne sont point la patrie, mais bien plus pourtant que des pays indifférents et étrangers.

A part quelques heureuses et très rares exceptions, la jeunesse élégante présente, à la fin des études classiques, un déplorable spectacle. Frivolités, caprices, plaisirs, ruineuses inutilités, coupables sottises, connaît-elle et aime-t-elle autre chose? Parlez à ces jeunes gens, qui ont fait ou du moins parcouru les classes, d'une étude un peu sérieuse, d'un livre solidement pensé et écrit, parlez-leur seulement d'un article de journal dont l'intelligence demande quelque attention, comme ceux qui sortent parfois des plumes de MM. Veïs, Lavedan et autres grands publicistes ; votre langage les surprendra, provoquera leurs sourires et... leur fuite.

L'illustre évêque d'Orléans, dans ses admirables *Lettres à un Homme du monde*, — qui, par parenthèse, devraient se trouver entre toutes les mains, — après avoir indiqué toutes les études qui peuvent solliciter les loisirs des jeunes gens, leur adresse un dernier appel et leur fait une dernière menace : « Que chacun, s'écrie avec sa plus ardente éloquence Mgr Dupanloup, que chacun examine de bonne foi ce dont il est capable et fasse entrer dans sa vie quelque étude sérieuse ; quelque travail honorable !... Malheur à l'homme sur la tombe duquel on pourra écrire : *Voca virum sterilem*, ce fut un homme stérile ! Je ne connais rien de plus redoutable que cette condamnation. Être frappé de stérilité par un accident, grand malheur : mais se frapper soi-même de stérilité, refuser, en refusant le travail, la fécondité, ne pas donner son fruit, manquer sa vie, la fin pour laquelle on est sur terre, faire, en un mot, banqueroute à la société et à Dieu, malheur incomparable ! »

Hélas! que l'on comprend peu dans le monde cette rigoureuse et universelle obligation du travail! Que de jeunes gens qui n'ont pas le courage de se livrer à la plus petite étude, qui n'aiment que la chasse, les chevaux, et dont l'unique occupation est de promener nonchalamment dans les rues et ailleurs leur radicale ignorance et leur pompeuse nullité!... Oui, cela est incontestable et incontesté : la frivolité, les riens, les jouissances matérielles constituent la vie ou presque toute la vie d'une grande partie de notre jeunesse dorée. Pourquoi? Un des motifs ne serait-il pas que, longtemps assujetti à la discipline des collèges, le jeune étudiant abuse de la liberté et se jette désespérément dans la voie large et fleurie de la paresse et du plaisir. Eh bien! la conception de M. Biard établissait la plus salutaire, la plus heureuse transition entre le collège et le monde ; elle venait combler, dans notre éducation pratique et notre instruction supérieure, une lacune plus grande en France que dans tout autre pays. Comment, en effet, un jeune homme pourrait-il faire une si gigantesque tournée, sans en rapporter des goûts distingués, des habitudes fortes, des connaissances variées, des pensées viriles et des souvenirs stimulants, qui l'inviteraient et l'amèneraient presque infailliblement à une vie sérieuse et au travail?

Supposons une nouvelle *Junon* partant cette année de Marseille, du Havre, à l'abri des inconvénients et des surprises qui ont fait échouer la première, et avec toute certitude de succès. Voici deux jeunes gens bien doués qui viennent de terminer leur éducation classique. L'un s'embarque hardiment, avec la ferme résolution d'étudier, de s'instruire. Il parcourt les divers pays du globe, avec enthousiasme, il observe, il lit, il interroge. — Au Brésil, au Pérou, aux États-Unis, partout il regarde avec intelligence et réflexion, voit sans préjugé, se crée des relations, écoute avec soin les entretiens faits à bord par les professeurs, recueille des détails scientifiques ou pittoresques, prend des renseignements de toute sorte, des notes de toute nature, écrit ses impressions... Et il revient dans un an !... Cependant, son condisciple est resté dans le tourbillon corrupteur de Paris, de Toulouse, de Lyon ou l'énervant *farniente* du château. J'admets même, si l'on veut, qu'il n'ait point tout à fait perdu son temps.

Eh bien ! quel est celui qui sera plus capable de comprendre la vie et de jouer un rôle actif et honorable dans la société? A cette question la réponse est facile et ne suffit-elle pas à faire l'éloge de la pensée qui avait inspiré M. Biard? Le jeune voyageur aura donné à son instruction classique un merveilleux complément, et à son éducation supérieure un couronnement de la plus haute valeur et du plus éclatant prestige. Il aura rapporté de son instructive et gigantesque promenade, une maturité de jugement, une force d'esprit, une virilité de caractère et une somme de connaissances que ne lui aurait point données peut-être toute une vie d'études et d'expérience. — Non, il n'est pas possible qu'à son tour, l'intelligent touriste ne se livre pas à de nobles occupations et ne prenne point en pitié les tristes futilités qui absorbent tant d'existences. S'il a d'ailleurs un esprit droit et des sentiments chrétiens que rien ne peut suppléer, il sera bientôt un homme... Il ne sera pas à charge à lui-même ni inutile aux autres. Et, quelle que soit la position sociale que l'avenir lui réserve, il saura l'honorer et l'occuper dignement pour le bien de ceux qui l'entoureront et de son pays.

Aussi ne puis-je m'empêcher de croire à la reprise de cette pensée féconde qui a eu un commencement de réalisation. Quand et comment sera-t-elle renouvelée? Quels en seront les promoteurs? — Peu importe. — Mais cette œuvre a un caractère trop évident de progrès, d'actualité et de patriotisme pour qu'elle puisse être définitivement perdue. Sans doute elle ne renaîtra pas sans difficultés et il lui faudra triompher de bien des obstacles, de la routine étroite et de la faiblesse indécise, mais elle renaîtra : car on ne fera jamais ni penser ni dire d'une pensée si juste, si opportune et si pratique, que la réalisation en soit impossible. Ce n'est ni raisonnable, ni français.

DÉPART

NAVIRE ET NAVIGATEURS

Exposition universelle de Paris. — Banquet d'adieu sous la présidence de M. de Lesseps. — Marseille. — Départ. — Mgr Place. — Notre-Dame de la Garde. — La *Junon*. — Le commandant. — L'état-major. — L'équipage. — Les passagers. — Violente tempête. — Le mal de mer. — Les îles Baléares. — Les côtes d'Espagne. — La première messe à bord.

L'Exposition universelle de Paris s'ouvrit trois mois avant le départ de la *Junon*, et cette coïncidence semblait augmenter encore l'attrait du grand voyage organisé par M. Biard. N'était-ce pas, en effet, pour les jeunes touristes un grand avantage et un singulier plaisir que de pouvoir parcourir les féeriques galeries du grand concours international, et là, d'embrasser et de comparer d'un seul coup d'œil, avant d'aller les voir et étudier dans leur propre climats, les produits agricoles, industriels et artistiques de toutes les nations du monde ? — Cette promenade scientifique dans le Temple éblouissant du Progrès, au Champ-de-Mars et au Trocadéro, avant notre expédition, en était assurément un prélude aussi agréable que précieux. Aussi tous les futurs navigateurs se trouvaient-ils dans la Capitale, dès l'ouverture de l'Exposition universelle.

La Société des Voyages voulut, avant notre départ de Paris, nous donner un banquet d'adieu. Le 14 juillet, nous nous trouvions donc tous réunis dans les salons splendides de l'Hôtel Continental avec un grand nombre de personnages illustres.

M. Ferdinand de Lesseps présidait, ayant à ses côtés MM. Biard, Bischoffhseim, Geoffroy Saint-Hilaire, de Quatrefages, Stanley, l'héroïque explorateur, le général Tür et quelques représentants de la presse. Les discours qui furent prononcés exaltèrent à l'envi l'heureuse conception et la remarquable persévérance de M. Biard, qui répondit à tant d'éloges avec ce tact et cette délicatesse dont il a le secret. Je conserve un souvenir particulièrement agréable de l'allocution de M. de Lesseps, qui s'adressa d'une manière spéciale aux voyageurs, et les tint pendant quelque temps suspendus à ses lèvres par son langage plein d'une séduisante familiarité et d'un noble abandon. Il nous donna des conseils pratiques que je n'oublierai point et qui me semblent, pour beaucoup d'autres que nous, bons à rappeler et à méditer.

« Ne manquez point, nous dit-il, de prendre des notes tous les jours et d'écrire vos impressions. Publiez-les dans les journaux, si cela vous convient, ou réservez-les pour l'amitié, mais fixez vos souvenirs de quelque manière. Cela pourra vous causer parfois de la fatigue et de l'ennui, mais vous vous féliciterez plus tard de votre énergie, et vous serez heureux d'en recueillir les fruits. Vous appartenez, par votre fortune, aux classes élevées et dirigeantes de la société. Eh bien ! n'oubliez pas que votre situation privilégiée vous impose de graves devoirs. Vous êtes appelés à exercer sur la société une puissante influence. Vous devez l'acquérir par le travail et le bon exemple. Courage donc, jeunes touristes ! Ne cessez de vous instruire, et profitez de ce grand voyage d'études pour augmenter vos connaissances, élever votre âme et fortifier votre caractère. La fortune vous a placés aux premiers rangs de la société, rendez-vous dignes de cet honneur par l'intelligence et la vertu. »

Quelques jours après, nous partions pour Marseille, où nous attendîmes impatiemment la fin des emménagements intérieurs qu'il fallut faire dans le paquebot affrété par la société. Ce retard, du moins, nous permit de faire quelques excursions dans les parages les plus brillants et les plus parfumés de la Provence, de visiter ou de revoir Cannes, Nice, Monaco, Saint-Maximin et la Sainte-Baume, etc.

Enfin, le jeudi 1er août, à onze heures et demie de la nuit, la *Junon* quittait le vieux port de la Cannebière pour aller mouiller en rade. On ne pouvait retarder davantage l'appareillage sans causer de profondes inquiétudes aux matelots, du moins à quelques-uns ; car les enfants de la mer ne veulent point partir le vendredi : ce serait là pour eux le sinistre présage d'épreuves, d'épidémies, de naufrages, enfin de toutes sortes de déceptions et de malheurs.

C'est un curieux spectacle que celui d'un navive qui va prendre la mer. Il est entouré de chalands, de barques de tout genre qui semblent vouloir en faire le siège, le pont est encombré d'objets de toute nature, de marchandises de toute espèce, de caisses, de barriques, de malles, que sais-je encore ?

Ici, c'est un fournisseur qui présente sa note ; là, des amis qui viennent serrer la main aux partants, d'un autre côté, un marin qui fait à l'*animæ dimidium suæ* ses adieux peut-être éternels...

Enfin, c'est un pêle-mêle où il est difficile de se reconnaître, un enchevêtrement et un encombrement extraordinaire de personnes et de choses, un étrange et bruyant désordre, qui n'est nullement un effet de l'art.

Tel était l'aspect de notre paquebot avant de quitter le vieux port... Mais que nous importent ces embarras ?... Partons vite et tout sera bientôt à sa place.

Nous mouillons dans la rade, où nous passons la nuit et la

matinée. Après avoir reçu là ses dernières provisions, le bateau s'ébranle et, mettant le cap sur Gibraltar, prend définitivement la *bordée du large*.

Avant de m'embarquer, j'avais reçu de Mgr Place, partant lui-même pour l'archevêché de Rennes, la bénédiction la plus affectueuse pour moi et pour tous mes compagnons de voyage, et j'étais allé implorer aussi la protection de Notre-Dame de la Garde.

Qu'il est beau et consolant de voir la piété naïve des Marseillais, des marins surtout pour leur « bonne Mère » ! On a interdit les professions publiques dans la grande cité Phocéenne, mais osera-t-on jamais défendre les pèlerinages au sanctuaire aimé de la Vierge ?

Elle est là, sur une colline élevée, gardienne fidèle de la ville et du port. L'ancre est levée, et nos cœurs envoient une dernière prière à la Madone, qui, du haut de son pittoresque rocher, semble étendre sur nous son bras protecteur et nous suivre d'un regard plein d'amour. Puissions-nous la revoir un jour et la remercier d'avoir été notre étoile tutélaire !...

On part, et l'on voit quelques larmes furtives couler à bord. Les plus grands voyages, dit-on, sont aujourd'hui très faciles et exigent relativement peu de fatigue. On dispose de grands paquebots qui sillonnent rapidement toutes les mers du globe et où brillent dans tout leur éclat le confort et le luxe modernes. J'en conviens, mais pourtant comment nier les dangers inévitables qui subsistent encore et accompagneront toujours les longues pérégrinations à travers les mers ? D'ailleurs, ce n'est jamais sans une profonde émotion que l'on quitte pour un an, et pour plus de temps peut-être, sa famille, ses amis et cette sainte chose qui tient si fort au cœur de l'homme : la patrie !...

Bientôt les côtes disparaissent à l'horizon et nous ne voyons plus que le ciel et les flots. Magnifique spectacle qui élève l'esprit, émeut l'âme, agrandit la pensée? On est heureux de le contempler, mais comment le décrire? Je n'ose en ce moment le tenter. Il est des impressions que l'on ressent vivement, mais que l'on ne sait rendre. Comment le faire d'ailleurs sans renouveler ces longues et enthousiastes considérations que tout le monde connaît et sans rééditer, pour la millionième fois, un monotone cliché?

Déjà une assez grande distance nous sépare de Marseille. Mais avant d'aller plus loin, lecteurs, je veux vous présenter la *Junon* et son personnel.

Notre bateau est un vapeur de la Compagnie Fraissinet, construit, avec une grande solidité, en Angleterre. D'une longueur de 80 mètres environ, il jauge 800 tonnes et file en moyenne dix nœuds à l'heure. Deux jolis salons à l'avant et à l'arrière. Gracieusement peinte en blanc pour braver le soleil des Tropiques et les feux de l'Équateur, la *Junon* marche fièrement sur l'Océan et s'y comporte sans peur et sans reproche.

On compte près de cent personnes à bord. Le commandant est le créateur lui-même de la société, M. Georges Biard, lieutenant de vaisseau. Trente-huit ans, l'œil à tout, plein de talent et de distinction. Des connaissances étendues et variées, l'expérience acquise dans de grands voyages, une diction pure et facile donnent à sa conversation un singulier intérêt. Digne et grave, sans raideur, il attire et fixe la sympathie. Son nom seul d'ailleurs suffirait à le recommander. Son père est en effet un célèbre voyageur doublé d'un peintre remarquable, qui doit ses succès et sa popularité à de précieuses qualités, à sa puissance rare d'observateur, à la finesse malicieuse de son esprit et à la parfaite connaissance des types qu'il reproduit. — *Une embarcation attaquée par les ours blancs, — le Duc d'Orléans recevant l'hospitalité sous une tente de Lapons, — Aurore boréal, — le Mal de mer,* — *la Traite des Noirs*, et une foule d'autres tableaux, sont des morceaux qui figurent avec honneur au Luxembourg. C'est dire la valeur du peintre Biard, car ce musée consacré aux artistes vivants est, dit très justement Paul de Saint-Victor, comme une galerie d'attente où les maîtres modernes attendent l'heure de leur glorieuse réunion aux maîtres anciens.

Après avoir parcouru l'Orie et avoir exploré les froides régions du Spitzberg, il se rendit au Brésil, où il vécut durant plusieurs années dans une amitié intime avec S. M. l'empereur don Pedro II. C'est durant son séjour à Rio qu'il fonda l'académie des Beaux-Arts. Les sites merveilleux de ce beau pays lui ont inspiré un grand nombre d'œuvres remarquables et l'étude de ses mœurs l'a amené à écrire un ouvrage plein de verve et pétillant d'esprit, qui est fort peu goûté des Brésiliens, par parenthèse. — Ils s'y trouvent en effet, dans la vérité de leurs portraits, très médiocrement flattés.

Mme Biard a aussi une célébrité peu commune en France. Un jour M. Gaimard vantait devant elle Mme Freycinet, qui avait accompagné son mari sur l'*Uranie*, tout en la plaignant amèrement d'avoir péniblement partagé les dangers du voyage et du naufrage de ce navire. « Vous la plaignez? s'écria Mme Biard ; moi, je l'envie ! — Comment, reprit M. Gaimard, vous auriez le courage d'entreprendre un long voyage sur mer ? — Assurément. — Justement, je voulais offrir à votre mari d'accompagner, en qualité de dessinateur, une expédition aux régions arctiques. — J'en serai. » Elle en fut en effet, et au retour elle écrivit le si intéressant *Voyage d'une femme au Spitzberg*, sous son nom de famille : *Léonie d'Aunet*. Elle a composé une foule de romans et notamment : *Un mariage en Province, Une vengeance*, etc.

Elle a donné aussi à la Porte-Saint- Martin un drame en quatre actes, *Jane Osborn*.

Le secrétaire du commandant est M. de Saint-Clair-Stevenson,
plein d'humour, d'aménité et d'expansion sympathique.

M. Mollat, commandant en second, et les lieutenants MM. Ari-
mondy, Thibal et Blanc, sont tous d'habiles capitaines au long
cours.

Commissaire : M. Finkernagel, dont je ne dirai rien.

M. Debelly est un jeune et habile praticien de Marseille. Assisté
de M. Molinier, pharmacien, il remplit les fonctions de docteur-
médecin.

M. Bordas, esprit cultivé, caractère excellent, est le chef des
mécaniciens, qui paraissent tous fort experts dans le métier et
inspirent toute confiance.

Deux professeurs doivent faire plusieurs conférences par
semaines ; ce sont M. Humbert, de Paris, pour la géographie, et
M. Collot, de la Faculté de Montpellier, pour l'histoire naturelle et
la météorologie.

L'équipage est courageux et dévoué.

Dans un banquet d'adieu donné à Marseille par les passagers,
M. Biard nous dit à la fin de son discours, ces paroles chaleureu-
sement applaudies : « Bientôt nous allons prendre la mer. Vous
ferez alors connaissance avec cette partie du personnel de la *Junon*
dont la tâche est aussi méritoire, qu'elle est pénible et modeste.
Vous verrez ces bons chauffeurs et ces braves matelots, vous les
regarderez à l'œuvre et vous admirerez leur tenue, leur activité
et leur infatigable dévouement. »

L'éloge était mérité et plus d'une fois ils le prouveront dans de
graves et périlleuses circonstances.

J'ai été aussi heureux qu'honoré du choix dont j'ai été l'objet
pour remplir les délicates fonctions d'aumônier de l'expédition :
car je trouve un grand plaisir à vivre au milieu de cette jeunesse
studieuse, dans cette large atmosphère d'intelligence et d'honneur.

Les voyageurs sont au nombre de vingt-deux.

Il y a trois Suisses : MM. Andéou et Bailli, ardents à la discussion, naturalistes intelligents et passionnés, et M. Bertrand, figure douce, caractère plus doux encore, qui cache beaucoup d'instruction sous beaucoup de modestie.

Nous avons aussi un Russe : M. Paul Sorokomowski, esprit agréablement original, âme poétiquement rêveuse, dillettante fanatiquement amoureux... de Wagner et de sa musique de l'avenir !

M. Rimbelienski, Polonais d'origine, est un de ces gentlemen accomplis qui, par leur distinction et leur noble affabilité, occupent les plus brillantes places au soleil de l'élégance.

M. Schlesinger est Allemand. Les sciences mathématiques ont sérieusement fortifié son esprit sans dessécher son cœur ; et son caractère, du reste, ne manque pas de bonté.

Un Belge, M. de Shryren, est de la plus aimable bonhomie et de la plus charmante simplicité.

Un Alsacien annexé, M. Schlumberger, fils d'un grand négociant de Mulhouse, est resté toujours Français par l'esprit et par le cœur.

La Hollande est représentée par le docteur Sluytermann Van Loo, qui s'est arraché pour quelque temps à l'amour de sa femme et aux caresses de ses enfants, afin de couronner par un grand voyage d'études ses nombreuses excursions de touriste amateur.

Les autres sont Français.

MM. Allard, Antoine de Tavernost, le baron de la Rouillère et Henri Crozet de la Fay sont, par la distinction de leurs manières, de dignes représentants du high-life de notre pays.

M. Schmalzer, de l'Alsace, a fait de grands sacrifices pour échapper à la domination allemande. Sa force morale, sa gra-

vité et la maturité de son jugement commandent l'estime et la
sympathie.

MM. Jules et René de Latour sont doublement frères par le sang
et par l'aménité du caractère et la noblesse des sentiments.

M. Courtin, licencié ès lettres, allie des connaissances variées
à une imagination brillante. Un peu polyglotte, beaucoup littérateur, poète à ses heures, et ses heures ne sont pas rares, — il
possède essentiellement cet esprit parisien de bon aloi qui éclate
en traits piquants et en ingénieuses saillies.

M. Andrac, représentant de la Compagnie Fraissinet, est un
jeune capitaine au long cours. Ses connaissances nautiques et son
excellent caractère en font un agréable compagnon de route.
M. de la Grange, M. de Machy, fils d'un richissime banquier de
la capitale, et M. Rippert, neveu de l'amiral Montaignac sont,
tour à tour et selon les circonstances, des causeurs sérieux ou de
fins et aimables discoureurs. Leur humour, leur esprit et leur
gaieté contribueront souvent à rompre la monotonie des longues
traversées océaniques.

Enfin, M. Gaston Lemay est un publiciste qui ne manque ni
de verve ni d'originalité.

> Quiconque a beaucoup voyagé
> Peut avoir beaucoup retenu,

et M. Lemay a fait de longs et nombreux voyages. Il a assisté
aux deux dernières guerres d'Orient en qualité de reporter du
Temps, qui l'a envoyé au même titre à bord de la *Junon*. Avec
MM. Say et Faucheux, il a pris part à l'expédition scientifique et
commerciale de M. Largeau à Ghadamès, en Afrique. Peut-être y
reviendra-t-il un jour pour y faire des explorations plus longues,
plus importantes encore et conquérir une place d'honneur dans
cette légion de hardis pionniers qui vont, au péril de leur vie,

porter le flambeau de la civilisation dans ce vaste et mystérieux
continent. — Mes opinions me séparent de lui sur bien des points,
mais j'estime néanmoins son talent et j'aime la franche loyauté de
son caractère.

Au surplus, tous les excursionistes ont une éducation excellente,
de l'instruction et le désir d'en acquérir davantage. Les meilleures
relations et une sincère cordialité les unissent et rien, j'en suis sûr,
ne viendra jamais troubler cette délicieuse entente. En s'arrachant
à une vie facile et luxueuse pour aller, dans un long voyage qui
est une épreuve en même temps qu'un plaisir, élever leur intelligence et fortifier leur caractère, ils donnent un noble exemple à
la jeunesse française. Ils frayent la route, ils donnent l'élan. Je
voudrais espérer qu'on les suivra.

Cependant nous voguons, nous voguons toujours. Le navire
file rapidement et la traversée est calme et tranquille. Mais le soir,
la brise fraîchit, l'atmosphère se charge de sombres vapeurs et le
ciel devient menaçant. La mer se soulève, la tempête est proche.
Nous voilà donc à peine partis, obligés de lutter et de souffrir !...
Tant mieux !... Nous aurons l'avantage de faire plus vite connaissance avec la mer et de nous aguerrir contre ses fougueux caprices.
Nos appréhensions ne tardent pas, en effet, à se réaliser. Bientôt
la pluie tombe à torrents et la mer furieuse se dresse en trombes
géantes et balaye le pont de ses lames écumantes, tandis que la
foudre retentit et que les éclairs percent les nuages amoncelés
sur nos têtes. Les mâts gémissent et on entend de tous côtés des
craquements sourds : le vent saisit et enlève une voile que les
matelots lui disputent avec vaillance. Ceux-ci sont admirables
d'activité et de sang-froid ; ils obéissent comme un seul homme
au maître d'équipage, dont le sifflet aigu domine le tumulte des
éléments déchaînés.

La *Junon* roule et tangue affreusement. Tantôt enlevée sur une

Gibraltar (p. 43.)

vague gigantesque, elle semble devoir être lancée contre le ciel,
tantôt au contraire glissant sur les pentes de la mer soulevée en
montagnes, elle plonge dans un abîme qui paraît l'engloutir.
Nous sommes secoués, ballotés, mais nous ne courons nul danger
sérieux : le navire est solide et résiste très bien. La *Junon* a fait
maintenant ses preuves, et, sa vaillance en face de cette première
tempête, nous assure qu'elle saura opposer une résistance également victorieuse aux orages qui pourraient encore nous assaillir.

Bien peu, ai-je besoin de le dire ? ont échappé alors au mal de
mer, mal quelquefois si horrible, toujours si douloureux et si
redouté, et contre lequel, en dépit de tous les efforts de la science,
on ne trouvera jamais d'autre remède que la force morale et
l'énergie... gastronomique. Celle-ci est souvent bien difficile,
parfois même possible, mais la première ne manque à personne à
bord de la *Junon*.

Les passagers, durant la tempête, se plaisaient à braver et à
contempler la fureur des flots. Malgré nos rudes souffrances et
la pluie diluvienne qui ne cessait de tomber, je voulus rester avec
la plupart d'entre eux sur la dunette jusqu'à minuit. La fatigue
me contraignit enfin de gagner la couchette de ma cabine, où je
dormis assez bien jusqu'au matin. La mer était encore un peu
grosse et tout le monde se trouvait plus ou moins abattu. Nous
nous étendons nonchalamment sur nos longs fauteuils du gaillard
d'arrière, qui, pendant deux ou trois jours, a l'air d'une ambu-
lance. Aussi, n'est-ce que d'un œil indifférent que nous voyons les
îles Baléares et de temps en temps les splendides côtes d'Espagne. L'épreuve a été sérieuse ; elle ne reste pas inutile : désormais le mal de mer ne fera plus que de rares apparitions.

Le dimanche 4 août, je dis la messe à 9 heures du matin.
« L'église est rapidement gréée sur la dunette par les matelots.
Des drapeaux aux couleurs nationales forment de tous les côtés

une élégante tenture ; le commandant prend place dans la chapelle improvisée avec les passagers et les officiers qui ne sont
pas de service. Le saint sacrifice commence au milieu d'un silence
recueilli, que trouble seul le léger mugissement des vagues :
quelle poésie dans cette cérémonie sur les flots de la mer et sous
le dôme des cieux ! Aussi étais-je saisi comme d'un saint tremblement en entendant les ondes mêler leur voix majestueuse aux
paroles sacrées. Jamais peut-être mon âme n'avait tressailli d'une
plus intime et plus pénétrante émotion ! Heure délicieuse ! Beau
spectacle ! Je n'oublierai jamais votre mélancolique suavité,
votre attendrissante splendeur !

LES COLONNES D'HERCULE

Aspect imposant de Calpé et d'Abyla. — Rocher étrange et stupéfiant de Gibraltar. — Souvenirs historiques. — Algésiras. — La ville et les habitants de Gibraltar. — Soleil africain. — L'acropole britannique. — Galeries souterraines. — Travaux formidables. — Sévérité inflexible des règlements. — Curieuse anecdote. — Coquetterie militaire des Anglais dans le pays d'Hercule. — Les *military and maritime stations* de la Grande-Bretagne. — *La Reine de Chypre et d'Angleterre.* — Beauté du détroit. — Tanger et Tarifa. — Frappant contraste : barbarie et civilisation, servitude et liberté.

Le lundi soir, vers six heures, nous apparaît au loin le rocher de Gibraltar. Et tous les passagers de courir immédiatement sur le gaillard d'avant et d'arborer leurs lunettes d'approche avec une fébrile curiosité. A mesure que nous avançons, la montagne cyclopéenne se dessine avec plus de netteté, et lorsqu'elle nous apparaît enfin dans toute sa pittoresque grandeur, nous ressentons une de ces émotions profondes que le souvenir ne cesse de renouveler. Le spectacle est en effet de la plus majestueuse beauté. La mer est d'une pureté et d'une limpidité merveilleuses. Droit devant nous voilà le détroit imposant dont les eaux bleues sont refoulées par les vagues immenses de l'Océan. A droite l'Europe, à gauche l'Afrique, avec leurs cités pittoresques éclairées par les derniers rayons du soleil couchant. Voici Calpé à l'extrémité de la sierra la plus méridionale de l'Espagne, et Abyla à l'extré-

mité occidentale du petit Atlas dans l'Afrique ; montagnes gigantesques qui surgissent à pic dans la mer !

Admirez les colonnes d'Hercule ! Calpé surtout présente un
aspect si extraordinairement monstrueux qu'il dépasse l'imagination. On dirait que la nature s'est ingéniée, en construisant ce
rocher, à établir le plus étrange contraste avec la terre qui l'environne, terre basse et plate que l'on aperçoit à peine. « Qui l'a
placé là ? se demande-t-on en rêvant avec Théophile Gauthier.
Dieu seul et l'éternité le savent. Ce qui ajoute encore à l'effet de
ce rocher inexplicable, c'est sa forme ; l'on dirait un sphinx de
granit énorme, démesuré, gigantesque, comme pourraient en tail-
les des Titans qui seraient sculpteurs, et auprès duquel les monstres camards du Kanak et de Giseh, sont dans les proportions
d'une souris à l'éléphant. L'allongement des pattes forme ce qu'on
appelle la pointe d'Europe ; la tête un peu tronquée est tournée
vers l'Afrique, qu'elle semble regarder avec une attention rêveuse
et profonde. Quelle pensée peut avoir cette montagne à l'attitude
sournoisement méditative ? Quelle énigme propose-t-elle ou cher-
che-t-elle à deviner ? Les épaules, les reins et la croupe s'avancent vers l'Espagne à grands plis nonchalants, en belles lignes
onduleuses comme celles des lions au repos. »

Le fameux monolithe n'est relié à l'Europe que par un isthme
sablonneux et très bas, que l'on aperçoit à peine de la mer : on
l'appelle le Terrain-Neutre. Les sables de cette langue de terre
s'éboulent constamment et on prétend qu'un moment viendra où
les eaux la recouvriront complètement. Alors Gibraltar sera une
île et présentera un aspect encore plus étrange et plus stupéfiant.

Après avoir contourné la pointe d'Europe, la *Junon* entre dans
la baie gracieusement arrondie et se fraye hardiment un passage
entre une multitude de navires et de vieux pontons noirs comme

le charbon qu'ils vendent. On porte immédiatement la patente à
l'Administration sanitaire, qui se trouve dans la rade même sur
une maison flottante, et, cette formalité remplie, les passagers
s'apprêtent à sauter sur les canots pour aller passer la nuit dans la
ville. Mais voilà qu'aussitôt un coup de canon se fait entendre. « Les portes se ferment dans la forteresse, dit le commandant ;
jusqu'à demain personne ne peut plus y entrer ni en sortir. »
Force nous fut donc de rester à bord. Je montai sur la dunette
rafraîchie par une brise délicieuse, et là, en présence des eaux
limpides où se baignait la lune et de cette acropole si célèbre, je
me mis à rêver à tous les drames militaires qui ont immortalisé
ces parages.

C'est là que s'embarqua l'an 92 de l'hégire (711) le premier
musulman qui ait pénétré en Espagne et qui l'ait gouvernée,
Tarik, ce grand capitaine, qui arriva avec cinq cents valeureux
cavaliers. Il y construisit un château fort destiné à protéger à
l'avenir les débarquements des nouveaux corps d'armées arabes,
et son nom, resté au promontoire qui fut sa première conquête
dans la péninsule ibérique, s'est perpétué dans celui de Gibraltar,
formé par altération de Djebal-Tarik (montagne de Tarik). Ce fut
un ingénieur français, Specket, de Strasbourg, qui eut l'honneur
d'être choisi par Charles-Quint pour refaire sur de plus grandes
proportions les vieilles fortifications mauresques d'après les règles
de l'art moderne.

En 1701, éclata cette fameuse guerre de Succession, dont le
résultat final, malgré tant de revers, justifia pour la France le
grand mot de Louis XIV : « Mon fils, il n'y a plus de Pyrénées. »
Toute l'Europe se coalisa contre nous. l'Angleterre, qui jamais
ne se piqua de désintéressement, tâchait de faire la guerre surtout
à son profit. Prétendant agir pour le compte de l'Autriche, dont
l'empereur revendiquait le trône d'Espagne, elle assiégea Gibral-

tar en 1704. On n'avait jamais songé à faire dans cette place les incomparables travaux que l'on admire aujourd'hui, elle se trouvait, au contraire, dans l'état le plus délabré, et les cent cinquante hommes qui la défendaient se rendirent bientôt.

C'était au nom de l'Autriche et pour elle, que les Anglais avaient prétendu faire l'assaut ; mais après la conquête, ce fut leur propre pavillon qu'il plantèrent sur le rocher noir. Quels étranges alliés ! Ont-ils jamais eu, dans des circonstances analogues, d'autres procédés et ne sont-ils pas toujours payés de leurs mains ? « J'y suis, j'y reste : » voilà bien, je crois, leur principe favori.

L'Espagne essaya en vain de reprendre Gibraltar, en 1727 ; elle offrit alors deux millions de livres sterling pour le recouvrer ; mais elle ne fut pas plus heureuse dans sa diplomatie que dans ses tentatives militaires. En 1829, elle déclara renoncer à ses prétentions pour toujours.

En 1779, les forces réunies de France et d'Espagne, pendant la guerre d'Amérique, firent encore le blocus de la forteresse britannique. Le duc de Crillon commandait l'armée où se trouvaient, en qualité de volontaires, le duc de Bouillon et le comte d'Artois, plus tard Charles X.

Ce fut alors qu'un célèbre ingénieur français, d'Arçon, qui devait s'illustrer encore par l'invasion de la Hollande, conçut, pour la prise de la grande forteresse, un projet dont la prodigieuse audace fit tant de bruit en Europe.

Justement convaincu que l'attaque de terre était impossible, il imagina des batteries flottantes insubmersibles et incombustibles. Il les avait revêtues d'un fort blindage et y avait ménagé une circulation d'eau entretenue par des pompes pour les garantir du feu. C'est le 13 septembre 1782 qu'eut lieu l'explosion de ces prames ; mais une légère mésintelligence qui régnait entre les officiers espagnols et les officiers français, fit échouer l'entreprise. Le succès n'en était-il pas d'ailleurs fort problématique ? — Quoi qu'il en soit, toutes les prames furent anéanties : plus de mille hommes périrent dans cette fatale attaque. Au reste, la forteresse fut héroïquement défendue par Georges-Auguste Helliot, qui, dans un péril immense, sut déployer et communiquer à ses soldats une intrépidité et un sang-froid admirables. Aussi le roi le nomma-t-il Baron de Gibraltar, et la reconnaissance nationale lui a récemment érigé une statue dans la ville qui fut témoin de ses glorieux exploits. La paix de 1783 mit définitivement le rocher noir entre les mains de l'Angleterre, et depuis cette époque on n'a plus rien tenté contre la « forteresse imprenable ».

Voilà ce que raconte cette monstrueuse colonne d'Hercule, et bien d'autres choses encore...

En face de Gibraltar, du côté ouest et à une faible distance, se trouve Algésiras.

C'est dans les eaux de ce golfe, maintenant si calme, que fut livré, en 1805, un des plus grands combats qui aient illustré les annales maritimes de notre patrie. Le vice-amiral Linois, sans autres forces que trois vaisseaux et une frégate, soutint, pendant dix heures, l'attaque de sept vaisseaux anglais. — Il repoussa l'ennemi et lui enleva 1,500 hommes et un bâtiment de 74 canons ; puis, passant le détroit, il reprit triomphalement le chemin de Cadix.

La ville de Gibraltar est comme incrustée dans le rocher et produit un effet très pittoresque. Il n'y a qu'une rue qui mérite réellement le nom de street : après cette grande artère on ne trouve plus que des ruelles abruptes, diaboliques, qui ressemblent singulièrement à des escaliers. On voit les maisons perchées sur des hauteurs presque inaccessibles : elles ont l'air de tenir sur des aiguilles. Il faut toujours monter et toujours descendre. Cela est fort bien dans le jeu de la montagne russe, mais très fatigant à Gibraltar, où vous brûle, pendant l'été, un soleil vraiment africain. C'est peut-être le point de l'Europe où l'on ressent les plus fortes chaleurs. Aussi les rues sont-elles, pendant le jour, des fournaises ardentes, et je ne m'étonne point du proverbe un peu cavalier de ces parages : « De midi à quatre heures il n'y a que les Français et les chiens qui se promènent. »

On voit cependant, au sud de la ville, une jolie promenade dessinée en jardins anglais, s'élevant assez haut sur la montagne. Environ 1,850 habitants. Pas d'industrie, mais un grand commerce de contrebande.

La population est fort mélangée. La blonde Anglaise côtoie l'Espagnole radieuse sous sa mantille noir ; le Maure, vêtu de son blanc burnous, vit à côté du Castillan, toujours fier de son costume national.

Parfois, en passant devant un magasin mauresque, l'on aperçoit un sectateur de Mahomet, qui fume sa pipe, dans la plus nonchalante gravité. Mais malgré ce mélange et cette diversité d'habitants et de mœurs, on voit bien vite que l'élément anglais a, sous tout rapport, une grande prépondérance. Tout ce que touchent les enfants d'Albion est magiquement transformé à leur image. Avec une facilité prodigieuse, ils imprimeront au dernier coin du monde leur empreinte et leur cachet. — Aussi l'aspect de Gibraltar est-il surtout anglais. De tous les côtés, des dragons anglais, des chevaux et des landaus et des cochers anglais, des magasins anglais, des promenades, des squares à l'anglaise. Enfin, un jour de grands brouillards, on pourrait se croire sur les bords de la Tamise, plutôt que sur les rivages de la Méditerranée. Cela devient agaçant et fait tache dans cette belle Andalousie, la terre classique de la chevalerie et de la poésie.

La mythologie nous apprend qu'Hercule, de ses mains vigoureuses, déchira la montagne qui réunissait l'Espagne à l'Afrique, et livra ainsi à la Méditerranée un passage vers l'Océan. Il planta une colonne de chaque côté du détroit : Ceuta et Gibraltar. Mais dans celle-ci, les Anglais, non moins puissants que le héros de la fable, ont fait des travaux d'une aussi grande difficulté et d'une aussi prodigieuse hardiesse.

Le rocher de Calpé est un calcaire blanchâtre aux fondements de schiste silurien. Excessivement dur, il offre à tous les instruments une forte résistance. Eh bien, cette montagne, les Anglais l'ont excavée sur une étendue de plusieurs kilomètres et y ont creusé avec la mine de longues et immenses galeries superposées formant plusieurs étages de batteries. On est saisi d'admiration en parcourant les cavernes artificielles où l'on se heurte constamment contre toute sorte d'engins de mort. Le rocher est percé à jour par des ouvertures multipliées, où reluisent, d'un éclat sinistre, de gros canons prêts à vomir la mitraille. Leurs gueules muettes ressemblent à des yeux de monstres ; on dirait qu'ils se penchent avec anxiété pour interroger l'horizon et épier l'ennemi.

Ces galeries sont coupées par de vastes salles de dépôt, pour les vivres et les munitions. Toute la population y tiendrait en cas de bombardement. C'est par les meurtrières seulement que pénètrent dans ces cavernes l'air et la lumière. On est ébloui par cet entassement de remparts, de voûtes, d'arcades, d'armes. C'est quelque chose de formidable, de stupéfiant. Que sont donc les Anglais pour porter de tels défis à la nature, et où s'arrêtera enfin la puissance de leurs conceptions égoïstes et la force de leurs bras ?... Un tel luxe de travaux défensifs est sans doute exagéré. Certains ingénieurs prétendent qu'en cas de siège, les galeries seraient moins une ressource qu'un danger. Les canonniers, disent-ils, n'auraient pas assez d'air, et tomberaient bientôt asphyxiés par la fumée accumulée dans ces sombres couloirs. Peut-être même les formidables secousses des dénotations finiraient-elles par ébranler les voûtes et provoquer un éboulement qui ensevelirait les Anglais dans une irrémédiable catastrophe. Les fortifications les plus utiles et les plus importantes seraient donc les batteries rasantes.

Je n'ai aucune qualité pour porter un jugement sur de telles opinions et je me borne à les signaler au lecteur.

Où donc ai-je lu qu'il n'est pas impossible que les Anglais rendent un jour cette place à l'Espagne, sous certaines conditions toutefois, dont la première serait sans doute la destruction du système de défense qui la rend si formidable? C'est bien peu connaître ce peuple de proie, le plus vorace qui ait jamais existé. Ils peuvent vaincre lentement, mais ils gardent, avec une infatigable ténacité, leurs conquêtes. Quel est le butin que leurs serres puissantes aient jamais laissé tomber? Non certes, jamais, au grand jamais, ils ne rendront Gibraltar à l'Espagne, et jamais personne ne le leur arrachera. Ils possèdent la clef de la Méditerranée, ils la posséderont toujours. — Les gigantesques travaux qui ont rendu cette place inexpugnable se continuent sans cesse et ce n'est point assurément pour l'Espagne. Et alors même que cette forteresse deviendrait absolument inutile entre leurs mains, ils ne la garderaient pas avec une sollicitude moins jalouse, car il y a une chose qui meut, inspire les Anglais, et presque aussi puissamment que l'intérêt : c'est l'amour-propre. C'est à Gibraltar qu'ils semblent avoir fait le plus fastueux étalage de leur puissance. Là, plus que partout ailleurs, ils sacrifient à leur orgueil militaire et à la vanité d'affirmer leur souveraineté fictive de l'Océan : c'est l'amour-propre qui les excite à embellir ce rocher, à y rassembler les plus merveilleux engins de destruction. Ils veulent ainsi éblouir tous les navires qui passent sous leurs canons et forcer leur admiration et leurs hommages.

Imposante coquetterie militaire. La Grande-Bretagne ressemble, sur ce point, à une reine de salon qui réunit parfois en une seule bataille élégante tous les attraits de son esprit et tous les charmes de sa beauté.

Ne vous arrêtez pas en sortant des galeries. Montez plus haut, et vous verrez se dérouler à vos yeux un panorama admirable. La Méditerranée qui ourle au loin de ses flots le rivage ensoleillé, la terre d'Afrique, San-Roque, Algésiras ; aux derniers horizons, de superbes montagnes, et enfin le détroit, cet immense ruban qui serpente jusqu'à l'Océan avec ses villes originales et ses coteaux fleuris. C'est un tableau enchanteur.

Les étrangers sont accueillis avec défiance à Gibraltar. Lorsque le célèbre voyageur Freycinet y passa, il eut beaucoup de difficultés pour obtenir la permission de visiter les galeries souterraines. Pour nous, nous avons eu tout de suite cette faveur, grâce à M. Biard.

On ne donne le gouvernement de la place qu'à des hommes importants et d'un patriotisme éprouvé. Jadis même, prétend M. Ernest Capendu, on forçait celui qui obtenait cette fonction à laisser sa famille comme otage en Angleterre. A neuf heures du soir, un coup de canon retentit ; à ce signal, toutes les portes de la ville se ferment : personne ne peut plus ni entrer ni sortir. Cependant M. Capendu affirme avoir obtenu, avec l'état-major du *Lavoisier*, la faveur de sortir à une heure indue. « Le soir à dix heures, dit-il, une petite poterne s'ouvrait spécialement pour nous ; un canot du *Lavoisier* attendant au bas de l'escalier et nous regagnions la corvette, dont les lits nous paraissaient infiniment préférables à ceux des hôtels de la ville, dont nous avions essayé la première nuit de notre débarquement. » Je ne veux point certes m'inscrire en faux contre cette assertion ; mais j'affirme que ce fait constitue une bien rare exception et un privilège invraisemblable.

Voici, en effet, une anecdote qui nous a été racontée à bord par notre consul, et qui prouve bien l'inflexible sévérité des règlements militaires.

Une nuit, un négociant fort connu et très honorable de Gibraltar rentrait d'une promenade avec sa femme et sa petite fille âgée de six ans environ.

Il entre au moment même où le canon se fait entendre. La porte se ferme aussitôt. Il s'aperçoit alors que sa fille est restée un peu en arrière. Elle a été en retard de quelques secondes : on l'entend là, derrière la muraille, crier et se désoler. Le père veut sortir. Impossible ; les soldats ne connaissent que la consigne. Il vole auprès du gouverneur, qui se retranche également derrière le règlement militaire. Prières, larmes, tout fut inutile ; le représentant de l'Angleterre oppose un refus absolu. Alors, la mère éperdue et folle de désespoir, va trouver la femme du gouverneur et la prie d'avoir pitié de ses mortelles angoisses. Après une longue résistance, le gouverneur, vaincu par les sollicitations de sa femme, permet enfin à M. X... de sortir et de coucher avec son enfant *à la belle étoile*.

Ce n'est donc pas plus une surprise qu'une attaque ouverte qui pourra jamais arracher cette magnifique place aux mains des Anglais. N'aie point d'illusion, chère Espagne : les Cerbères veillent bien !

Faut-il rappeler qu'ils ont encore au centre de la Méditerranée le beau port de Malte, fortifié par des ouvrages formidables, Aden, Périm qui commande le détroit de Bab-el-Mandeb et tant d'autres ?...

Toutes ces stations ne sont pas seulement des établissements coloniaux, *plantations and settlements*, comme ils disent, mais encore et surtout des postes d'observation stratégique et des stations militaires et maritimes de la plus haute importance. Aussi les rangent-ils dans une catégorie particulière, *military and maritime stations*. A cette classe appartiennent Gibraltar, Helgoland, Malte avec Gozzo et les îles Ioniennes. Et en dehors des possessions européennes, le Cap, Maurice, les Bermudes, les îles Falckland, l'Ascension, Sainte-Hélène et Hong-Kong.

Ajoutons maintenant, dans la Méditerranée encore, Chypre, la plus belle perle de cette mer après la Sicile, et dont notre monarchie, avait su faire, sous le rapport commercial, une terre vraiment française. Que leur reste-t-il donc encore à *subtiliser ?... Caveant consules*, et que l'on ne renouvelle pas trop souvent le Congrès de de Berlin !!!...

On sait avec quelle loyauté l'Angleterre s'est annexé la plupart de ces possessions. Aussi que la chaste Albion prenne, à la moindre action militaire d'une puissance voisine, des airs de pudeur effarouchée, cette attitude, vraiment, lui sied à merveille. Elle nous réserve sans doute, dans l'avenir, d'autre surprises, cette ingénue.

On dit que la reine Victoria a commandé un opéra intitulé : *la Reine de Chypre... et d'Angleterre*. Je ne sais si le propos est vrai, mais je sais bien que Sa Gracieuse Majesté a fait dresser de splendides cartes de l'île qu'elle vient d'acquérir. On en montre avec orgueil quelques-unes, pompeusement étalées dans la bibliothèque de Gibraltar.

Le 8 août, nous quittons Gibraltar ; nous voilà dans le détroit. Qu'il est gracieux et imposant à la fois ! j'en ai souvent rêvé, de cette mer pleine de charme et de poésie. Ce n'est plus la Méditerranée ce n'est pas encore l'Océan. — On voit toujours la grâce et l'azur de l'une, et on aperçoit déjà la majesté de l'autre, ses lames immenses et ses grands coups de vent. Captives entre les côtes de l'Espagne et de l'Afrique, et soulevées par des courants sous-marins, les eaux du détroit se mettent parfois en fureur.

Quand au retour j'y suis passé pour la seconde fois, la mer était agitée, et les vagues tumultueuses secouaient violemment la *Junon*.

On comprend le danger particulièrement grave d'une tempête dans un canal. Charybde d'un côté, et Scylla de l'autre, apparaissent toujours menaçants, et prêts à dévorer le navire ballotté par les flots. Les deux rivages ne sont séparés que par un intervalle de seize à vingt kilomètres : aussi l'œil nu distingue-t-il très bien tous les détails de la côte africaine. Le détroit était encore plus resserré dans l'antiquité. A l'époque de Pline, prétend-on, la plus petite longueur était de dix kilomètres : et il existait dans le canal deux îles boisées, dont l'une même contenait un temple dédié à Hercule.

Tanger, perché sur le sommet d'une montagne aride, rappelle ces temps farouches où les corsaires du Maroc régnaient dans la Méditerranée par la terreur, se faisaient servir par Michel Cervantès et notre poète Régnard, en bravant la puissance de l'Espagne et de la France. *Quantum mutatus ab illo !* Il semble bien encore, du haut de son trône calcaire, regarder le détroit d'un air hautain et hostile ; mais son aspect guerrier n'effraye plus personne, car l'artillerie a sillonné d'innombrables cicatrices ses flancs longtemps invincibles. Sa célèbre *Kasbah* pleure ses remparts à moitié détruits en 1790, par les boulets espagnols, et récemment bombardés encore par le prince de Joinville ; elle semble maudire ses vainqueurs et lancer à leur passage dans les eaux un anathème mélancolique et impuissant.

En face, Tarifa, qui jette fièrement aux échos, une foule de faits éclatants et de noms glorieux, en particulier celui d'Alphonse XI, qui remporta sous ses murs une éclatante victoire...

Dans ce fameux détroit quel contraste, quelle leçon ! Il n'y a là qu'une faible distance matérielle entre l'Europe et l'Afrique.

Mais ces deux continents sont séparés par un espace morale incommensurable, par un abîme infini. Une heure de traversée suffit pour franchir plusieurs siècles. D'un côté, l'abaissement et la dégradation ; de l'autre, la religion du Christ, la civilisation et la gloire. Ici, la sombre Kasbah, des tyrans et des esclaves ; là, les châteaux hospitaliers et riants, et le règne des sages lois. Au sud, des scènes continuelles de barbarie, des visions sinistres, l'oppression, le fanatisme et le droit de la force ; au nord, par l'antithèse la plus frappante et la plus délicieuse, les grandes institutions modernes, les manifestations paisibles des arts et la force du droit.

L'immobilité, le désordre et un silence épouvanté en face de l'ordre et du progrès ! A gauche, le pays noir de la servitude ; à droite, la patrie radieuse de la liberté !!!

LA REINE DE L'OCÉAN

I

« Terre droit devant ! » s'écrie de bonne heure la vigie, le dimanche matin, 11 août.

Nous voyons, en effet, s'élever du sein des eaux une île toute parée, comme une riante oasis, de verdure et de fraîcheur ; gracieusement épanouie sous les premiers feux du soleil, elle produit l'effet d'une immense corbeille de fleur. A mesure que nous avançons, le paysage devient plus magnifique. Les petits hameaux nichés dans les anfractuosités de la roche, ou bien semés sur le penchant de la verte colline enchantent nos regards : c'est là le côté oriental de Madère.

Non loin et à gauche se dressent des rochers nus et stériles, à peine tachetés çà et là de quelques plantes sauvages ; on les appelle *Ilhas Desertas*, et jamais nom n'a été mieux justifié.

Un de ces rochers présente une singularité fort pittoresque : il est déchiré dans toute sa largeur par une ouverture immense, une

arche grossièrement monumentale : les eaux y bouillonnent avec
fracas et peut-être un navire pourrait-il traverser cet étrange
canal.

On dirait un nouveau colosse de Rhodes.

Mai nous voici dans la *praïa formosa (belle plage)*, au fond de
laquelle brille la capitale Funchal, comme un joyau dans un écrin.
C'est ici surtout que l'île étale pompeusement ses beautés! Comme
elle est gracieuse dans ses atours verdoyants! On ne peut rien
imaginer de plus coquet, de plus délicieux. La ville est bâtie
en amphithéâtre sur le versant de la montagne, au milieu d'une
végétation luxuriante étendant complaisamment son immense tapis
de verdure jusqu'au *Pico-Rincio*, qui élève à une hauteur de
2,000 mètres sa cime légèrement voilée de nuages. Ses jolies maisons éblouissantes de blancheur, ses belles habitations, qui
s'élèvent sur les flancs de la colline jusqu'à une hauteur de
150 mètres, ses gracieuses villas, les jardins, les parcs, tout respire la gaieté et invite au plaisir.

Les deux belles promenades qui bordent la plage nous appellent à
leurs frais ombrages. Les arbres et les fleurs, encensoirs naturels,
nous envoient des exhalaisons parfumées : c'est un paysage merveilleux. Aussi Humbold, en le voyant, se rappela-t-il l'île des
Phéaciens dont Homère a fait une description si ravissante. Je
ne m'étonne donc point de l'orgueilleuse satisfaction que trouvent
les Portugais à l'appeler *Fleur de l'Atlantique, Reine de
l'Océan*.

L'ancre est à peine jetée que nous sommes entourés d'une véritable flotte d'embarcations remplies d'hommes et d'enfants.
Ceux-ci se livrent à la plus plaisante mimique pour nous prier de
leur jeter de l'argent. Voilà, en effet, la menue monnaie qui pleut
de tous côtés, et ces êtres amphibies plongent immédiatement dans
l'eau, nagent comme des poissons et reparaissent à la surface por-

tant triomphalement les pièces entre leurs dents. Ils sont, pour ces exercices favoris, d'une agilité surprenante. Pour cinquante centimes ils font chavirer leurs barques avec un merveilleux entrain. Parfois, pour varier un peu leurs jeux et nous intéresser davantage, il nous font signe qu'ils vont passer sous le navire, qui a cependant un tirant d'eau de cinq à six mètres. Les voilà, en effet, dans un instant, qui se prélassent de l'autre côté de la *Junon*.

Enfin ils jouent, ils sautent, ils cabriolent dans l'eau comme des poissons ou des marsouins : c'est une fantasia nautique insensée. Tandis que les enfants se livrent à ces divertissements, les bateliers donnent l'assaut au bâtiment ; sous prétexte de nous faire voir et admirer de plus près leurs marchandises, leurs fleurs et leurs fruits, ils grimpent sur les bastingages pour pénétrer à bord. Les uns lancent leurs gaffes, les autres se hissent sur les épaules de leurs voisins pour sauter sur le pont. C'est une nuée de sauterelles que toute admonestation est impuissante à repousser. Enfin nos matelots s'impatientent et jettent résolument quelques-uns des envahisseurs à la mer. Les autres se tiennent dès lors à une respectueuse distance.

Une délicieuse surprise !

La *Junon* reposait à peine dans la baie que nous reçûmes une carte de visite ainsi conçue : « Monsieur Goubaux offre ses compliments de bienvenue au commandant, aux officiers de la *Junon* et à tous les membres de l'Expédition française, et est très heureux de mettre sa villa à leur disposition. »

Nous fûmes profondément touchés de tant de délicatesse, et, avec le plus vif empressement, nous rendîmes visite à ce bon Français, qu'une santé chancelante retient depuis longtemps à Madère.

Je n'oublierai jamais l'accueil gracieux dont nous fûmes l'objet dans sa belle maison de campagne : monsieur et madame Goubaux et leurs enfants nous comblèrent de prévenances avec cette noble simplicité et cette bienveillance qui les distinguent.

J'ai dit quel coup d'œil riant et pittoresque présente la ville de Funchal vue de la mer. Mais, faut-il l'avouer? on se trouve un peu désenchanté quand on est à terre. Les rues sont pavés de petits cailloux, et ces pierres pointues et glissantes meurtrissent les pieds. Elles ont du moins, il faut le reconnaître, l'avantage, immense pour une station d'hiver, de ne point engendrer de poussière et se prêtent admirablement d'ailleurs à la simplicité primitive des moyens de locomotion, qui sont essentiellement marqués d'un cachet local. Comme les rues se dirigent vers la montagne avec des pentes excessivement raides, on se sert de voitures sans roues que traînent des bœufs. Voilà certes des coursiers qui n'ont pas été fécondés par le vent ; ils ont seuls cependant l'honneur de voiturer dans les rues de Madère les plus fiers gentlemen et les plus élégantes *mistress* du *high-life* anglais. Il y en a toujours deux attachés de front. Ces bêtes appartiennent à une race montagnarde un peu petite, mais vigoureuse. Dans un trou pratiqué au bout de leurs cornes passe une corde que tient, en guise de rênes, un paysan armé d'une longue gaule, tandis qu'un autre conducteur marche derrière pour pousser ou retenir, selon les cas, le lourd véhicule. Ils ne cessent tous les deux de stimuler leurs paisibles coursiers par de consciencieux coups d'aiguillon et la monotone cadence de leurs bruyantes clameurs.

Il est des chemins encore plus inclinés, et d'une telle déclivité que les bœufs eux-mêmes ne peuvent s'y aventurer. On se sert alors d'un simple traîneau, dont les conducteurs n'ont qu'à diriger et à modérer la vitesse. Besogne parfois assez difficile. C'est ainsi que nous sommes descendus de *Nossa-Senhora-del-Monte*. Nous avons été attirés à cette église, dès notre arrivée, par les joyeuses détonations qui en faisaient retentir les alentours : il n'y a jamais là-bas de fêtes politiques ou de solennités religieuses sans accompagnement obligé de pétards.

Les portes et les fenêtres étaient ornées de guirlandes fleuries ; le pavé était jonché de roses et de branches de myrte, qui, écrasées par les pieds des pèlerins et les traîneaux, embaumaient l'air de leurs parfums.

Nous entrons dans la chapelle, où l'on chante et où l'on joue des morceaux plus bruyants qu'harmonieux. Sur le maître-autel rayonne, couverte de vêtements et de médailles de clinquant, une statue de la sainte Vierge que *Jean Gonzalves Garzo* et *Tristan van Texiera*, trouvèrent en cet endroit, dit-on, lorsqu'ils firent, en 1421, la découverte de l'île. Comme l'archipel n'était pas habité, ils en conclurent qu'elle n'avait pu y être placée que par des mains divines. Aussi bâtirent-ils, là-même, la chapelle de *Nossa-Senhora-del-Monte*.

On y vénère toujours la mystérieuse image, ordinairement renfermée dans une châsse superbe, et, à l'époque des calamités publiques, on la promène pompeusement dans la ville afin de fléchir la colère du Ciel. En sortant, nous montons sur un traîneau pour regagner la plage. Et nous voilà lancés sur les galets d'un sentier plein de zigzags, avec une rapidité vertigineuse, au risque de voir notre curieux véhicule verser à un tournant, se briser contre un rocher ou prendre feu sous l'action de la chaleur produite par le frottement des patins en acier. Mais que sont ces dangers en comparaison du plaisir et de l'étrange sensation que l'on éprouve à opérer ces folles descentes ?...

Parfois il y a quelques têtes cassées, mais les Portugais s'en consolent aisément, car se sont presque toujours des têtes d'Anglais.

C'est dans la partie inférieure de la ville que se trouve le plus de vie et de commerce. Mais il faut monter pour voir les jolis cottages et les belles villas au milieu des parcs et des jardins.

C'est là que se déploie cette végétation luxuriante, si variée et si splendide ; c'est là que l'on respire cet air toujours tiède et uniforme, ces suaves exhalaisons, qui ont mérité à Madère sa réputation proverbiale et son immense célébrité. La nature y allie, dans une douce harmonie, les produits et les plantes des climats tempérés avec les fruits et les fleurs des tropiques. Le pêcher, l'amandier, le platanier, le pin, le châtaignier, se rencontrent à côté du palmier, de l'ananas, du manguier, du laurier-rose, et de tant d'autres. Les allées d'orangers au sombre feuillage remplacent les tilleuls de nos pays, et les fruits, trop lourds pour les branches, tombent en s'ouvrant sur le sol, qu'ils inondent de leur jus embaumé. A chaque pas, le regard est arrêté et charmé par des plantes tropicales nouvelles aux proportions imposantes et aux éclatantes couleurs.

Pénétrons un peu dans l'intérieur. Quels paysages beaux et variés ! Ce sont tantôt des vallées gracieuses, tantôt des hauteurs considérables, d'où le regard se promène sur un vaste horizon. Parfois encore, on trouve des ponts jetés sur des abîmes profonds. J'ai vu plusieurs de ces *ribeiras* aux formes désordonnées. Il n'y avait pas alors une seule goutte d'eau, mais surviennent des pluies abondantes, et l'on y voit couler avec fracas de véritables torrents qui vont parfois inonder les champs et détruire les récoltes.

C'est ainsi qu'en 1803, des débordements subits de ruisseaux torrentueux portèrent à Funchal la désolation et la mort ; plus de trois cents victimes périrent dans cette catastrophe. En 1842 survint une autre inondation beaucoup moins terrible, mais dont on conserve néanmoins le douloureux souvenir.

Voici les vignes qui produisent ce vin célèbre dans le monde entier. Malheureusement, l'oïdium y a fait en quelques années les plus terribles ravages. Et le phylloxéra, depuis 1872, est venu ajouter un nouveau fléau et menace de détruire entièrement cette source de richesses. Aussi revient-on à la culture de la canne à sucre, qui avait été primitivement la plantation principale de l'île, et qui n'y réussit pas moins que la vigne. C'est là que j'ai vu, pour la première fois, en plein champ, ces magnifiques graminées qui étalent leurs feuilles avec une si majestueuse élégance.

Admirez cette petite ville pittoresquement perchée sur un rocher : c'est *Camara dos Lobos*... Mais..., voilà le soleil qui va disparaître et il faut regagner la capitale malgré la nuit, la longueur et les difficultés du chemin. Très fatigué, je fus obligé de prendre un palanquin. J'eus ainsi l'occasion d'user de tous les genres de locomotion employés dans l'île. Le palanquin est fait de toiles et forme, aux deux extrémités, des boucles dans lesquelles on passe un bambou que portent deux hommes. Je ne saurais dire la douce sensation que j'éprouvai quand je me sentis mollement bercé dans ce lit suspendu. J'y étais couché à mon aise, un coussin sous la tête, et protégé par de petits rideaux contre la fraîcheur de la nuit. Ces braves gens, craignant pour moi les ennuis de la route, cherchaient à m'endormir au doux bruit de leurs monotones chansons.

Quand je voulus, au terme de mon petit voyage, leur donner le prix convenu, ils se défièrent de ma pièce française de cinq francs et refusèrent de la recevoir. Cela me prouva le peu d'influence que nous avons dans l'île. Il n'en est pas de même des Anglais, qui détiennent dans leurs mains la plus grande partie du commerce et dont les Madériens recherchent les souverains à l'égal de la monnaie portugaise. Ils ont, à Funchal, un beau club avec une magnifique bibliothèque et un grand choix de journaux. C'est d'ailleurs logique ; comment ne seraient-ils pas tout-puissants dans les colonies lusitaniennes alors qu'ils dominent même dans le pays métropolitain ? Je me hâte cependant et je suis heureux d'ajouter que la population, d'ailleurs assez accueillante, entoure les Français d'une vive sympathie.

La ville de Funchal s'enorgueillit d'un glorieux souvenir. Elle a possédé, en effet, pendant quelque temps, ce grand homme, ce grand chrétien qui a reculé les bornes de la terre par la découverte du Nouveau-Monde, et on montre encore la maison qu'il habitait. Il passa aussi deux ans dans l'île voisine de *Porto-Santo* avec le gouverneur Barthélemy de Perestrello, dont il avait épousé la fille, Dona Felippa. Ce fut là qu'il perdit son fils, Diego. Nous dûmes à une circonstance tout exceptionnelle le plaisir de visiter ces rochers et ces plages où le génie de Christophe Colomb avait mûri son projet divin.

La petite île qui dépend de Madère traversait une terrible crise. Ses récoltes avaient été, cette année, presque entièrement perdues et la famine menaçait ses quinze cents habitants. Le gouverneur alarmé désirait lui apporter quelques vivres, avec des paroles de consolation et d'encouragement : mais il n'avait point pour le moment de bâtiment à sa disposition. M. Biard n'eut pas plus tôt entendu de sa bouche ces douloureux détails, qu'il lui offrit de le transporter sur la *Junon*.

Nous partons le lundi matin et nous voilà vers onze heures devant *Baléria*, l'unique ville de *Porto-Santo*. Grande sensation! Depuis combien d'années ces parages n'avaient-ils pas vu un aussi grand navire? Le rivage et les eaux de la rade, ordinairement bien solitaires et silencieux, présentent la plus grande agitation. Une nuée de barquettes nous saluent et nous entourent, mille regards ébahis se braquent sur nous : partout l'étonnement de l'enthousiasme. On reçoit *Don César Mimosa* et les officiers de la *Junon* avec force congratulations et hommages. Le gouverneur, de son côté, prodigue beaucoup de fleurs... *de rhétorique* et de compatissantes promesses pour rassurer *ses chers concitoyens*... et chauffer la candidature officielle pour les élections prochaines... Très habile *Son Excellence* portugaise !!!

Cependant quelques voyageurs s'engagent dans la montagne, espérant faire des exploits cynégétiques merveilleux. Mais bernique ! ils ne trouvent que quelques vaches aussi maigres que celles du songe de Pharaon. Qu'elle est donc stérile et triste, cette île que le séjour de Christophe Colomb a illustrée ! Le *Voyant* sublime du treizième siècle pouvait bien, sans nulle crainte des distractions, aller méditer sur ces rochers nus, sur ces plages désertes, et s'abîmer dans ses rêves profonds et ses inspirations divines ! Les souvenirs de l'immortel *Descubador* de l'Amérique peuvent donner quelque attrait à cette île solitaire et désolée.

II

L'Hospice Maria-Amélia. — La phtisie et les insulaires. — Le cimetière. — Un cercueil mystérieux. — Souvenir de l'infortuné Maximilien. — Gouvernement et administration.—La population et son état intellectuel et moral.—Influence du climat de Madère sur les affections pulmonaires et les maladies de langueur. — Le pays des fruits d'or et de l'éternel printemps.

Funchal possède plusieurs hôpitaux. Il y en a un qui rappelle des souvenirs si tristement intéressants que je ne puis m'empêcher d'en faire une mention spécial. Dom Pédro Ier, empereur du Brésil, avait perdu, en 1826, sa femme Léopoldine d'Autriche. Il épousa, trois ans après, une princesse française, Marie-Amélie de Leuchtenberg, fille d'Eugène de Beauharnais, dont il eut une fille, Maria-Amélia. Celle-ci avait une constitution excessivement faible, qui fit craindre de bonne heure pour ses jours. On l'envoya à Madère, où elle ne put refaire, hélas ! sa mauvaise santé : elle y mourut au quartier des *Augustias*, le plus sain et le plus agréable de Funchal, à l'âge de vingt et un ans. Elle avait été fiancée à Maximilien, le futur empereur du Mexique, qui, lui aussi, devait voir ses jours tranchés à la fleur de l'âge et par une mort bien plus poignante encore. La mère de l'infortunée princesse, S. M. l'Impératrice douairière du Brésil, voulut conserver dans l'île le souvenir de ce douloureux événement. Sous l'inspiration de sa haute charité, elle fonda un hôpital spécialement réservé aux phtisiques et lui donna le nom de sa fille bien-aimée. Telle est la touchante origine de l'hospice Maria-Amélia. Construit dans de grandes proportions, il s'élève gracieusement au milieu de riants bosquets. Il est admirablement tenu par des sœurs de Charité françaises et le traitement des malades est confié à un savant docteur portugais, natif de Madère, mais qui a fait ses études dans nos Facultés. L'auguste fondatrice de ce monument, ouvert en 1853, en a supporté exclusivement tous les frais pendant sa vie. On y reçoit les habitants de l'île, les Portugais et les Brésiliens atteints de maladies de poitrine. Lors de ma visite, il y avait douze hommes et vingt-quatre femmes. Parmi celles-ci, j'en ai vu une qui n'avait plus qu'un souffle de vie; elle le savait et ne perdrait rien néanmoins de sa douce expansion: « Bientôt, demain peut-être, j'irai là-bas et alors je ne souffrirai plus, » disait-elle parfois avec un accent qui déchirait; et en même temps sa main et ses yeux indiquaient le cimetière qu'on apercevait de la chambre.

Les vides d'ailleurs sont vites comblés dans l'hôpital. Je voulus lire la liste des personnes qui s'étaient fait inscrire d'avance pour y entrer : j'en trouvai quarante. C'est dire que les Madériens ne nullement exempts de la phtisie. D'où vient cette anomalie? et n'est-il pas étrange de voir ce triste mal attaquer la population elle-même d'une terre bénie, qui semblent devoir exclure toute souffrance ? La réponse est facile : c'est que bien des pauvres croupissent dans une misère qui les prédispose à une vieillesse prématurée et à une existence plus courte. Puis, la plupart des habitants du voisinage de Funchal descendent tous les matins de la montagne à la ville, pour porter de lourds fardeaux ou se livrer au rude métier de porteurs de palanquins. Enfin les insulaires se marient fort jeunes et à la légère sans respecter assez les liens de

la parenté... La misère et le désordre entraînent partout de désastreuses conséquences et le plus beau climat du monde ne saurait
ni en prévenir ni en arrêter les effets.

C'est parmi les femmes que la phtisie fait le plus de victimes.
La plupart, en effet, mènent une vie excessivement sédentaire et
fatigante : elles restent presque toujours enfermées dans leurs
magasins, petits comme des boîtes, se livrant généralement aux
travaux'd'aiguille et à la broderie.

En face de l'hospice Maria-Amélia se trouve le cimetière. Un
magnifique portail ferme une allée superbe pavée de cailloux qui
forment divers dessins. Les plates-bandes sont couvertes de tombes
élégantes et coquettes, qu'ombragent les branches des saules ou
des cyprès ; de tous côtés brillent les magnolias, les bougainvilliers et les roses, qui embaument l'atmosphère des plus suaves
odeurs. Quel contraste entre l'aspect gracieux du champ funèbre
et la tristesse des inscriptions qu'on lit sur les pierres tumulaires !
Que de jeunes gens, que de jeunes filles moissonnés par la mort
à l'âge où l'on ne devrait pas mourir ! Ils sont là dormant leur
dernier sommeil, loin de la famille et de la patrie ! Elles m'ont
souvent poursuivi de mélancoliques rêves, les inscriptions des
mausolées de Funchal !...

La chapelle du cimetière est aussi très élégante. J'y entrai et
et je vis au milieu de la nef une belle caisse dont le velours
luxueux était parsemé de clous dorés et de divers ornements. Que
pouvait-elle contenir ? N'était-ce point quelque décoration magnifique du temple, quelque statue vénérée que l'on découvrirait à
certains jours pour l'offrir à la pieuse vénération des fidèles ? Je
balançais entre une certaine crainte mystérieuse et mon invincible
curiosité. Enfin celle-ci l'emporte et me voilà saisissant un bou-
ton de verre pour soulever le couvercle... Je recule épouvanté et
je sors précipitamment de l'église, en proie à un de ces tressail-

lements subits qui font refluer tout le sang vers le cœur. Ce qui avait apparu à mon regard stupéfait, je ne l'oublierai jamais, je le vois encore et je le verrai toujours. J'avais vu la mort sur le visage livide d'une vierge !... C'était une jeune fille enlevée par la phtisie qui reposait dans cette belle caisse. L'inhumation devait se faire le lendemain. Mais pourquoi l'avait-on portée si longtemps à l'avance dans la chapelle du cimetière ? Pourquoi surtout laissait-on le cercueil absolument tout seul dans l'église ouverte ? Comment n'y voyait-on pas du moins une personne en prière et un cierge allumé ?... C'est la coutume, paraît-il, « *E costume* ». Triste coutume, qui doit singulièrement nuire au respect des morts. Et qui sait si parfois elle n'a pas provoqué quelque épouvantable profanation ?... J'ai vu bien des cadavres auprès desquels j'ai pleuré et j'en verrai sans doute beaucoup d'autres qui me donneront plus d'attendrissement, mais celui de la jeune fille de Madère restera à jamais dans ma mémoire comme un souvenir unique de surprise et d'effroi.

Lorsque Maximilien passa à Funchal pour se rendre au Mexique, il visita ce cimetière et sur une tombe cueillit une fleur. « Oh ! chose singulière, dit-il en respirant son parfum, une si belle fleur sur un tombeau ! » Hélas ! l'illustre exilé de Miramar n'était-il pas lui-même une magnifique fleur qui allait bientôt se faner et périr dans le sombre abîme du Queretaro ? Lorsqu'il partit, on lui fit une ovation enthousiaste et au moment où le navire s'ébranlait pour le transporter par delà l'immensité de l'Atlantique, une foule innombrable lui criait : « Au revoir ! Au revoir ! » Mais lui ne cessait, dit-on, de répondre mélancoliquement : « Jamais ! Jamais ! »

L'île Madère forme une province du Portugal, qui y nomme deux gouverneurs : l'un civil, l'autre militaire. Au premier est dévolue l'administration, fort peu compliquée d'ailleurs : elle consiste à tirer autant d'argent que possible de cette petite oasis, sans jamais rien lui donner.

Une législation sage et favorable imprimerait à l'agriculture et à l'industrie une sérieuse impulsion, tandis que l'on rencontre malheureusement dans l'intérieur bien des terrains peu ou point cultivés. C'est à une telle situation bien plus qu'à la mollesse des habitants qu'il faut attribuer l'absence de certaines cultures ou plantations qui contribueraient largement à l'augmentation de la richesse foncière. Le café et le tabac viendraient si bien sur ce sol ! Et on commence à peine à les cultiver. On a vu, sous ce ciel privilégié, des pauvres mourir de faim.

Funchal ne possède pas un seul monument digne de ce nom. Mais pourquoi parler de monuments au sujet d'une ville où tant de choses nécessaires ou éminemment utiles ne brillent que par leur absence ? l'opinion publique réclame depuis longtemps l'établissement d'une digue qui réunirait le fort *Itheo*, qui est au milieu de la rade, au débarcadère de l'extrémité occidentale de la baie et qui formerait ainsi un petit port abrité. Les voies de communication dans l'intérieur sont très insuffisantes, les chemins sont peu nombreux et mauvais, l'agriculture est en souffrance, alors qu'il ne faudrait qu'une intelligente initiative et un peu de générosité pour la perfectionner et l'étendre. Mille besoins enfin se font sentir dans le pays, mais le Portugal n'en a cure : il pressure sans pudeur les colonies, qui s'appauvrissent sans l'enrichir, de sorte qu'ils courent parallèlement à leur décadence et à leur ruine.

« Lisbonne, écrit une illustre voyageuse, — la princesse Ratazzi, — pourrait être une des villes les plus florissantes d'Europe si elle disposait et jouissait de ses revenus, lesquels sont suffisants. Mais il n'en est rien : le gouvernement les lui prend tout d'abord, se les approprie et chaque année consent seulement à lui en donner un morceau si restreint qu'elle n'a juste que ce qu'il faut pour faire balayer ses rues principales et payer ses cantonniers. »

Si le gouvernement prétendu catholique du Portugal agit ainsi à l'endroit de la capitale du royaume, peut-on s'étonner de sa conduite dans les colonies ?

Après cela, qui surprendrai-je en disant qu'il y a à Madère un grand courant d'émigration qui pousse des milliers d'habitants en Amérique ou en Océanie? La *Priscilla*, bâtiment anglais, emportait naguère un nombre relativement considérable de colons aux îles Sandwich. On va s'établir beaucoup à la Guyane, mais aux autres colonies portugaises, jamais ! Aussi n'ai-je nulle peine à comprendre que l'île aspire à secouer le joug de la Lusitanie, et à s'ériger en petite république indépendante ou même à se donner aux États-Unis. Mais quelle chance de succès peut-elle avoir ? Il y a à Funchal deux forteresses où se rouillent cinq ou six canons et où flânent quelques soldats : il n'en faut pas davantage pour contenir les 130,000 insulaires.

L'île Madère était inhabitée quand elle fut découverte. Elle a été colonisée par les Portugais principalement, puis par d'autres étrangers de diverses nations, par des Français, dont certains noms subsistent encore et même par des nègres.

L'île, en effet, contenait autrefois un grand nombre d'esclaves noirs ou maures, dont on reconnaît facilement l'influence sur le type actuel. Les Anglais se sont emparés du pays en 1804, sous l'ingénieux prétexte qu'il pourrait tomber entre les mains des Français leurs ennemis. Très forts les fils d'Albion au jeu des combles!... Si, par les traités de Vienne, ils ont été condamnés à le rendre, ils y ont maintenu du moins toute leur influence en y laissant un grand nombre de familles, qui s'y sont enrichies par le commerce. Le gouvernement de leurs colonies de la côte

d'Afrique y envoie même tous les officiers et tous les employés
atteints de maladies tropicales.

La race de Madère est donc très mêlée. Aussi la population
est-elle peu jolie et même, tranchons le mot, remarquablement
laide. — Taille moyenne, teint foncé indiquant un peu le sang
africain. Les femmes ont un aspect plantureux et prennent de
bonne heure un désagréable embonpoint. C'est dans la classe
aisée surtout, que l'oisiveté, jointe à la douceur du climat, provoque cette précoce obésité.

Le peuple est généralement ignorant, mais honnête, doux,
dans les campagnes surtout, plein de foi et un peu supersti-
tieux.

La bourgeoisie, affiliée aux sociétés secrètes, est généralement,
dit-on, vaine et inintelligente.

Au milieu de cette population vit un clergé qui donne l'exemple
de la vertu. Je sais qu'il n'a pas été toujours aussi régulier, mais
en ce moment et depuis quelque temps, il marche assez coura-
geusement dans la voie du travail et du devoir. Il a d'ailleurs à
sa tête un évêque au jugement droit, au cœur énergique,
Mgr Manoel Barreto, qui occupe le siège de Funchal depuis
quelques années. Il a transformé comme par enchantement les
quarante-sept paroisses de son diocèse. Réformateur plein d'intelligence et de zèle, il a vu le mal, l'a combattu et en a triomphé
grâce à sa sagesse et à sa fermeté.

Plaise au Ciel que l'état moral et intellectuel de Madère ne
cesse de progresser, et cette île admirable sera alors, à tous
égards, l'Éden le plus doux et le plus enchanteur ! Comment
rêver, en effet, un séjour plus ravissant que ce pays d'or et
d'azur. Ce n'est point encore sans doute la végétation incomparable des tropiques et la splendeur des régions équatoriales, mais
l'aspect n'en est pas moins souriant. Cette nature avec ses magni-

ficences modérées n'écrase pas, mais repose et berce l'âme dans de calmes jouissances.

Funchal est protégé par un demi-cercle de montagnes d'un aspect grandiose contre les vents froids et violents du nord que les collines rejettent à quelques lieues dans l'Océan. Aussi, voit-on parfois la mer soulevée au loin par l'orage, tandis que le léger murmure des eaux de la plage caressées par une légère brise dont la sécurité, le sourire et ce bonheur du contraste qui fait dire : « Qu'on est bien ici ! »

La douce cité jouit d'un printemps perpétuel. On y voit affluer un grand nombre de valétudinaires, qui vont y chercher la guéri-son ou le soulagement de leurs souffrances. Ils n'y trouvent point les bruyants plaisirs des grandes villes, mais une nature magni-fique et un climat admirablement doux. L'air de Madère exerce une influence extraordinaire sur les constitutions faibles et les maladies de poitrine : sous ce rapport la reine de l'Océan est infi-niment préférable aux stations hivernales de la Méditerrannée. C'est là du moins le sentiment de grands praticiens, et je ne puis m'empêcher de le partager en songeant à cette température douce et uniforme, à cette luxuriante végétation que parent toutes les couleurs des tropiques, à ces exhalaisons pures et embaumées, à tous ces paysages qui m'ont causé de si agréables impressions. Mais, quoi qu'il en soit, les médecins doivent étudier la question : car n'est-ce point presque un crime que de négliger l'examen de tous les moyens préconisés pour la guérison ou le soulagement de cette triste et fatale maladie que l'on appelle phtisie ?

« J'ai besoin d'aller aux eaux, » disait un jour une dame, au docteur D..... — Pour quelle station optez-vous, madame ? répon-dit celui-ci avec un malin sourire. La consulation, on le com-prend, était dans ce cas d'une médiocre importance ; mais il n'en est pas de même quand il s'agit de conseiller un poitrinaire, et, puisqu'il n'y a aucun spécifique pour guérir une si redoutable maladie, un praticien consciencieux ne doit-il pas connaître le mérite comparé des divers climats recommandés contre la sinistre et mystérieuse affection ? Et cependant ne voit-on pas chaque jour des hommes de l'art envoyer sans discernement et sans réflexion ces infortunés malades à une station d'hiver quelconque, pourvu qu'elle soit à la mode ?

La France connaît à peine cette oasis privilégiée, et tandis que les Anglais y accourent en foule, on n'y voit que de loin en loin quelques-uns de nos compatriotes. Il y en aurait sans doute davantage, si on connaissait parfaitement ce climat délicieux, incomparablement supérieur à celui de l'Italie et de la Provence.

Funchal n'est point un centre de grands amusements et de futiles agitations. Mais n'est-ce point là un avantage pour les malades ? Pourquoi ceux-ci refusent-ils si souvent de substituer des jouissances paisibles à une frivolité enflammée ? La nature aime tant ceux dont elle est aimée !... On trouve à Funchal, non les bruyants plaisirs des villes à la mode, mais le repos et l'oubli : trésors si précieux et si rares, doublement délicieux quand on les goûte dans un tel paradis terrestre enveloppé de grands arbres, voilé d'ombre, baigné de fraîcheur et de silence. On ne saurait imaginer un tépidarium naturel plus suave des fièvres de la vie mondaine, et je crois avec Humboldt que, pour chasser la mélancolie et rendre la paix à une âme douloureusement combattue, il n'y a rien comme de vivre à Madère.

Allez donc là, chers malades ! Prenez la mer à Plymouth ou à Liverpool, à Bordeaux ou à Lisbonne, sur un de ces bateaux si brillants de confort et de luxe, et après une courte et douce traversée, vous saluerez avec ravissement cette île enchantée :

. . . . Le pays où fleurit l'oranger,
Le pays des fruits d'or et des roses vermeilles,
Où la brise est plus douce et l'oiseau plus léger,
Où dans toute saison butinent les abeilles,
Où rayonne et sourit, comme un bienfait de Dieu,
Un éternel printemps sous un ciel toujours bleu !

UNE ILE DÉSOLÉE

Nous devions, en quittant Madère, nous rendre à Dakar, mais une dépêche nous ayant avertis que la fièvre jaune y sévissait violence, nous fûmes obligés de renoncer à cette relâche. Quel dommage pour les touristes à la recherche de l'extraordinaire, de l'inattendu !

Il y a, en effet, à Dakar, un roi... *honoraire*, dont il est singulièrement agréable de faire la connaissance. C'est l'ancien souverain du pays, auquel la France, qui l'a dépossédé, paye une rente viagère de *six cents francs* par an. Comme la somme lui paraît trop minime, il cherche à l'augmenter en exploitant son prestige personnel. Dès qu'un bâtiment entre dans la baie de Dakar, le voilà qui part fièrement sur sa yole pour se présenter à bord et décliner ses titres à la curiosité... et à la généreuse bienveillance du public.

« Le roi est là, s'écrie le commandant en le voyant monter ; fermez vos cabines. »

A cela, il ajoute une petite industrie. Comme il n'y a pas de quai à Dakar et que les canots par conséquent ne peuvent aborder tout à fait au rivage, des nègres vont chercher les passagers à une certaine distance dans l'eau pour les porter à terre sur leur dos. Eh bien! le roi fait ce métier, absolument comme ses congénères; de sorte que, pour vingt-cinq centimes, voire même pour un cigare, on peut se procurer le plaisir et l'honneur de se voir voiturer sur un dos royal!... Ne voilà-t-il pas un souverain original et rare?...

Le commandant remplaça cette relâche par celle de l'île Saint-Vincent, non loin du Cap-Vert.

Partis de Madère le 13 août, nous jouissons d'une mer magnifique et d'un ciel radieux. Nous voilà bientôt en face des îles Canaries, — les îles Fortunées des anciens; — nous saluons avec enthousiasme le pic célèbre de Ténériffe, étincelant sur son trône blanc de près de quatre mille mètres...

Nous passons par un temps magnifique le tropique du Cancer. Nous voilà donc dans la zône torride: c'est pour longtemps.

Le dimanche 19 août, nous arrivons dans la rade de Saint-Vincent. C'est le meilleur port de tout l'archipel.

Quelle stérilité désolante dans l'île Saint-Vincent! Montagnes chauves, pelées, chauffées à plus de quarante degrés de Réaumur. Parfois, aux jours les plus chauds, ces roches blanches brillent sous l'immense lumière tropicale comme un grand brasier de feu.

Je ne sais de quel pays on raconte la légende suivante, c'est bien peut-être de Saint-Vincent: Un indigène étant mort, prit le chemin de l'enfer. Mais à la nuit tombante, il remonta sur terre: il faisait moins chaud chez Béelzébuth que dans la fournaise qu'il habitait pendant sa vie.

Quel contraste entre cette étuve ardente et l'île enchanteresse de Madère, éternellement égayée par un adorable printemps!

Parfois, le pays est dévasté par les sauterelles dont les légions immenses viennent en nuages sinistres du grand désert.

Un jour, disent les Arabes, le kalife Omar lut en tremblant ces mots à l'aile d'une sauterelle tombée sur sa table : « Je ponds quatre-vingt-dix-neuf œufs ; si j'en pondais cent, je mangerais le monde. »

Point de végétation sur ces collines ardentes. On n'y voit qu'un peu de maïs et des citrouilles. Cependant M. Collot a trouvé moyen d'y faire des trouvailles intéressantes. Sont-ils heureux, ces savants, de rencontrer des perles sur tous les chemins et de cueillir des roses dans tous les buissons !...

A une faible distance, on distingue l'île San-Antonio, la plus méridionale de tout le groupe. Celle-ci atteint un assez haut degré d'altitude et est relativement féconde : on y rencontre les fruits des pays chauds et ceux de l'Europe. Saint-Vincent va y faire chaque jour ses provisions.

Voyez, au fond de la baie de Saint-Vincent, cette petite ville. C'est la seule qui existe dans l'île. On l'appelle *Mendello*. Trois mille habitants environ. La plupart sont uniquement occupés à charger et à décharger du charbon.

Les insulaires ont des sentiments religieux, mais ils croupissent dans l'ignorance. Puis la superstition les domine. La plupart portent des amulettes : c'est tantôt un collier vénéré, tantôt un sachet renfermant des poudres mystérieuses, des dessins cabalistiques ou des formules mystiques. Ils recourent dans leurs maladies, non à des médecins, mais à des empiriques, qui leur ordonnent parfois les remèdes les plus absurdes et les plus drôles.

Ils ont une triste nourriture et de tristes habitations. Après avoir visité la ville, je m'enfonce un peu dans la montagne, en compagnie du recteur de la paroisse, un mulâtre portugais, plein d'esprit et de connaissances. Après avoir longtemps marché sur un sable stérile et à travers des brousses épineuses, nous rencontrons une misérable cabane au pied d'un rocher. Trois enfants s'empressent de venir à notre rencontre nous baisant les mains et nous demandant de l'argent. Le père et la mère, tous deux nègres, nous font une inclination profonde et nous forcent, par leurs instantes politesses, à entrer dans leur pauvre hutte. Quel taudis, grand Dieu ! Quelques pierres mal agencées et un toit de chaume, voilà leur habitation ! Un lit vermoulu et deux chaises boîteuses en constituent l'ameublement. Là, cependant grouillent cinq personnes... On faisait la cuisine au dehors sous un arbre. Elle fut du reste bientôt faite, car tout le repas consistait en un peu de maïs plus ou moins cuit. Ces pauvres gens puisaient tous dans la même écuelle et buvaient dans le même verre : une vieille boîte à sardines, quelque épave de navire sans doute.

Les habitants de la ville ne vivent guère dans de meilleures conditions. Le philosophe ancien qui demandait des maisons en verre, aurait été, je crois, parfaitement satisfait à Mendello. Les habitations ne sont, en effet, que de petites granges où l'œil du passant pénètre tout à son aise. Ordinairement une seule chambre sans plafond, voilà tout ! Il y a ensuite une petite cour où l'on fait la cuisine en plein air. J'ai vu parfois des négrillons manger dans une espèce d'auge en compagnie de jolis rossignols... à glands.

Les insulaires ont un tempérament très lymphatique et très mou ; peut-être faut-il chercher dans l'apathie de leur caractère une des causes principales de leurs vices. Ils en ont trois surtout, qui sont fort développés : la passion des liqueurs fortes, la passion du vol, et l'immoralité.

Malgré la misère qui règne dans ces parages, presque toutes les femmes portent des bracelets ou des colliers d'or. On m'a expliqué ce luxe par la vanité d'abord et ensuite par un sentiment de prévoyance. Les *Senhoras* de Mendello font de telles acquisitions afin d'avoir là, en cas de nécessité, une petite ressource, un objet d'une vraie valeur. Au lieu de tenir les enfants, comme chez nous, dans les bras, elles les portent sur leur dos, roulés dans une étoffe qu'elles nouent par-devant en guise de ceinture. Le système, ma foi, n'est pas trop sot, car les négresses, conservant ainsi la liberté de leurs bras, peuvent vaquer à leurs occupations habituelles. Avec leur précieux fardeau sur les reins, elles cousent, repassent, courent, sautent!!! Singulières mamans! Et rien ne trouble les petits bambins. Affreusement ballottés par les mouvements les plus brusques, ils n'en continuent pas moins à s'amuser comme des diablotins. Très jolis parfois ces pauvres négrillons, quand ils soulèvent au-dessus du nid maternel leur tête crépue, en souriant et montrant leurs blanches dents!

Les *Senhoras* ont aussi l'habitude de fumer, et elles fument beaucoup : elles pourraient, je crois, rendre des points aux plus intrépides fumeurs de France et de Navarre. La pipe, en effet, est dans leurs goûts. Elles font fi de la cigarette et ne tiennent même qu'en médiocre estime le cigare. La pipe, il n'y a que ça ! Elles l'ont continuellement à la bouche, dans les casas, dans les rues, partout. Le dimanche, on les voit arriver à la messe en bataillons, fumant fièrement leur pipe, qu'elles n'éteignent qu'au seuil de l'église. Enfin les *dames* (?) de Mendello n'apparaissent jamais que comme les déesses, dans des nuages... Mais, hélas ! c'est là, entre elles, l'unique ressemblance.

Pendant la guerre de l'Indépendance de la Colombie, les volontaires anglais trouvèrent les femmes de ce pays travaillées de la passion du tabac. « Nos Anglaises ne fument pas, leurs dirent les blonds officiers ; voilà pourquoi nous les aimons. » Il n'en fallut pas davantage pour mettre le cigare à l'index dans toute la société des senoritas. Il y a bien quelques Anglais à Saint-Vincent, mais les négresses fument toujours. Elles ressemblent si peu aux créoles américaines ! Puis les fils d'Albion établis à Saint-Vincent ne s'occupent point de réformer les mœurs, mais uniquement de faire leur fortune. C'est exclusivement entre leurs mains que se trouve le négoce de Saint-Vincent, auquel le passage de tant de bâtiments donne une certaine importance.

L'ivrognerie est encore un faible des habitants de Mendello et un *faible* excessivement *fort*. L'eau-de-vie et les alcools les plus brûlants sont leur volupté suprême. Un médecin fait en ce moment les plus louables efforts pour détruire cette triste passion. Appelé tout récemment auprès d'un malade épuisé par la boisson, il tente de l'effrayer : « Malheureux, lui dit-il, si vous continuez ainsi, dans un an vous serez mort. — Ah ! merci, docteur, répond aussitôt le malade avec un profond soupir de soulagement, j'ai donc encore un an pour boire ! ! !... »

Un artiste (?) vient de créer là-bas une petite fanfare composée d'un piston, d'un trombone solennel, d'une demi-douzaine de contre-basses, d'un triangle, d'un tambour et d'une grosse caisse, derrière laquelle disparaît le petit nègre qui la bat avec fureur. Le chef de musique fit jouer en mon honneur les plus brillants morceaux de son répertoire :

> Ah ! quel effet
> Cela me fait !

Mais les insulaires en restent... épatés. Et cependant à côté d'eux se trouve une merveille à laquelle ils n'ont peut-être jamais songé : le câble sous-marin qui relie le Cap, toute la côte d'Afrique, les îles Canaries et Madère à l'Europe : étonnant chef-d'œuvre de la science et de l'industrie humaines. Comme on est heureux de penser que, dans les pays les plus lointains, on peut en un instant

envoyer dans son pays des nouvelles et des tendresses..... élec-
triques !

Le mardi, quelques heures avant notre départ, arriva dans les
eaux de Saint-Vincent la *Tactique*, un aviso français qui se rendait à la Plata. Nous eûmes le plaisir de faire la connaissance
de son commandant, M, Labédollière, que M. Biard invita à dîner.
A neuf heures du soir, nous lui serrions la main et nous prenions
gaiement la route du Brésil.

LA VIE A BORD

La mer. — Ses aspects divers et grandioses. — Piété des matelots. — Une curieuse
anecdote. — Conférences scientifiques, études et divertissements. — Les dis-
ciples de saint Hubert. — Goëlands, poissons volants, marsouins, galère. —
Les artistes malgré eux. — Soirées musicales et littéraires. — Le baptême de
la Ligne. — Chevalier de la mer. — Le matelot d'autrefois et le marin nouveau
style. — Chauffeurs. — Le drame de la *Fœderis Area*. — Contes du gaillard
d'avant. — La nostalgie de la mer.

On pense en général et on dit que rien n'égale la monotonie de
la vie de bord. Cette appréciation est loin d'être juste. La mer,
toujours la même et cependant toujours nouvelle, offre, dans son
immense unité, les mouvements et les spectacles les plus divers.

Tantôt calme et souriante, elle mêle comme une chanson
d'amour aux soupirs du vent qui passe, et jette au soleil, dans
l'azur de ses flots, les perles d'or de sa robe entr'ouverte ; tantôt
tumultueuse et troublée jusque dans la profondeur de ses abîmes,
elle fait éclater, parmi les grondements de la tempête et les éclairs
et les bruits de l'orage, la parole éloquente de ses majestueuses
fureurs :

> Suave mari magno turbantibus æquora ventis
> E terra magnum alterius spectare laborem.

disait Lucrèce, et s'il parlait absolument, il avait tort. Car l'homme n'a pas senti l'épouvantable beauté de la tempête qui n'a point lutté contre ses tumultueux efforts. Elles sont admirables les vagues monstrueuses et mugissantes ! Le danger a ses émotions grandioses et ses longs enthousiasmes. Les âmes alors sortent d'elles-mêmes et les courages s'élèvent. L'espoir, comme un rayon dans la nuit, illumine l'angoisse ; on jouit car on lutte et le durable souvenir de ces sublimes émotions peut parfois féconder les joies de toute la vie.

La vue de la mer suscite dans l'âme de nobles sentiments et de fortes pensées. L'esprit de Dieu plane sur les eaux. L'homme, même le plus égaré, l'y retrouve un jour ou l'autre ; et dans cette suave rencontre un rayon de l'immortelle vérité le touche et l'éclaire.

« Glorieux miroir où le Tout-Puissant aime à se contempler au milieu des tempêtes ; calme ou agitée, soulevée par la brise, par le zéphir ou par l'aquilon, glacée sur le pôle, bouillante sous la zône torride, ô mer, tu es toujours sublime et sans limites, tu es le trône de l'invisible, l'image de l'éternité [1]. »

Aussi les matelots ont-ils un fond religieux dont la fécondité produit, à certaines heures, des traits admirables de foi, de courage et de ferveur. Ils sont pieux à leur manière ; ils ne raillent point les choses sacrées et exécutent fidèlement leurs vœux. Et pendant que là-bas, sur le sol de la patrie lointaine, leurs fiancées ou leurs femmes invoquent les saints aimés de la plage, ces hommes, qui ont vu la mort sans peur, lèvent leurs regards et leurs âmes vers le ciel.

Leur foi a des ignorances et des naïvetés touchantes. J'ai fait faire la première communion à un matelot de trente ans. A peu près sans notions religieuses, il me donna quelque peine pour

---

[1] Byron.

éclairer son esprit, mais je n'en eus aucune pour préparer son cœur. « J'ai pas été dévot dans ma vie, me disait-il un jour, loin de là ; mais pourtant j'ai jamais été un chien. A preuve, c'est que je disais toujours une petite prière à la bonne Mère. J'étais une fois à bord d'un trois-mâts, au cap Horn ; un orage épouvantablement *carabiné* nous empoigna. Je passa un mauvais quart d'heure et je manqua bien d'aller boire à la *grande tasse*. Je fis vœu alors, si je sortais de ce danger, de monter pieds-nus à Notre-Dame de la Garde dès mon retour à Marseille et de faire brûler un cierge. Et j'exécutai fidèlement mon serment... Aussitôt mon débarquement je montai au sanctuaire, je me mis à genoux aux pieds de la Vierge, et là, je lui dis... tout ce que je savais... »

Mais voici, dans ce genre, le bijou, la quintessence ! Je tiens le fait du héros lui-même, M. L., ancien officier de marine. « Ecoute, lui dit un jour un marin agonisant à bord d'un navire, je meurs sans pouvoir me confesser : va donc, je t'en prie, dès que tu seras à terre, trouver un prêtre et te confesser en mon nom. — Très bien, mais que lui dirai-je? — Oh! ça, comme pour toi! » Et M. L. fut fidèle à sa promesse.

Cependant, dans ces longues traversées, tout ennui est-il totalement écarté par le spectacle grandiose du ciel et de la mer ? Non, sans doute, mais il est bien tempéré par les sentiments que fait naître dans l'âme la vue de l'Océan immense. Au milieu de ces solitudes liquides, sans fin et sans bornes, on se sent bercé par des rêveries profondes et l'âme altérée s'y abreuve d'infinités.

Au reste, les distractions et les plaisirs ne manquent pas à bord des grands paquebots bien installés, et la *Junon* en offre de particulièrement agréables.

MM. Humbert et Collot, dans leurs conférences, qui constituent des cours vraiment pratiques, répandent avec art sur leurs connaissances spéciales le charme de leurs entretiens. On étudie tour à tour les détails géographiques, la météorologie, les vents et les courants généraux, les saisons, les productions du pays au point de vue commercial, la situation des marchés, les débouchés à ouvrir, l'état général et le développement de la contrée, sa constitution géologique, etc. On demande à l'histoire de son passé les probabilités de son avenir. — Nous connaissons de la sorte, par avance et sous tous ses aspects, chacun des pays du monde. Aussi quand nous touchons à terre, ne perdons-nous pas de temps pour utiliser notre relâche ; nous avons en outre, grâce à des recommandations spéciales, des facilités exceptionnelles pour tout voir, puiser nos informations aux meilleures sources et organiser, quand il nous plaît, des excursions.

La bibliothèque est aussi une grande ressource. Assez grande et assez variée...

L'économie politique, l'histoire, la géographie scientifique et descriptive y occupent naturellement la plus large place. On y trouve des livres récents qui facilitent sous ces divers rapports des études sûres et sérieuses... Il y a notamment la collection entière du *Tour du monde* et une foule d'autres ouvrages attachants, sur lesquels on se jette presque avec l'empressement des filles de Lycomède sur les bijoux d'Ulysse. On a d'ailleurs des journaux de toute sorte que l'on reçoit dans chaque relâche. Aussi les distractions intellectuelles sont-elles très variées. Ceux-ci lisent, ceux-là écrivent, d'autres causent et ainsi nous prolongeons nos veilles jusqu'à une heure avancée. « Ce que l'on ôte à ses nuits, on l'ajoute à ses jours. »

Mais j'oubliais un professeur et certes des plus intéressants : M. Biard, le commandant du navire lui-même, qui nous fait de temps en temps des conférences sur les principes de la navigation ; et jamais cours n'a été fait, je crois, d'une manière plus claire et plus intéressante. Nul d'entre nous, sans aucun doute, ne doit en sortir capitaine au long cours, ni même maître caboteur ; mais nous y acquérons du moins assez de connaissances de l'art maritime pour nous rendre un compte assez exact de la conduite d'un navire.

Les voyageurs sont tous des Nemrods distingués et leur impatiente ardeur les empêche d'attendre les relâches pour brûler quelques cartouches. Aussi organisent-ils à bords quelques parties de chasse, d'un genre nouveau. Ils luttent d'adresse pour atteindre des objets minuscules suspendus à l'extrémité des vergues.

Souvent, du reste, des goëlands s'approchent fort près du navire.

> « Hélas ! hélas ! pauvres oiseaux,
> Des ruses du chasseur songez à vous défendre. »

Mais les goëlands ont de la confiance. Ils en ont trop, car ils en meurent. On tire même sur les poissons volants qui se lèvent parfois du sein des flots comme un essaim d'oiseaux, ou sur les marsouins qui prennent imprudemment trop au-dessus des lames leurs capricieux ébats. Très curieux, ces derniers animaux quand ils se mettent à suivre le bâtiment pendant des heures entières.

Ces cétacés sont sur le dos d'un noir à reflets violacés ou verdâtres et sous le ventre entièrement blancs ; ils ressemblent vaguement à nos gorets. Ils vont ordinairement par bandes ; on dirait une meute ardente, infatigable, entourant une voiture de chasse, quand ils bondissent autour d'un navire. Ils nous suivent avec une étonnante rapidité et de si près qu'ils semblent défier les marins et leur dire : *Harponnez-nous*. J'en ai vu beaucoup payer cher leur audace et tomber sous le plomb de nos chasseurs. Je plaignais surtout les poissons volants quand ils subissaient le même sort. Comme ils sont jolis quand ils surgissent au-dessus des flots, ces corps brillants réfléchissant les plus belles teintes de l'azur!

Pauvres *exocets!* ils sont également exposés dans l'air et dans l'eau. Poursuivis par de plus grands poissons et surtout par la *dorade*, leur plus redoutable ennemi, ils s'élèvent dans les airs. Mais là, ils deviennent encore la proie des frégates, des grands voiliers et d'autres oiseaux de mer, qui aiment, aussi bien que les poissons, leur chair délicate. Le malheureux exocet est donc de toutes parts exposé à la mort. Ses ailes n'ont d'élasticité que lorsqu'elles sont mouillées, ce qui l'oblige à plonger fréquemment dans la mer. Il est très habile cependant, et il est intéressant de suivre ses gracieuses évolutions pour échapper comme oiseau aux poissons et comme poisson aux oiseaux. J'en ai vu qui allaient chercher un refuge sur le bâtiment; mais les impitoyables marins s'en saisissaient aussitôt pour s'en faire un délicieux régal.

Une autre petite merveille : un poisson qui a des voiles comme un bateau. Aussi l'appelle-t-on *galère*. C'est un curieux spectacle que de voir ces galères scintillantes et aux formes capricieuses, s'incliner mollement sous l'impulsion de la vague agitée par une brise légère. On en voit parfois des légions couvrir un grand espace sur l'Océan. On dirait une flotte en miniature, comme celle que les enfants lancent dans un bassin.

Pêchez ces curieux poissons pour admirer de près leurs voiles latines, mais ne leur touchez pas : vous éprouveriez une démangeaison semblable à celle que cause l'ortie.

Je n'en finirais point si je voulais parler de tant d'autres phénomènes qui s'offrent à chaque instant au navigateur et qui lui font passer les jours aussi vite que les heures.

Le jeu n'est pas négligé non plus. On se distrait avec les échecs, les dominos, les cartes, le trapèze, les armes, etc. — Enfin on fait de la musique. Il y a des voix, comme celle de

M. Lemay, par exemple, qu'on entend avec plaisir, et plus d'une fois de légers ennuis se sont envolés dans une joyeuse chanson.

Un soir, après dîner, tout le monde était retenu au salon par une violente pluie. — Quelqu'un se met au piano pour accompagner une romance. Mais bientôt les chanteurs manquent. On en désire..., on en réclame... Et on en obtient. Il y a des artistes par goût, par passion. Pourquoi ne trouverait-on pas des artistes par force ? *Les musiciens malgré eux !* un titre de vaudeville. L'assemblée décide que chaque passager doit faire entendre sa voix, quelle qu'elle soit, ou bien... payer une bouteille de vin de Champagne. Système plein d'avantages et de piquant ! Il permet aux uns de mettre en relief leurs voies timides et provoque de la part des autres de joyeuses largesses.

Parfois encore, il y a des soirées musicales et littéraires où les officiers et les passagers font assaut d'amabilité et d'humour. On y chante de délicieuses mélodies et on y déclame des poésies, quelques-unes tout à fait de circonstance et inédites. Ravissantes petites fêtes de l'esprit auxquelles l'Océan ajoute une indicible saveur !

En voici une d'un autre genre. Le 24 août au soir, nous finissions de dîner quand nous vîmes entrer brusquement dans le salon un personnage inconnu. Son accoutrement était très bizarre, et il tenait un ours en laisse. Sans se découvrir et du reste sans aucune façon, il va droit au commandant et lui remet une lettre immense. Il s'assied ensuite et demande un verre de vin, — il en boira deux, s'il le faut, et même davantage, — pour réparer, dit-il ses forces épuisées par un long et pénible voyage. Nous cherchons dans notre étonnement ce que signifie cette aventure, et nous perdons notre temps à chercher. M. Biard semble ému ; il brise en tremblant le cachet de la grande missive et la parcourt avec avidité. Puis, prenant son air le plus grave, il commande le silence et lit avec solennité le document que voici :

« *Royaume de Neptune*
« *Ministère du Père la Ligne. — Bureau du père la Chique.*

« Au fond de la mer, 4ᵉ jour du Saint-Sicle de la gestation de Baleine franche, 4878, ère vraie.

« A l'illustre Commandant Biard,
« Illustre Nautonnier,

« Ma vigie vient de me signaler une nef à plumet noir portant l'enseigne azurée, blanche et vermeille, se mouvant sans ailes, qui se présente dans les eaux de mon royaume.

« Après compulsion faite de nos registres de l'état civil, bureau des passeports de notre royaume, nous n'avons trouvé aucune trace du passage d'une nef à plumet de ce gabarit.

« Avons constaté, en outre, qu'il se mouvait à bord une quantité de profanes, n'ayant pas été baptisés, et par conséquent n'ayant pas prêté le serment d'usage.

« En votre qualité de vieux loup de mer vous n'ignorez pas qu'il faut que chacun paye son tribut, lors du passage dans nos États-Humides.

« En conséquence avons décrété et décrétons :

« ART. 1ᵉʳ. — Ce jour, notre Envoyé plénipotentiaire, le père Tropique, après avoir éteint son fanal du jour, vous informera de l'entrée de votre nef dans nos eaux.

ART. 2. — Il vous hèlera demandant le nom de votre nef ainsi que le nombre des profanes à bord.

« Art. 3. — Les grands dignitaires de nos eaux prendront ensuite telles mesures qu'ils jugeront nécessaires pour que la cérémonie soit à la hauteur de l'illustre Commandant.

« Art. 4. — La force publique de notre royaume sera sur pied pour empêcher toute infraction à nos lois.

« Art. 5. — Les punitions légères seront levées à cause du peu de poids.

« Art. 6. — L'illustre Tropique et sa suite, l'Ours compris, sont spécialement chargés de l'exécution du présent Décret.

« Fait et scellé du sceau de nos armes, en notre palais de verdure, au fond de la mer, Royaume de Neptune, Ministère du père la Ligne.

Signé : « Neptune ».

« Pour copie conforme :

« Père la Chique.

« Pour ampliation :

« Père la Ligne.

Sceau du Père la Ligne. »

Ce fut un homérique éclat de rire et on monta gaiement sur le pont.

Tout à coup une voix de stentor se fait entendre. C'est celle du père la Ligne que les matelots nomment encore le père Tropique, parce qu'ils font parfois leurs folies sous le Cancer ou le Capricorne. Du haut du grand mât, à l'aide d'un porte-voix, il nous fait d'un ton fier et menaçant une demande semblable à celle qu'adressa Calypso à Télémaque et à Mentor, lorsque ces deux étrangers abordèrent dans son île. Après un petit dialogue entre lui et l'officier de quart, nous sentons la neige tomber et les boulets pleuvoir ; et voilà tout le monde fuyant de tous côtés pour échapper à une pluie de farine et à une grêle de haricots.

Ce n'est là cependant qu'un léger prélude : le lendemain doit avoir lieu selon l'usage antique et solennel le *baptême de la Ligne*. Grrrande fête à bord ! depuis longtemps les marins l'attendaient avec impatience. A quelle époque remonte cet étrange usage et quelle en est l'origine ? Lorsque les anciens doublaient un cap dangereux, traversaient un détroit difficile, une mer semée d'écueils, ils offraient des sacrifices ou faisaient des prières pour se concilier les faveurs de Neptune et de Thétis. Il y avait, dans les passages périlleux, une initiation spéciale pour les jeunes nautonniers qui faisaient les frais des sacrifices offerts aux dieux marins. C'est là assurément qu'il faut chercher l'origine du baptême aujourd'hui encore imposé à ceux qui franchissent l'Équateur pour la première fois. Depuis longtemps cette solennité est exclusivement et essentiellement profane. Mais autrefois c'était, en même temps qu'un joyeux divertissement, une fête religieuse destinée à prier Celui qui commande aux flots et à la tempête. Voici, en effet, ce qu'on lit dans un ancien journal de navigation écrit à bord de la *Pensée* que montait Jean Parmentier en 1529.

« Le onze au matin, furent faits chevaliers de la mer environ cinq de nos gens et eurent chacun l'accolée en passant sous l'Équateur et fut chantée la messe *Salve, sancta Parens*, pour la cérémonie du jour. »

Nous voici au moment solennel.

Il est midi, le clairon sonne et un ordre du jour proclamé à haute voix sur toute l'étendue du navire enjoint aux voyageurs de se rendre sur la dunette. Bientôt paraît le pompeux cortège des officiants :

Le roi Neptune, au premier rang,

D'honneurs et de respects marchait environné.

Le père Tropique le suivait en habits magnifiques, flanqué du père la Chique par le flanc droit et de la mère Tropique par le flanc gauche. Celle-ci se fait remarquer par une majestueuse élégance et plusieurs favoris se disputent l'honneur de la préserver, par un vaste parasol étendu sur sa tête, des rayons ardents du soleil. Ce sont les costumes les plus burlesques du monde. Où diable se sont-ils procuré tant de perruques, de jupons, de masques et de décorations de toute sorte ? L'état major et la force publique sont aussi en armes et en tenue et chacun prend sa place autour des fonts baptismaux — Yole immense remplie d'eau de mer.

Après un discours fort épicé et très véhément du roi Neptune, le sous-secrétaire d'État du Royaume Humide fait solennellement l'appel des profanes.

« M. X., baptême de rigueur et rasé obligatoirement. » Aussitôt le néophyte descend entre deux gendarmes et, debout près des fonts baptismaux, lève la main. *Jurez*, lui ordonne-t-on, *d'être l'ami du matelot et de ne jamais le trahir. — Je le jure !* — On nettoie alors ses pieds avec de la suie et du suif : jamais rien de plus noir et de plus comiquement lamentable que sa personne infortunée. On savonne ensuite sa figure avec du charbon et on le « rase » avec un gigantesque couteau de bois. Ces opérations préliminaires terminées, on le précipite dans la yole et on l'y baigne consciencieusement. Dans quel état il en sort, cela se devine, mais ne se décrit point.

Le bain, quoique fort abondant, avait cependant laissé mainte trace du « savon noir ». Or, voilà que M. X. trouve tout à propos, ce lui semble, un paquet d'étoupes sur un banc. Mais le malheureux, qu'a-t-il fait ?

O ma barbe ! ô ma mie !
N'as-tu donc tant vécu que pour cette infamie ?

s'écrie le père Tropique. C'est en effet la barbe du vénérable vieillard.

Profanation qui crie vengeance! Le jeune baptisé est de nouveau saisi par les gendarmes et replongé dans la fatale baignoire. Après quoi, il ne se trompe plus, je vous le jure, et il s'enfuit au loin pour refaire sa toilette sans danger.

Et ainsi l'opération se renouvelle pour chaque profane : passagers et hommes d'équipage. Et malheur aux récalcitrants! On invente pour eux un luxe tout particulier de cérémonies d'une propreté et d'une drôlerie ineffables... Inutile de tenter la séduction des matelots préposés à la burlesque cérémonie. Les formules de politesse les plus raffinées sont absolument sans influence sur l'esprit de ces farouches exécuteurs. Donnez-leur un louis pour les fléchir, ils le prendront volontiers, mais, le moment venu, ils n'en feront pas moins consciencieusement leur devoir.

En 1848, madame Flocon disait: « A présent, c'est nous qui sont les princesses. » Eh bien, le jour du passage de la Ligne, les matelots peuvent dire aussi : « Aujourd'hui c'est nous qui sont les maîtres. » Ils le sont réellement et ils usent largement de leur puissance éphémère. A tous ils imposent le baptême et leur despotisme n'en fait grâce à personne. C'est là le prix du passage de l'Équateur. Ils n'en exempteraient pas un roi, disent-ils, ni le pape lui-même. C'est un droit sacré et inviolable qu'ils possèdent sur ceux qui entrent dans un hémisphère nouveau.

Cependant pour les passagères et pour les religieux, les rigueurs du baptême équatorial sont exceptionnellement mitigées : aussi le baptême me fut-il personnellement administré, non par immersion, mais par aspersion. On voulait bien y ajouter le coup de peigne réglementaire, mais je déclinai poliment cet honneur. La fête enfin se termine par des courses échevelées sur le pont, dans les cabines, dans la cale, sur les cordages et une lutte insensée à coups de seaux d'eau.

Telle est la cérémonie du légendaire baptême de la Ligne si aimée des matelots, qui ne la sacrifient jamais sans regret. Elle commence toutefois à tomber en désuétude et elle est ordinairement supprimée sur les grands paquebots à cause des dames, qui, dans ces circonstances, avaient à subir parfois des plaisanteries excessives et de mauvais goût.

Mais tout n'est pas fini. Voici le couronnement radieux de la fête : la distribution des récompenses. Il nous faut des *lettres testimoniales* que l'on puisse montrer en cas de nouvelles exigences ; il nous faut un certificat qui prouve à qui de droit que nous avons satisfait à toutes les prescriptions du royaume de Neptune. Aussi chacun de nous reçoit-il un diplôme. Les matelots d'ailleurs n'auraient garde de négliger ce point essentiel du programme, car la distribution des passe-ports leur procure un joli gain. Le prix n'est pas réglementairement fixé, et l'on s'en rapporte à la *générosité du public ;* mais habituellement le public aime à bien récompenser le travail des matelots, et notre équipage en particulier a gardé sans doute bonne mémoire des riches voyageurs de la *Junon.*

Voici le singulier diplôme.

« *États du père la Ligne*
« *Fonts Baptismaux.*

« EXTRAIT :

« Le septième jour du deuxième mois de la gestation de la Baleine franche, ère vrai 4878.

« Nous, Grands Dignitaires de la cour du père la Ligne, réunis
en séance extrordinaire au sujet du passage dans le Roillaume
Humide de la nef blanche à plumet noir *Junon*, commandée par
l'illustre nautonnier G. Biard, de longue date à nous connu.
Après discours prononcé par Sa Majesté, rapport fait sur la cérémonie qui a eu lieu à bord de la dite nef, compulsion faite de
l'état civil de chacun des profanes et passagers.

« Certifions que M. X... a prêté le servant d'usage en levant,
suivant la coutume, le pied droit bien ciré et la main gauche bien
lavée, et que de plus il a correctement saucé dans la baille et
qu'il n'a pas opposé de résistance aux agents de Sa Majesté.

« En foi de quoi, nous lui avons délivré le présent passeport
pour parcourir les États de Sa Majesté et lui éviter à l'avenir
toute nouvelle sauce.

« Fait en double au Ministère du Courant Equatorial de police
sous-maritime, les jours, mois et an ci-dessus.

« Pour copie conforme :

« Père la Chique. »

Me voilà donc baptisé une seconde fois sans être anabaptiste.
Et maintenant, armé chevalier de la mer et libre citoyen de l'Empire Humide, je puis aller, venir et voyager dans tous les parages
du royaume de Neptune, passer encore, repasser toujours l'Équateur sans avoir jamais plus à redouter les colères du roi de
l'Océan.

Cette cérémonie amuse beaucoup les matelots : ils en font une
grave affaire et la traitent d'un air *convaincu*. Cependant les
marins d'aujourd'hui diffèrent sensiblement des marins d'autrefois.
Du temps jadis on trouvait chez eux plus de simplicité, de
naïveté, d'abnégation. Leur respect de l'autorité était profond et

mélangé d'une affectueuse confiance. Le capitaine paraissait-il au milieu de son équipage, tous les marins le contemplaient avec admiration : c'était presque un Dieu. Le matelot *nouveau style* est plus indépendant, et comme me le disait un officier, il est devenu *législateur*. Il parle volontiers de règlements, de lois, etc... Dans un différend, il prend fait et cause pour celui-ci ou pour celui-là.

N'aurait-il pas été beaucoup transformé par l'élément nouveau que l'emploi de la vapeur a fait entrer sur les bâtiments ? Je veux parler des chauffeurs ; ces ouvriers des machines sont loin d'avoir les mêmes idées que les hommes des mâts et des cordes, les mêmes habitudes, la même simplicité, le même enthousiasme. Souvent le chauffeur a été cloutier, armurier, etc.

A terre, il lisait chaque jour son journal ; il a parfois quelques connaissances, même, — surtout peut-être, — en politique, et il s'emporte contre le matelot qui lui dit : Peu m'importe que la France soit gouvernée par un chameau, un bédouin ou un singe. A part quelques exceptions, ce n'est point une vocation spéciale, mais l'attrait du gain qui lui a fait choisir la mer. Ce frottement n'a pas été favorable aux matelots, sur lesquels les idées nouvelles ont plus ou moins déteint. Et pourtant il n'y a pas de réelle sympathie entre les chauffeurs et les marins. Ceux-ci regardent leurs nouveaux auxiliaires comme des intrus ; car ils ont un égal mépris pour le *pékin* et le *troupier*.

Aussi une révolte est-elle plus difficile sur un vapeur que sur un voilier. Cet antagonisme fera toujours découvrir toutes les conspirations et tous les projets gravement séditieux. Les révoltes sont heureusement rares sur les bâtiments, mais si elles sont possibles, c'est à bord des navires à voiles. Qui n'a entendu parler du drame épouvantable de la *Fœderis Arca !*

Il est un défaut que le marin ne perd jamais : c'est l'ivrognerie.

Quand il va *courir* à terre une *bordée*, il ne manque jamais de
fêter trop copieusement le dieu Bacchus : il sait bien qu'à sa ren-
trée sur le navire il sera mis aux fers, mais il en prend d'avance
son parti. Il a, pour introduire à bord des alcools, des ruses prodigieusement ingénieuses.

Un officier digne de foi m'a raconté le fait suivant : Le capitaine d'un navire étant mort sur les côtes du Sénégal, on le mit
dans une barrique de tafia pour le transporter en France. Lorsque,
à son arrivée à Marseille, le commandant en second ouvrit le
tonneau, il y trouva bien le capitaine, mais pas une goutte d'eau-
de-vie : elle avait été bue par les matelots...!

Malgré tout, le marin n'a pas perdu tout à fait encore, —
puisse-t-il ne jamais les perdre, — ses qualités légendaires. Il
est toujours un grand enfant; la moindre prévenance le gagne, le
plus petit encouragement dans son style l'émeut; et quand il
aime quelqu'un, il est capable de tous les dévouements et de tous
héroïsmes. Je l'ai vu surtout pendant une épidémie de fièvre jaune
dont je parlerai plus tard. Vienne le danger à terre ou à bord,
l'on verra ces hommes à la rude écorce déployer pour le salut de
de tous un courage et un désintéressement admirables. Aussi je
ne m'étonne plus de l'enthousiasme de ce général, qui, après la
bataille du Bourget, s'écria en voyant défiler les marins qui
s'étaient battus comme des lions : « *Saluez, messieurs, c'est
l'honneur de la France qui passe !* »

A cette grandeur d'âme, les enfants de la mer allient une bonhomie et une naïveté extraordinaires. Les voyez-vous avec les
jeunes novices et les *moussaillons* pour les instruire et les distraire ? C'est surtout le soir, au gaillard d'avant qu'il faut les
entendre. Les vieux *chiqueurs* y racontent parfois les histoires les
plus invraisemblables, les plus fantastiques, mais leurs jeunes
auditeurs émerveillés écoutent avec un ébahissement admiratif.

Le matelot, malgré tout, a bien des superstitions encore, beaucoup de croyances singulières et de curieux préjugés.

Excellents d'ailleurs, ces préjugés et ces symboles qui contribuent à élever l'esprit et le cœur des marins et les aident à l'accomplissement du devoir. Il faut avoir le cœur flétri par un bien cruel sceptiscime pour railler des légendes, — certaines du moins, — qui donnent au courage et au dévouement une force suprême tout en les fleurissant d'une fantasque poésie.

Tout ce que je viens de dire de la mer et des marins ne donne sans doute qu'une idée imparfaite de la vie de bord. J'espère cependant avoir montré qu'on y trouve des joies fortes et des charmes puissants.

Mais il faut en faire l'expérience pour en sentir toute la séduction et tout l'attrait. Quiconque a vu la mer, aspire à la revoir. Aussi, bien souvent je rêve de l'Océan et des émotions qu'il m'a procurées, et alors j'entends chanter dans ma pensée ces vers d'un poète que j'aime :

> Je me plais près des mers ;
> La mer berce mon cœur ; mes rêves les plus chers
> S'éveillent quand j'entends la vague sous la roche,
> Murmurer vaguement ainsi qu'un son de cloche.
> Les ruisseaux, les vallons ne sont point pour mon âme
> Ce qu'est la grande mer : à mon esprit rêveur,
> Rendez, rendez la mer, car je languis loin d'elle ;
> A l'Océan toujours je resterai fidèle.

LE BRÉSIL

I

C'est le mardi matin 3 septembre, vers quatre heures, que nous
arrivons devant Rio-Janciro. — Les étoiles répandent une lumière
confuse, et la lune promène ses doux et pâles rayons sur un monde
endormi. Bientôt, néanmoins, le soleil paraît, et jette sur les eaux
et les collines d'alentour sa lumière triomphale. Nous sommes
alors émerveillés du spectacle qui se présente à nos regards. Une
baie immense, d'une circonférence de trente lieues, se dévelop-
pant comme une plaine sans bornes et ne communiquant à la mer
que par un goulet étroit, porte maritime du bassin le plus vaste
et le plus beau du monde ; des montagnes aux formes infiniment
variées couvertes d'une végétation luxuriante, semées de cocotiers,
de palmiers, de bambous, etc... ; des flots calmes et unis comme
un miroir, sur lesquels dorment avec une noble nonchalance mille
navires de toutes les nations, une multitude de *schooners* et des

bateaux de tout genre sillonnant la rade ; la ville de Rio étagée en amphithéâtre sur de nombreux coteaux, et ses faubourgs verdoyants ; de riants villages et de somptueuses habitations répandues dans le feuillage et les fleurs ; des essaims d'oiseaux volant jusque sur les mâts des bâtiments, comme s'ils connaissaient les règlements sévères qui les protègent... ; toutes ces merveilles défient la description et confondent toutes ces hardiesses de l'imagination la plus féconde.

L'entrée est défendue par les forts de *Saint-Jean* et de *Santa-Cruz*. Le *Pain-de-sucre* étale là ses flancs nus et pittoresques. Plus loin, s'étend un groupe de montagnes dont la silhouette figure exactement un géant couché sur les bords de la mer, dans cette position particulière aux statues couchées sur les tombeaux du moyen âge. La face rappelle si bien le type bourbonien, que les marins l'appellent « la Tête de Louis XVI ».

Les *Orgaôs* forment le fond le plus admirable de ces splendides tableaux, en élevant vers le ciel leurs fins sommets qui se dressent dans les airs comme des tuyaux d'orgue dans une cathédrale. Les marins m'avaient parlé des magnificences de ce bassin, j'en avais lu de magnifiques descriptions, et cependant la réalité surpassa prodigieusement encore l'idée que j'en avais conçue ; je ne m'étonne point que les premiers navigateurs aient cru trouver là le paradis terrestre, car ces parages sont d'une fulgurante beauté, et, pour les orner, la nature semble avoir épuisé ses magnificences et ses richesses.

« Il y a déjà trois siècles, les forêts vierges dont ces belles montagnes sont encore couvertes, arrachaient ce cri au vieux Léry : « *Sus ! sus ! mon âme, il te faut dire ta joie !* » et lui donnaient cette ardeur religieuse qu'il a exprimée d'une manière si touchante et si naïve. Il y a quelques années seulement, ces admirables solitudes arrêtaient dans ses extases le prince Maximilien, et lui inspiraient ces descriptions où l'on voit encore l'enthousiasme poétique donner son empreinte à la science et lui imprimer un caractère religieux. Pour nous, qui avons traversé ces belles solitudes à l'âge des plus vives impressions, nous croyons que les formes de langage sont insuffisantes à les décrire, et nous dirions volontiers comme le vieux voyageur : « *Il ne reste qu'à louer Dieu, quand on vient de contempler tant de merveilles*[1] *!* »

Mais qu'il y a loin des traits harmonieux et grandioses du paysage à l'aspect intérieur de la ville ! L'œuvre des hommes semble triste et se perd dans l'immense variété des œuvres de Dieu ; et malgré sa physionomie originale, la cité de Rio, près de son port incomparable, nous désenchante. Peut-il en être autrement dans les parages que la nature a embellis de ses plus féeriques splendeurs ? Les rues sont pavées de pierres aiguës, sur lesquelles on a de la peine à marcher. Que de fois on s'irrite contre ces rudes galets de mer, véritables machines à durillons ! Elles sont aussi très étroites, et les rares trottoirs que l'on y rencontre, placés au ras du pavé et faits également avec des cailloux, adoucissent peu votre marche et protègent insuffisamment votre personne contre les voitures. A chaque instant, on est arrêté par des encombrements toujours ennuyants et parfois dangereux. Que l'on ajoute à cela les empiétements fréquents des ballots et des caisses devant les magasins, les exhalaisons de certains poissons qui vous donnent des nausées à cent pas, et cette odeur particulière des nègres, fourmilière tumultueuse, qui courent, tête nue, portant derrière leurs oreilles, dans leurs cheveux crêpus, des cigarettes et des cure-dents ; enfin cent autres embarras qui ont bien leur prix, et l'on trouvera qu'une promenade dans la ville de Rio n'est point sans originalité... ni sans désagréments.

[1] Ferdinand Denis, *le Brésil.*

La rue *Ouvidor*, célèbre là-bas comme le boulevard des Italiens à Paris, la Cannebière à Marseille, peut à peine donner passage à deux voitures de front. Mais quelle affluence d'élégants et d'élégantes ! Quel mouvement et quelle animation, quel luxe ! on dirait un club en plein air. Comment d'ailleurs s'en étonner en voyant resplendir ces magasins où ruissellent la soie, les diamants et les plus délicates fantaisies. On y trouve des étalages vraiment artistiques, admirables d'élégance et de richesses, qui donneraient une haute idée de l'industrie brésilienne, si l'on ne savait que marchands et marchandises viennent le plus souvent de France. Il y a cependant à Rio une spécialité poussée à un rare degré de perfection : la confection des fleurs en plumes et la préparation des oiseaux. Rien de plus séduisant ! L'art dans ces œuvres semble avoir surpris le secret de la nature. Quel éclat dans les couleurs ! quelle délicatesse dans l'exécution ! oiseaux du pays, insectes divers, fleurs de tout genre et de toutes nuances, tout cela est ravissant !

Certains insectes aux couleurs étincelantes servent à fabriquer des boucles d'oreilles et des parures d'un effet magique. Mais les prix sont d'une élévation insensée. Tout au surplus est fort cher à Rio-Janeiro. Montez-vous en voiture, par exemple ? Pour une course de trente minutes, on vous demande sans pudeur 6.000 reis ou davantage. On est effrayé en entendant un pareil chiffre ; mais tout compte fait, on trouve que c'est 30 francs [1].

La somme, néanmoins, ne laisse pas que d'être un peu excessive. Libre à vous sans doute de débattre le prix, en *portugais* ; mais le plus souvent, le défaut d'un tarif réglementaire vous force d'accepter les conditions exorbitantes des cochers nègres ou blancs. Malheur aux bourses légères qui ont des acquisitions à faire dans la capitale du Brésil ! Presque tout y est trois

---

[1] 100 reis valent 0 fr. 50 et 200 reis, 1 fr.

Des montagnes couvertes d'une végétation luxuriante.

ou quatre fois plus cher qu'en France. Aussi que d'Européens qui n'y trouvent que déceptions et misère, au lieu des sourires de la fortune !

Là autant et plus que partout ailleurs, l'émigrant doit avoir pris bien des précautions s'il ne veut pas être réduit à implorer la charité publique.

Il y a pourtant un moyen de faire promptement fortune : c'est la contrebande ; mais il est plein de difficultés et de périls.

La douane, aussi vigilante que sévère, a des règlements sans pitié. Les bâtiments qui arrivent à Rio doivent indiquer dans un manifeste tous les objets neufs qui se trouvent à bord. Tout article omis sur le manifeste et trouvé sur le navire, tout objet inscrit au manifeste et absent du bateau : « *cent mille reis d'amende* ».

Deux agents, pendant tout le temps de la relâche, restent sur le navire, pour surveiller ses communications avec la terre. Et en surveillant, ils fument, boivent et mangent avec entrain. Un rien provoque des incidents ridiculement graves. La *Junon*, par une heureuse exception, jouissait au Brésil, comme presque partout, des immunités et des privilèges accordés aux vaisseaux de guerre.

Cependant les promenades en *bonds* ou tramways sont à bon marché. Pour 200 reis, on peut faire les plus longues courses dans la ville et les faubourgs.

Si la vieille cité est en elle-même peu remarquable, les nouveaux faubourgs sont, en revanche, d'une magnificence incomparable. Voilà le Rio moderne, qui diffère de l'ancien. Voilà le Rio de la fortune et du luxe ! Comment dépeindre ces belles villas enfouies dans la verdure et les fleurs, ces somptueuses habitations disséminées au milieu de la végétation la plus luxuriante et la plus variée ? Il y a des maisons de campagne tout à fait ravissantes et je n'ai rien vu de plus *chic* à Cannes, Nice, Monaco. Toutes sont entourées de magnifiques jardins, dont les grilles laissent entrevoir

les bougainvilliers, les lilas et les fleurs de la Passion aux mille
nuances, ainsi que de grands arbres, des crotons, des caladiums,
des palmiers, etc. Voici le faubourg qui offre le plus de charmes !
C'est celui de *Botafogo*, que je ne me suis jamais lassé de parcourir et d'admirer. Il serpente sur la rive occidentale de la baie,
qui est, dans cet endroit, extrêmement resserrée, entre la côte et
les montagnes. On dirait un lac. Les Portugais crurent voir là
l'embouchure d'un fleuve quand ils arrivèrent, au mois de janvier 1556, dans ces régions fortunées. Aussi donnèrent-ils le nom
de Rio-Janeiro (*Fleuve-de-Janvier*) à la ville dont ils jetèrent
aussitôt les fondements. L'erreur fut facilement reconnue, mais
le mot n'en resta pas moins et aujourd'hui encore les citadins de
la capitale du Brésil s'appellent *Fluminenses* et les divers documents administratifs portent le titre : *Ad Usum Fluminis Janua-
rii* : à l'usage du Fleuve-de-Janvier.

C'est à Botafogo que se trouvent les habitations les plus riches
et les villas les plus 'somptueuses. Des jardins enchantés et des
parcs ravissants les protègent contre les dévorantes ardeurs du
soleil, et il y règne une fraîcheur et une tranquillité qui font un
étrange contraste avec la chaleur et l'agitation de la ville com-
merçante. Aussitôt l'aristocratie fluminense et le corps diplomatique
ont-ils fixé leurs pénates dans cet asile de paix, où l'air embaumé,
où le calme et la fraîcheur vous fascinent dans un riant bonheur.

Au delà de ce magnifique faubourg se trouve le *Jardin Bota-
nique* ou jardin des Plantes, couché entre la mer et le mont Cor-
cavado (*Bossu*) qui, de ce côté-là, taillé presque à pic, laisse
pendre de ses flancs un manteau de végétation superbe. On y
admire la célèbre *allée des Palmiers*, longue de 500 mètres. Ces
arbres alignés, droits, lisses et d'une hauteur extraordinaire
forment, avec leur couronnement de palmes, une voûte impéné-
trable et semblent les colonnes de marbre d'un temple gigantesque.

On ne saurait imaginer un spectacle à la fois plus gracieux et plus imposant.

La fermentation de ce sol humide donne à la végétation une incroyable énergie. Des plantes grimpantes s'enroulent autour des arbres, s'élancent le long des branches jusqu'au sommet et retombent en lianes fleuries qui se croisent et s'entrelacent au moindre souffle du vent. Des berceaux de bambou forment de longues et mystérieuses arcades et des fontaines mêlent leur doux murmure à la plainte éternelle des flots. Des oiseaux voltigent sans cesse dans le feuillage et l'on respire avec délices un air toujours parfumé d'énervantes senteurs. Quelle richesse de tons, de formes, d'aspect, dans ce jardin merveilleux ! Quelle plume saurait en décrire l'admirable poésie ?...

Les monuments à Rio sont en petit nombre ; je citerai le palais de Saint-Christophe où réside habituellement l'empereur, à deux milles de la ville, et la maison des *Recolhementos* (*Retraite*), où les maris autrefois faisaient enfermer les femmes dont ils étaient mécontents. — Pourquoi celles-ci n'avaient-elles point un droit réciproque ?...

Mais les plus splendides monuments sont, sans contredit, les deux hospices de la Santa-Casa et de dom Pedro II, l'un pour les malades, l'autre pour les aliénés. La visite de ce dernier établissement m'impressionna beaucoup. Qu'il est triste de voir ces malheureuses créatures, dont quelques-unes n'ont pas même l'instinct des animaux, pour subvenir à leurs besoins les plus impérieux ! Les sœurs de Charité les prennent, les soignent comme des enfants avec une patience admirable et un dévouement angélique. A leur ceinture pend, à côté de la croix sainte, la clef qui emprisonne le troupeau mystérieux confié à leur garde. Une grande porte s'ouvre et me laisse pénétrer dans un large corridor bordé de cellules où gémissent de pauvres folles furieuses ; quelques-

unes frappent les sombres grilles avec désespoir et je m'éloigne
apitoyé, saisi de commisération et presque au regret d'être entré ;
car il me semble que les cris de ces malheureuses me reprochent
ma curiosité. L'aliénation chez les femmes a un caractère plus
triste et plus sinistre que chez l'homme ; on dit que c'est la vue
d'autres femmes surtout qui les met en fureur : la toilette, le
bonheur des visiteuses semblent les accabler. Et peut-être alors
recouvrent-elles un moment de lucidité rapide comme l'éclair,
mais plus douloureux sans doute qu'une vie tout entière de malheurs et d'angoisses, car elles éclatent en plaintes, en insultes et
même en blasphèmes.

Certaines sont joyeuses, mais leur gaieté vous impressionne
aussi tristement qu'une fleur sur un tombeau. Il n'en est pas qui
inspirent plus de pitié que celles qui ont été flétries par un noble
chagrin. Oh ! que j'ai été douloureusement intéressé par une de
ces malheureuses, qui avait la folie des grandeurs ! Veuve d'un
colonel, elle avait perdu, en le perdant, la raison en même temps
que la fortune et le bonheur. Elle se croyait *reine* et s'occupait
exclusivement, avec des verres et des boutons, à se faire des
colliers, des bracelets et des diadèmes ; dès qu'elle me vit, elle
s'empressa de me faire les honneurs de son *palais*. Elle me mon-
trait les objets confectionnés par ses compagnes, m'en indiquant
minutieusement tous les détails. Elle leur adressait des éloges ou
des réprimandes, qui provoquaient toujours leur hilarité. Aussi
la majestueuse souveraine se plaignait-elle avec amertume de
l'indocilité irrévérencieuse de ses sujettes. Il y avait une jeune
fille espiègle, qui semblait prendre plaisir à rire aux éclats en la
bravant du regard : « Oh ! celle-là est une folle ! » me dit la
Reine...

L'hospice de la Santa-Casa est encore plus grand et plus beau.
En entrant dans le vestibule, on croit pénétrer dans un palais :

dalles variées sous vos pieds, décorations brillantes, profusion de marbre, de colonnades : c'est vraiment royal. Il y a cinq corps de bâtiments parallèles d'une longueur de plus de 100 mètres chacun. Ces bonnes sœurs de Saint-Vincent ont une belle pharmacie, où, chaque jour, elles donnent gratuitement toute sorte de remèdes à une multitude de pauvres.

Aux réunions du Conseil d'administration est affectée une salle immense, où l'on voit les portraits, — grandeur naturelle, — des principaux bienfaiteurs de l'établissement. Le *salon de l'empereur* est particulièrement riche et luxueux.

La Santa-Casa possède environ 1.400 malades. Un orphelinat y est annexé, où l'on élève gratuitement, jusqu'à un certain âge, un nombre de jeunes filles, dont quelques-unes même reçoivent une dot. Quel esprit supérieur, ne faut-il pas pour diriger un tel établissement ! Tous ces détails font assez l'éloge de la vénérable supérieure qui appartient à l'illustre famille de Clermont-Tonnerre. Ses éminentes qualités, sa distinction et sa bienveillance forcent la respectueuse affection de tout ceux qui ont l'honneur de l'approcher.

La Santa-Casa a coûté plusieurs millions, et on y fait toujours des travaux de réparation ou d'embellissement. C'est, dit-on, le plus bel hospice du monde.

Quant aux églises, elles n'ont rien de remarquable sous le rapport architectural. Leurs formes sont lourdes et massives ; mais leurs ornements sont riches et luxueux. Quelques-unes ont même des autels en argent massif et de splendides boiseries ; toutes renferment des statues plus ou moins drolatiques, couvertes de clinquants et d'étoffes de brocart. La chapelle impériale, près du port, possède des ornements d'orfèvrerie et des statues fondues en argent qui excitent justement la curiosité des visiteurs.

Mais nul de ces édifices n'a l'aspect majestueux du couvent de

San-Bento, situé au-dessus de la mer, plongeant sur l'Ilha das Cobras. Cet immense monastère commande une magnifique vue de toute la rade et de toute la ville. Il produit, surtout pendant la nuit, avec ses milliers de fenêtres éclairées, un effet superbe. Mais on éprouve en le visitant une pénible impression ; en traversant ses vastes salles, on sent tomber des voûtes sur son âme un poids mystérieux de mélancolique tristesse. — Il n'y a plus, en effet, dans les monastères que des ruines matérielles et morales. Le gouvernement les a détruits en interdisant le recrutement des religieux. Aussi dans quelques années, quand tous les moines actuels auront disparu, il s'emparera de leurs biens. C'est là une injustice manifeste, mais il a pu malheureusement la colorer très spécieusement aux yeux du peuple, en la prétextant du zèle de la religion, qui est peu honorée par la conduite du clergé brésilien.

A Rio-Janeiro sourit, du côté opposé de la baie, la coquette *Nictheroy* (l'eau cachée). On y va, dans un quart d'heure, sur des *ferrys* (vapeurs) on ne peut plus élégants, qui sillonnent constamment les eaux de la rade.

L'excursion de Pétropolis est moins courte et moins facile. Après avoir traversé la baie dans sa plus grande largeur, on prend le chemin de fer, qui vous transporte au pied des montagnes. — Puis il faut se *balancer*, pendant trois heures, dans de lourdes voitures péniblement traînées par des mules. Pétropolis est une ville toute récente, une colonie suisse-allemande. Son altitude lui donne une délicieuse fraîcheur. Aussi l'empereur et les riches Fluminenses vont-ils pendant l'été, c'est-à-dire aux mois de décembre, janvier et février, s'y installer dans de superbes villas. Ils jouissent là d'une température douce qui les met à l'abri de la fièvre jaune, cette sinistre reine des fléaux, dont je parlerai plus tard.

Voulez-vous faire une excursion plus intéressante encore, plus féconde en émotions et en péripéties ? — Montez au Corcovado. —

On prend d'abord le plan incliné de *Santa-Theresa*, tramway que
la vapeur *enlève* avec rapidité. Cela vous donne une étrange sensation : on se croirait dans un ascenseur. Puis on suit pendant une
h eure le bel aqueduc de la *Carioca*, qui amène dans la ville, depuis
la fin du dernier siècle, les eaux pures et abondantes de la monta gne. L'intérieur, voûté et recouvert de longues pierres de taille,
est éclairé par des ouvertures assez rapprochées à travers lesquelles on aperçoit couler des ondes délicieusement limpides. —
Très élégant et très grandiose, ce canal ! Il forme un des monuments les plus nationaux du Brésil et rappelle, par ses proportions,
ceux que nous a laissés le génie des Romains.

On arrive bientôt au réservoir, où les eaux se précipitent en
grondant par une magnifique cascade. — Quel plaisir de se faire
mouiller et... rafraîchir par la pluie continuelle que lancent au
loin les flots brisés. Arbres et plantes, mariés aux parasites, projettent sur cette belle chute d'eau leurs ombres mobiles et mêlent
à son haleine leurs pénétrants aromes. Les hedwigias, les cecropias,
les rhododendrons, se mêlent çà et là dans les rochers voisins, aspi-
rent la fraîcheur de la cascade de toutes leurs corolles entr'ouvertes
et s'élancent dans les airs en emportant avec eux les lianes qui
les couvrent de fleurs. Solitude ravissante que les divinités
champêtre ont embellie des plus séduisantes beautés !

La route ne tarde pas à devenir difficile : il faut maintenant
s'engager dans la forêt et marcher longtemps dans ses sombres
profondeurs. Mais comme l'on est récompensé de sa fatigue quand
on a atteint le sommet du Corcovado ! — 800 mètres d'altitude. —
On a devant soi un des plus beaux panoramas qu'il soit donné à
l'homme de comtempler. La ville de Rio, ses faubourgs avec
leurs villas, ses collines avec leur manteau de verdure ; la rade
qui semble le génie tutélaire de Rio et dont les eaux sont couvertes par une cyclade de navires pavoisés : c'est un éblouissement

divin : de tous les côtés, l'œil plonge, ravi, dans un espace vaste et indéfini comme l'Espérance.

Très intéressante aussi et très variée l'ascension de la Tijuca, si aimée des Anglais.

C'est ainsi que, sans s'éloigner de Rio, on peut faire les courses les plus variées et les plus charmantes et contempler des paysages dont rien en Europe ne saurait donner l'idée. — Pays merveilleux, également propre à frapper l'imagination, à exciter la curiosité du savant, à féconder le talent du poète et de l'artiste !

La population de Rio s'est accrue dans quelques années d'une manière étonnante. En 1840, cette ville n'avait que 170.000 habitants. On en compte aujourd'hui 400.000, dont 160.000 Brésiliens, 120.000 esclaves et plus de 100.000 étrangers. Parmi ces derniers, les Portugais, anciens maîtres du pays, sont naturellement les plus nombreux, on en compte près de 70.000 dans la capitale. Il y a environ 2.000 Français. J'en ai connu quelques-uns dont je garderai toujours un bien doux souvenir. MM. Aarrault, Chabrier, Salaberry et Sengès ont droit à toute ma reconnaissance. Ces deux derniers surtout m'ont comblé des plus délicates prévenances, et pendant tout mon séjour à Rio j'ai pu me croire encore au sein de ma famille. Les Brésiliens haïssent profondément l[es] Portugais. Lorsqu'on parle devant un Fluminense d'un homme faux, voleur, parjure, il ne manque jamais de formuler cette conclusion : « C'est un Portugais ! »

Mais les Brésiliens exagèrent certainement leur courage, quand ils prétendent qu'ils s'ouvriraient volontiers les veines afin de se débarrasser du sang lusitanien qui y circule. Le 7 septembre, ils célèbrent l'anniversaire de leur indépendance. J'ai assisté avec plaisir aux réjouissances de cette fête nationale. Le canon qui l'annonça dès l'aurore gronda souvent encore pendant le jour. Les vaisseaux de guerre en station dans la rade, magnifiquement pavoisés, lui répondirent par le tonnerre de leur artillerie. On se serait cru à l'île *sonnante* de Rabelais. D'ailleurs, il n'y a point là-bas de grandes fêtes, soit politiques, soit religieuses, sans accompagnent de salves de canon tirées par les forts et répercutées par les bâtiments militaires du port. — Anniversaire d'une mort ou d'une naissance, canon. — Inauguration d'une statue, d'un monument public, canon. — Un navire entre au port, canon. — Et toujours le canon ! Le Brésil voudrait-il faire croire à l'invincible puissance de ses armes ?...

Le Brésilien est Brésilien avant tout. Patriote à l'excès, il se complaît dans une contemplation béate et perpétuelle de lui-même et de tout ce qui touche son pays. Sa civilisation relative, dont l'honneur au reste revient surtout aux étrangers, le remplit d'orgueil. Couvert de breloques et le parasol à la main, il passe devant vous la tête haute, esquissant un sourire de satisfaction, avec un air vainqueur qui semble dire : *Naturæ par ingenium.*

« Sur terre la supériorité aux Français, sur mer la supériorité aux Anglais, sur terre et sur mer la palme aux Brésiliens : » telle est la devise qu'on lui prête. Mais à côté de ces défauts brillent beaucoup de qualités. Les Brésiliens sont larges et hospitaliers, et lorsqu'ils ont admis un étranger dans leurs foyers, c'est pour le traiter absolument comme un membre de la famille. Ils ont pour lui toute sorte d'égards et une politesse cérémonieuse qui va parfois jusqu'au ridicule. Ainsi vous voit-on écrire une

lettre, on vous dit le plus naturellement du monde : « Faites bien
mes compliments à cette charmante personne. » On vous serre la
main à chaque instant, et on n'attend pas toujours une circonstance solennelle pour vous donner l'accolade, accompagnée de
trois petits coups sur le dos.

Les Brésiliens sont en général assez mous et le luxe accompagne la mollesse. Vainement chercherait-on dans la classe élevée
de la société quelque trace d'un costume national. Les modes de
Paris y sont adoptées avec une fureur et une rapidité étonnantes.
Les hommes même sont fatalement entraînés. Le bon ton les force,
sous ce ciel de plomb, à étouffer dans des habits noirs et sous un
chapeau de soie. Les négresses aussi se parent avec beaucoup de
soin, mais avec un goût atroce, qui ne se complaît que dans des
bariolages insensés. Et les nègres eux-mêmes, — où diable la
vanité va-t-elle se nicher ! — se parent parfois avec une grande
élégance. Le comte de Robiano affirme en avoir vu un se faire
cirer... les pieds ! ! ! — On aime les combles de nos jours. En voilà
un, ce me semble : le comble de la coquetterie.

La noblesse n'est pas héréditaire. Les titres se vendent et le
gouvernement impérial exploite habilement la passion avec
laquelle on les recherche. C'est ainsi que la distribution de ces
futiles dignités lui procura d'immenses sommes d'argent lors de
la construction de l'hospice des aliénés. Les grands noms ne sont
pas toujours aussi glorieux que sonores, et combien n'y a-t-il pas
là-bas, comme dans d'autres pays, au reste, des personnages à
particule et à ruban auxquels on pourrait dire: « Ton titre de
comte n'est qu'un conte ! »

Une passion profonde du Brésilien, c'est la loterie.

A chaque instant vous êtes arrêté dans les rues, surtout la
veille du tirage, par les marchands de billets qui vous harcèlent
en criant sur tous les tons : *A manha anda a roda :* « c'est demain

que la roue tourne ». La fièvre de l'or a pénétré partout, et les Fluminenses de toutes les conditions y sont tellement habitués, qu'ils ne peuvent plus vivre sans les émotions factices et les palpitantes ivresses de l'espérance.

L'instruction est assez répandue dans la capitale du Brésil. On y compte plus de trente sociétés littéraires, scientifiques philosophiques, historiques, etc.

Les maisons d'éducation sont très nombreuses. Dans presque toutes les rues, on trouve des *Collegios para meninos* ou des *Collegios para meninas*. J'ai visité quelques-uns de ces établissements, et je me suis convaincu que les enfants de ces pays intertropicaux ont l'esprit très ouvert et très prompt. Leur intelligence, comme le sol de leur patrie, produit de magnifiques fruits sans culture. Ils n'ont point notre force de travail et notre puissance intellectuelle ; ils sont incapables généralement de cette attention énergique et soutenue qui combine de suite une longue chaîne d'idées ; mais ils possèdent une compréhension excessivement rapide. Leur esprit a plus de saillies que d'efforts, et s'élance comme une flèche vers les idées qu'on lui propose. Il les atteint en un instant ou ne les atteint pas du tout, et dédaigne ou désespère de les atteindre.

Dans l'institution de demoiselles de l'Immaculée-Conception et dans la plupart des autres établissements, on apprend plusieurs langues : le portugais, le français, souvent l'anglais et l'allemand. Plusieurs élèves interrogées devant moi sur l'histoire, la géographie, la grammaire, ont répondu avec une promptitude et une précision merveilleuses. Chaque fillette, dès l'âge de neuf ans, crayonne son petit atlas ; excellente méthode que l'on a mis trop de temps à adopter en France.

Les arts libéraux sont assez cultivés, et la musique surtout est en honneur. Filles et garçons jouent du piano et souvent très bien. J'ai eu la bonne fortune de faire la connaissance d'un excellent artiste, M. Lambert, qui a fait des compositions fort remarquables. La musique brésilienne a un caractère particulier, en harmonie avec le climat. On sent vibrer à travers les mélodies, les ardeurs passionnées des pays du soleil.

Il y a dans le portugais, qui est la langue du Brésil, une expression ravissante qui n'a point d'équivalent en français: *Saudades!* Ce mot dit toute espèce de choses tendres et douces: affection, regret, souvenir, douleurs, soupirs mélancoliques, souhaits... L'ami qui parle ou écrit à son ami, l'assure qu'il aura de lui d'éternels *saudades*. Le voyageur qui se sépare des personnes qu'il aime, prononce ce mot comme l'expression suprême de ses vœux, de ses prières et de son affectueuse douleur. Aussi quel charme attendrissant dans les compositions musicales destinées à rendre ces sentiments! Ce sont tantôt des accents impétueux où frémissent toutes les ardeurs tropicales, tantôt des mélodies suaves et langoureuses à demi-éteintes, s'exhalant comme la plainte d'une âme en peine. Le même morceau vous fait passer en quelques minutes par toutes les gradations de la surprise, de la joie, de la mélancolie.

Écoutez ces notes sonores, puis ces accords voilés; quelles brusques modulations ! Tout cela emporte la pensée dans les plus suaves jouissances ou la plus sombre tristesse. Les *saudades* ! C'est bien la musique du cœur par excellence, du cœur tour à tour puissamment tourmenté et doucement apaisé.

Au moment de m'embarquer pour m'éloigner du Brésil, je savourai un de ces morceaux que des mains artistes exécutèrent en mon honneur avec un charme ailé.

J'entends résonner encore à mon oreille et dans mon cœur cette mélodie triste et suppliante. C'était une mélopée plaintive et rêveuse d'un effet infiniment pénétrant. Les tons mineurs et majeurs, dans des successions imprévues, s'y mariaient avec un caprice saisissant, comme un sourire voilé de larmes !

Que dirai-je de l'état moral de la population à Rio ? Il règne dans cette ville une corruption effrénée, qui s'étale avec une rare impudence. Une foule de journaux répandent les plus mauvaises doctrines et ne cessent de jeter l'outrage sur tout ce qui est noble et sacré. Certains affectent des airs trompeurs de modération et d'impartialité pour distiller plus sûrement le poison.

Dans son *Voyage au pays des milliards*, Victor Tissot initie le lecteur à une triste spéculation de la presse allemande et donne quelques specimens des annonces honteuses qui émaillent chaque jour les feuilles d'outre-Rhin ; mais j'affirme, sans crainte d'erreur, que, sous ce rapport, Rio-Janeiro dépasse Berlin. Une presse impie et licencieuse bat violemment en brèche les dernières barrières de la vertu, et, moyennant tant la ligne, le vice peut faire librement, dans des journaux immondes, les réclames les plus ignobles. Le public applaudit et les mœurs se forment.

Le veau d'or est le seul dieu à Rio ou du moins le principal. La fièvre des richesses a dévoyé les intelligences, égaré les cœurs.

Aussi la religion est-elle bien délaissée, au moins par la partie mâle de la population. Sans doute, il y a des exceptions ; on trouve dans la capitale du Brésil une société de Saint-Vincent-de-Paul et des catholiques courageux, mais le mal l'emporte de beaucoup sur le bien. Indifférence ou hostilité religieuse, voilà le bilan ! On m'avait dit et j'avais lu à cet égard des faits bien étranges, incroyables. J'ai voulu voir de mes propres yeux, et j'ai été malheureusement trop convaincu. J'assistai au *Te Deum* solennel qui fut chanté à la chapelle impériale ou cathédrale, pour l'anniversaire de l'indépendance. Dom Pedro II était au sanctuaire, en grande tenue, avec sa famille et ses ministres. Magnifique musique ! L'orgue, le violon, le violoncelle jetaient les plus belles mélodies auxquelles se mariaient des voix délicieuses.

Mais la foule? Regardez. Des flots de curieux entrent et sortent à tout instant sans plier le genou, sans faire un signe de croix. On parle, on cause ; deux amis se rencontrent, ils se serrent la main et se font des compliments.

Malheureusement, s'il y a un tel dévergondage de pensées et de conduite, l'exemple part de haut. Le clergé lui-même, — comment et pourquoi le nier? — n'est point à la hauteur de sa mission. Sa science est fort légère. On ne connaît point là-bas nos cérémonies si belles, si imposantes de la première communion. On ne prépare point les enfants en commun à ce grand acte de la vie : parfois seulement on en voit qui s'approchent isolément de la sainte table. Cependant il n'en est pas ainsi dans les maisons d'éducation qui ont des aumôniers particuliers. Je ne parle ici que des paroisses.

Ce qui m'a paru bien étrange aussi, c'est la manière dont se font les enterrements. Le corps du défunt ne passe point par l'Église. On le transporte directement au cimetière, au milieu d'un cortège laïque, tout ce qu'il y a de plus laïque : car la plupart parlent et fument comme dans une réunion mondaine. Le prêtre n'y assiste que sur la demande expresse de la famille de la personne décédée. Étrange habitude ! Une telle sépulture, si elle n'était suivie de la messe du septième jour, ressemblerait tout à fait à un enfouissement civil.

Saint Sébastien est le patron de Rio. Le jour de sa fête, les Fluminenses font une procession splendide. Mais il en est une autre plus célèbre et plus éclatante: la procession de la Fête-Dieu ou de Saint-Georges. Alors, c'est une affluence et une agitation indescriptibles. C'est moins une procession religieuse qu'une promenade théâtrale. En tête marchent des musiciens qui écorchent constamment les oreilles des assistants. Puis vient un mannequin à cheval. Armé de pied en cap, avec un chapeau à plumes flottantes et la décoration de *commendador*, il est magnifique. C'est saint Georges ! Derrière lui, des *irmâos* (confrères) tenant des cierges à la main ; puis un escadron de cavalerie. Enfin vient le Saint-Sacrement, porté par l'évêque de Rio, sous un dais splendide, dont les montants sont soutenus par l'empereur et ses ministres.

Dom Pedro II est tenu à cette démonstration religieuse par la Constitution, qui l'oblige encore à remplir son devoir pascal. La procession s'effectue ainsi par un chemin heureusement assez court, au millieu d'une foule compacte qui marche dans un étrange désordre. Aussi y a-t-il presque toujours quelque assassinat dans cette circonstance. Les *Capoeiros* (bandits) jouent alors du couteau, afin de satisfaire des vengeances personnelles, ou pour le compte de ceux qui les payent. Ils sont pour cela d'une audace et d'une agilité prodigieuses. Il y en a, paraît-il, qui trouvent moyen de mettre une lame de rasoir à leurs chaussures et de tuer ainsi un ennemi d'un coup de pied. Ces processions, dit-on, vont être supprimées. La religion n'y perdra rien.

La franc-maçonnerie possède, au Brésil, une puissance effrayante. Elle déploie, pour séduire les esprits, une astuce et une hypocrisie diaboliques ; elle s'insinue adroitement, avec mille ingénieuses précautions ; elle va lentement pour arriver sûrement ; elle est dans les confréries ; elle est dans l'Église !.. Elle est partout. C'est elle qui a provoqué ce grand conflit religieux qui a fait naguère tant de bruit. Il existe, dans tout le pays, des *irmandades* ou associations, confréries un peu semblables à ce qu'on appelle en France « Sociétés de secours mutuels ». Mais elles ont une importance incomparablement supérieure et des privilèges beaucoup plus étendus. Elles ont également la qualité de personnes civiles et peuvent librement posséder et acquérir.

Les Brésiliens, à leur mort, laissent presque toujours à ces *irman-dades* quelqu'un de leurs biens, une somme d'argent ou même une pièce de terre, une maison. Aussi les confréries sont-elles ordinairement riches. Elles fondent des hôpitaux, bâtissent des églises, et dépensent, en œuvres pies ou charitables, des sommes immenses. L'*Irmandade* de la Misericordia, qui a l'administration de l'hôpital de la Santa-Casa, possède une fortune colossale. Ces associations sont donc religieuses sous certains rapports ; elles ont, en effet, entre autres privilèges, le droit d'assister aux cérémonies du culte dans un costume spécial et font faire, dans certaines circonstances, des solennités particulières. Or, depuis lontemps, la franc-maçonnerie a envahi les *irmandades*.

Les évêques s'en sont émus. Mgr Vidal, évêque d'Olinda, fut le premier à élever la voix. Déjà irrité de plusieurs bravades outrageantes, il se décida à sévir et à lancer l'interdit ; s'appuyant sur les bulles pontificales qui frappent d'excommunication les membres de la franc-maçonnerie, il défendit aux *irmandades*, en tant que confréries religieuses, de recevoir des francs-maçons et aux *irmãos* affiliés de prendre part aux cérémonies de l'église. Ce mandement provoqua la soumission de la plupart des prêtres compromis, mais un grand nombre de laïques restèrent sourds à la voix de l'évêque et organisèrent si bien leur coupable résistance que le gouvernement impérial intervint pour se porter juge de la question. Invoquant un prétendu droit au sujet de la promulgation des documents pontificaux, il blâma Mgr Vidal d'avoir enfreint une loi du pays et le pria de retirer l'interdiction lancée contre les francs-maçons. L'évêque d'Olinda refusa de reconnaître ce *veto* illégitime, non reconnu par l'Église, et maintint énergiquement sa décision. Alors il fut traduit devant le tribunal suprême de justice, qui siège à la capitale, et condamné à quatre ans de travaux forcés. Cette peine fut commuée par l'empereur en quatre ans de réclusion. Mgr Vidal fut donc enfermé dans le fort Sân-Jâo (Saint-Jean), qui commande l'entrée de la rade. L'évêque de Gara fut également condamné pour le même motif. Mais tous deux ne tardèrent pas à être amnistiés par un décret impérial (septembre 1874).

Ceci est très grave pour le Brésil ; car la lutte est engagée, et, quoique assoupie pour le moment, elle peut d'un instant à l'autre se réveiller.

Singulières prétentions que celles de la franc-maçonnerie brésilienne ! Elle combat l'Église avec acharnement et veut cependant en faire partie. *Per fas et nefas*, elle cherche à discréditer la religion catholique et elle demande néanmoins ses bénédictions et ses prières. Aussi n'est-il pas rare de voir dans le *Jornal do Commercio* des annonces comme celle-ci :

« Grand-Orient du Brésil. X .·. fait célébrer demain à huit heures dans l'église... une messe anniversaire pour l'âme de notre frère .·. N. N. Vous êtes invité à y assister.

« Le secrétaire .·. N. N. »

Un franc-maçon vient-il à se convertir à son lit de mort, le fait est soigneusement caché par la secte. Ainsi tout récemment, — octobre 1879, — le ministre de la guerre, avant de rendre le dernier soupir, reçut le sacrement de pénitence et celui d'extrême-onction, après avoir hautement et librement déclaré qu'il voulait mourir en « vrai fils de l'Église apostolique et romaine ». Les francs-maçons firent publier aussitôt par les journaux de Rio « que jusqu'au dernier souffle il était resté fidèle à leur cause, quoiqu'on lui eût accordé les honneurs de la sépulture ecclésiastique. » Le Père Fidèle à son tour, qui avait reçu l'adjuration du ministre, écrivit aux journaux que « si Mgr l'évêque avait per-

mis les funérailles, c'est que le défunt avait donné des signes
évidents de conversion et qu'il avait reçu les sacrements de
l'Église. »

Cette lutte de l'épiscopat contre la franc-maçonnerie triomphante a provoqué dans tout l'empire néo-portugais un réveil
religieux qui fera époque dans l'histoire de l'Église nationale. Il
a déjà porté des fruits, et il ira toujours, je l'espère, en croissant.
Mgr Vidal a montré et frayé la voie d'une légitime résistance aux
empiétements de César, et on saura imiter son énergie calme et
imposante. Sommé par des juges incompétents de répondre à
l'acte d'accusation dressé contre lui, il se borna à y inscrire ces
mots sublimes : « *Jesus autem tacebat*, Jésus se taisait. » Les
chagrins et l'excès de fatigue l'ont consumé, et il est mort un peu
mystérieusement à Rome le 4 juillet 1878 ; mais l'exemple est
donné, le chemin du devoir est montré, et Dieu aidant, les douze
vaillants évêques du Brésil relèveront la religion et le pays.

Mgr de Lacerda, à Rio, prélat aussi pieux que savant, parle et
agit avec beaucoup d'énergie. Il est d'ailleurs puissamment
secondé, dans toutes les grandes œuvres, par les Prêtres de la
Mission, qui font un bien inappréciable. Ceux-ci dirigent aux
portes de la ville le petit séminaire de *Rio-Comprido*, de fondation récente, qui donne de grandes espérances. Ils sont dans les
maisons d'éducation, dans les hospices, dans les missions de l'intérieur, et partout ils obtiennent les plus consolants résultats. Le
clergé brésilien fait des baptêmes, des enterrements, des
mariages, mais le bien par excellence, le bien intime et profond
des âmes par la direction spirituelle, est presque exclusivement
l'œuvre des prêtres français.

Parmi eux, j'ai eu bien du plaisir à rencontrer un de mes compatriotes, M. l'abbé Langlade, aumônier du couvent de l'Immaculée-Conception. Cet établissement est dans une situation

magnifique, à cet Eden merveilleux de Botafogo. D'un côté la mer, dont les vagues murmurent doucement en expirant sur la plage, de l'autre une colline couverte d'une végétation luxuriante, couronnant un frais et vaste jardin. Ce paysage riant et enchanteur le faisait rêver de Notre-Dame de Lourdes, pour laquelle il avait une dévotion particulière. Aussi ne tarda-t-il pas à y faire construire un petit sanctuaire en l'honneur de l'Immaculée Conception. Au pied de la colline une grotte a été creusée sur le modèle de celle de Massabielle, et on y a placé la statue de la Vierge pyrénéenne. A côté, la fontaine miraculeuse laisse toujours jaillir une eau fraîche et limpide; le travail a d'assez grandes proportions, et de très loin on aperçoit le charmant sanctuaire, qui attire de nombreux pèlerins.

La Vierge vient d'être couronnée au milieu d'une grand concours de fidèles. Le diadème d'or, belle réduction de celui de Notre-Dame de Lourdes, est d'une exquise délicatesse. Qui sait?... Ce petit sanctuaire est peut-être destiné à exciter et à propager dans tout l'empire l'amour et le culte de la Reine du ciel. Comme on aime déjà à s'y rendre et à y prier pour la régénération du Brésil, pour l'Église et la France! Et..., au risque de blesser une grande modestie, je me permets d'ajouter que l'on n'y oublie pas la généreuse donatrice de la statue vénérée et que les âmes reconnaissantes y bénissent chaque jour le nom de Mme la comtesse Dillon.

Nous avons eu quelquefois en France la tristesse de voir, dans les fêtes publiques, des parodies ignobles de la religion. Comme l'impiété se ressemble partout! Ne dirait-on pas et n'est-il pas vrai que la libre pensée lance par intervalles des mots d'ordre qui vont porter dans le monde entier le trouble et le désordre?... En 1876, à Rio, quelques impies imaginent d'égayer les divertissements du carnaval en outrageant publiquement Notre-Dame de Lourdes.

Sur un char à côté de libertins, se tenait une misérable à demi-vêtue, portant un diadème avec ces mots sacrés : *Je suis l'Immaculée Conception*, et le fourgon parcourut ainsi toute la ville. Le scandale fut grand et la douloureuse indignation des catholiques à son comble. Une protestation fut faite immédiatement et pour que la réparation eût plus d'éclat et qu'un signe durable en perpétuât le souvenir. On résolut d'offrir un magnifique calice à Notre-Dame de Lourdes. J'ai rarement vu un travail plus parfait. C'est un ouvrage d'art remarquable et d'une délicatesse infinie. Sur la coupe, plusieurs écussons admirablement ciselés laissent voir, encadrés de diamants et de rubis, les divers instruments de la Passion qu'enlacent le froment et le pampre. Le nœud présente quatre faces dont deux offrent encore des ciselures splendides. L'une nous montre le martyre de saint Sébastien, patron de Rio-Janeiro, et l'autre Notre-Dame de Lourdes dans une grotte de diamants. Un peu au-dessous se détache la fontaine miraculeuse dans une cavité littéralement remplie de perles et de rubis. Enfin le pied, à base quadrangulaire, présente encore des écussons merveilleux. Dans l'un d'eux on aperçoit les armes de S. M. l'empereur du Brésil et celles de Notre-Dame de Lourdes ; dans un autre se trouve en relief une inscription latine dont voici la traduction fidèle :

A la bienheureuse Vierge Marie Immaculée Notre-Dame de Lourdes, Pierre de Lacerda, évêque de Rio-de-Janeiro, son clergé, son peuple, et plusieurs autres fidèles de l'Empire du Brésil, en 1878, mois de mai.

En réparation d'un déluge d'outrages que des impies, à la profonde douleur des âmes honnêtes, ont osé commettre en 1876, dans d'infâmes saturnales, contre la Reine du ciel, si bonne et si

*puissante, mère de Dieu et des hommes. — Refuge des pécheurs,
pardonnez-nous et montrez-vous toujours notre mère.*

Tel est le calice ravissant qui vient d'être envoyé à Lourdes.
Il est digne de prendre place à côté du merveilleux ostensoir.
C'est, si je ne m'abuse, un petit chef-d'œuvre ; j'en ai été ébloui.
Le goût le plus sévère, je pense, sera satisfait.

Les brillants et les pierres précieuses y sont distribués à profusion avec un art et un goût admirables. Les ors de diverses couleurs offrent les plus heureuses combinaisons, et les dessins et les ornements sont d'une finesse rare et d'une délicatesse ravissante. L'ensemble et les détails de l'ornementation me paraissent en faire un ouvrage à part et d'un genre nouveau. Bien qu'il semble avoir choisi le style de la Renaissance, l'artiste a laissé néanmoins son goût et sa fantaisie se donner libre carrière, mais son goût et sa fantaisie étaient inspirés...

« Ce calice, se sont écriés les Fluminenses, ira montrer à la France l'état d'avancement auquel est arrivé l'art de la bijouterie brésilienne. »

Or, il a été fait dans l'atelier d'un Italien, — c'est là que j'ai été le voir ! — sur le dessin et le modèle en plâtre d'un sculpteur français, M. Deprez. Mais pourquoi insister sur cette prétention naturelle, et dont j'aime du moins le patriotisme inspirateur. Ce calice nous dira mieux : il nous dira la foi et le courage des catholiques brésiliens qui savent et osent répondre aux provocations de l'impiété. Il restera dans la célèbre basilique comme un gage constant de l'amoureuse vénération dont Notre-Dame de Lourdes est l'objet au-delà de l'Océan! Tout récemment encore, une noble dame brésilienne lui a envoyé, par mon intermédiaire, un magnifique présent.

La dévotion au sacré Cœur de Jésus fait aussi de grands progrès. La plupart des évêques ont consacré solennellement leur diocèse à ce Cœur divin, qui semble être le nouveau *labarum* destiné à sauver le monde corrompu et à le faire remonter sur les hauteurs de la justice et de la foi.

Malheureusement, l'instruction religieuse manque beaucoup, surtout dans les dernières classes du peuple. La foule est très ignorante. Elle a, par exemple, de la peine à comprendre que tant de représentations diverses de la sainte Vierge ne constituent pas des créatures différentes. Pour beaucoup de nègres et de négresses, Notre-Dame de Pitié n'est point la même Vierge que Notre-Dame de l'Immaculée Conception. Ils se figurent qu'il y a tout une famille de Nossas-Senhoras...

Les philtres mystérieux que les Juifs vendaient aux dames romaines ne sont pas entièrement passés de mode, paraît-il. Il se trouve au Brésil des *feiticeiros* (magiciens) et des *Corandeiros* (devins) qui possèdent les mêmes secrets.

Il y a des Pythies ambulantes et des Pythies en chambre, et on prétend que parfois de grands esprits vont chercher près de ces filles d'Apollon le secret de la destinée.

Saint Antoine de Padoue est à Rio, et dans tout le Brésil, l'objet d'un culte particulièrement enthousiaste ; on l'invoque principalement pour une étrange spécialité : pour l'heureux succès des entreprises matrimoniales. Aussi la jeunesse, celle surtout du joli sexe, a-t-elle toujours, dans un petit coin du foyer, une image de ce saint qu'elle entoure d'une vénération profonde et près de laquelle elle fait brûler des cierges comme les senoritas hispano-américaines devant la Madone.

Lorsque le thaumaturge semble être sourd aux prières qu'on lui adresse, on le punit de sa paresseuse indifférence, en lui enlevant l'Enfant-Jésus qu'il tient amoureusement entre ses bras. Aussi faut-il pour le Brésil des statues spéciales de saint Antoine dont celle de Notre-Seigneur puisse se détacher. Mais on ne se borne pas à cette correction : on le maltraite, on le frappe, on le renverse brutalement. Je me trouvais un jour dans la famille X. « Viens voir, dit une jeune fille de quatorze ans à une de ses amies: voilà saint Antoine en pénitence. Il y a longtemps que je lui demande inutilement de me faire obtenir une robe. Eh bien ! je l'ai fouetté, et il restera en pénitence jusqu'à ce que mes désirs soient comblés. »

On raconte sur cette dévotion excessive et superstitieuse mille anecdotes d'une bizarrerie on ne peut plus drolatique. En voici une dont je ne saurais assurer l'authenticité sur ma tête. Une brune senorita demandait depuis très longtemps un mari à saint Antoine. Vaines supplications ! Elle regardait tous les jours à l'horizon, et, comme sœur Anne, ne voyait rien venir. Fatiguée enfin de l'inutilité de sa pieuse ferveur, elle saisit un bon matin le négligent saint Antoine et le jeta avec violence par la fenêtre. La malheureuse statue tomba sur un jeune homme qui passait. Celui-ci fut si grièvement blessé, qu'on dut le transporter immédiatement dans la maison de la coupable. Désolée de sa fatale imprudence, la jeune fille le soigna avec un dévouement vraiment admirable. Si bien que, M. N., guéri de sa blessure de corps, en sentit une autre dans le cœur. La senorita tressaillit de bonheur et lui donna sa main. — Depuis ce jour, elle eut une dévotion plus tendre que jamais pour le saint qui avait si étrangement exaucé ses vœux et béni son amour.

Le spiritisme fait de grands progrès à Rio ; — les amis de cette science occulte en font une véritable religion. Ils répandent l'*Évangile spirite* avec autant de zèle que les Anglais la Bible. Ils poussent si loin leurs prétentions que naguère ils soumettaient leur statuts à l'empereur avec prière de les approuver. Dom Pedro a noblement répondu que cette société faisait assez de mal pour qu'il ne voulût pas favoriser encore, par une sanction légale, ses funestes progrès. Ces pratiques mystérieuses ont, en effet, tourné bien des têtes et causé beaucoup de malheurs. Naguère encore, pour ne citer que cet exemple, un jeune homme, fidèle sectateur du spiritisme, se suicidait, prétendant que sa mort était nécessaire au salut de l'humanité...

L'empereur est dom Pedro II, fils de dom Pedro Ier, et par conséquent, petit-fils de ce malheureux Jean VI, qui s'enfuit dans le Brésil devant l'armée usurpatrice de Napoléon Ier, avec la puissance et la splendeur du Portugal. Dom Pedro II est ainsi l'oncle du roi actuel de la Lusitanie, Louis Ier.

Sa fille unique, la princesse impériale Isabelle, âgée de trente-cinq ans, héritière présomptive du trône, est mariée depuis 1864 a un fils du duc de Nemours, Gaston d'Orléans, comte d'Eu.

Déjà une sœur de dom Pedro, la princesse Françoise-Caroline, était mariée au prince de Joinville. C'est dire l'intimité qui unit la famille impériale du Brésil et la famille royale d'Orléans. L'empereur, du reste, aime beaucoup la France, où il a fait plusieurs voyages, notamment en 1871. Il séjourna alors assez longtemps à Paris, visitant avec une avide curiosité nos grands établissements industriels, scientifiques et littéraires. Membre de la Société de géographie depuis 1868, il porte un intérêt tout spécial aux voyages d'études et d'exploration. Il a visité aussi tous les autres pays du vieux continent, pour voir de près notre civilisation européenne, et il en a rapporté des idées neuves, fécondes, peut-être aussi un peu trop libérales. Ainsi on l'accuse, — l'histoire dira si c'est à tort ou à raison, — d'avoir joué un rôle suspect dans le dernier conflit religieux dont Mgr Vidal, d'Olinda, a été le héros. Doué d'une grande mémoire, il étonne par des connaissances aussi variées qu'étendues. Il se tient enfin au courant de tout, et passe à juste titre pour l'un des souverains les plus éclairés et les plus sympathiques de notre époque. Je l'ai vu assister avec beaucoup de recueillement aux offices de la chapelle impériale. A une dignité royale, il sait allier cette bonhomie charmante qui captive tout ceux qui l'approchent. Aimable pour tous, il se multiplie afin de trouver pour chacun une prévenance délicate ou un mot gracieux. Très accessible et plein de charité, il est réellement aimé de ses sujets. On cite à son endroit une foule d'anecdotes qui prouvent la bonté de son cœur et la douceur de son caractère. Les Fluminenses l'appellent *Banane*. Peut-être cette appellation n'est-elle pas exclusivement élogieuse !

Le comte d'Eu, m'a-t-on dit, n'est pas très aimé là-bas. On le jalouse depuis la fameuse guerre de Paraguay, où il écrasa les généraux brésiliens de sa supériorité militaire. Mis à la tête des forces alliées en 1869, le comte d'Eu marcha contre Lopez, qui avait établi son quartier général à Ascurra. Après avoir dominé toute la ligne de l'Assomption à Villarica, il le défit, et, le poursuivant toujours avec vaillance, l'atteignit encore près de Casaguatry, où il remporta une victoire décisive. Il eut ainsi l'honneur de terminer avec succès la lutte héroïque des Paraguayiens, ce petit peuple dont l'intrépidité ravit si longtemps l'Europe d'admiration.

L'amour-propre national du Brésilien fut un peu blessé par la gloire du comte d'Eu, et ne put supporter, sans quelque amertume, l'éclat de cet astre exotique.

On vit, à la cour, une vie simple et monotone. Mais la princesse Isabelle, comtesse d'Eu, éclaire le palais impérial d'un rayon de gaieté, de jeunesse et d'espérance. Elle a été élevée par une Française, d'un jugement sûr et d'un esprit distingué, la comtesse de Baral. Figure très sympathique et fort beau caractère, elle allie la plus délicieuse bienveillance avec la plus courageuse fierté.

Elle a deux enfants, qui ne manqueront pas d'énergie, s'ils ressemblent à leur mère. A ses premières couches, ayant à opter entre la mort de l'enfant et une opération généralement mortelle : « A tout prix sauvez l'enfant ! » s'écria-t-elle, et elle subit héroïquement les terribles tortures de l'art médical.

Héritière présomptive du trône, elle regarde son droit moins comme un avantage que comme une charge.

Aussi a-t-elle dit souvent que si les Brésiliens venaient à chasser son père, elle ne consentirait jamais à régner sur leur pays. — Voilà bien un langage digne d'une reine !

L'autorité impériale est tempérée par deux chambres : le sénat, composé de cinquante-huit membres élus à vie, et la chambre des députés, comprenant cent vingt-deux membres élus pour quatre ans.

Celle-ci a seule l'initiative des impôts, du recrutement, de la mise en accusation des ministres et du choix d'une dynastie nouvelle, en cas d'extinction de la famille impériale. Les élections sont indirectes à deux degrés. La masse des citoyens nomme les électeurs : ceux-ci nomment les députés et, quant aux sénateurs, dressent des listes où figurent trois noms, parmi lesquels l'empereur en choisit un. Les deux chambres réunies forment un congrès général, avec des attributions particulières, à peu près comme en France, où la chambre haute et la chambre basse, réunies dans des circonstances déterminées en assemblée générale, possèdent des privilèges spéciaux, notamment celui de reviser la constitution. A tous les actes des chambres, la sanction impériale est nécessaire. C'est un droit de *veto* suspensif ou absolu qui, en dehors de l'hérédité, distingue ordinairement d'un président de République un monarque constitutionnel.

Les élections se font dans les églises. Singulière coutume, qui transforme le temple sacré en salle de club ! — Il s'y passe tou-

jours des scènes de désordre, parfois des orgies et même des assas-
sinats. Aux dernières élections, on commit un de ces crimes à
l'église de Saô-Joaquim, qui est depuis lors interdite.

La tranquillité du Brésil fait un contraste significatif avec l'agitation permanente et désastreuse des républiques de l'Amérique
méridionale. Là cependant, comme partout, il est des esprits faux
et exaltés, rêvant une révolution qui serait probablement fatale à
la liberté. « Si jamais on venait à renverser la monarchie, me
disait un jour M. N., il en serait fait du Brésil: chaque province
voudrait avoir son autonomie politique et s'ériger en république
indépendante. »

L'empire héréditaire seul semble pouvoir empêcher de fatales
perturbations et maintenir dans l'unité les diverses parties de cet
immense pays.

III

Chemin de fer de Dom Pedro II. — Magnifiques paysages. — Le Parahyba. —
Fazenda Santa-Anna du baron de Rio-Bonito. — Un plat national: la féjoada.
— Cueillette et préparation du café. — Canne à sucre, patate et manioc. —
Richesse des fazendeiros. — Les esclaves nègres et leur pénible existence.
— Abolition de la servitude et ses futures conséquences. — Prix d'un nègre. —
Étalage de chair humaine. — Singulières mœurs et curieuses annonces.

Les splendeurs de Rio et de ses environs ne lasseraient
jamais le voyageur. Cependant l'intérieur l'attire aussi beaucoup,
et il est bien intéressant de pénétrer un peu dans le pays, de visiter les grandes *fazendas*, afin de se rendre compte de la vie que
l'on y mène et des travaux que l'on y fait. J'ai eu cette bonne for-
une avec un de mes meilleurs compagnons de voyage, M. Collot[1]. Nous partons un jour de Rio à quatre heures du matin. Le
bond nous porte, dans quelques minutes, de l'hôtel de France à
l'Estacâo da Corte, où nous prenons le chemin de fer de Dom
Pedro II pour Barra do Pirahy. De là nous pourrons facilement
gagner à pied la fazenda du baron Rio-Bonito, pour qui nous
avons des lettres de recommandation. Le jour n'a pas encore
paru, quand, au sifflet de la machine, le train se met en marche,

---

[1] Ce n'est qu'à mon second passage à Rio que j'ai fait cette excursion, mais le
récit de ce petit voyage me semble avoir ici sa place naturelle.

nous emportant rapidement à travers une nature admirable. La ville s'étend loin, bien loin par ses faubourgs, ses villas et ses maisons de plaisance, gracieusement disséminées au milieu des palmiers, des cocotiers, des bananiers et de tous les arbres qui enrichissent d'une manière si grandiose les paysages des tropiques. Le gaz brille jusqu'à de grandes distances. L'illumination de Rio pendant la nuit est célèbre dans le monde entier. Elle est en effet splendide. Nous étions très éloignés de la capitale et nous trouvions toujours des becs de gaz qui projetaient leur éclatante lumière sur de belles villas et de magnifiques paysages. Bientôt cependant le soleil se lève radieux, répandant sur les forêts tropicales qui entourent la voie ferrée ses clartés prestigieuses. Nous ne cessons de jouir des perspectives les plus diverses et les plus inattendues. La route n'est qu'une suite de surprises et d'enchantements. On s'élève peu à peu et, par mille détours, on côtoie, on traverse, on gravit, on descend les montagnes les plus boisées et les plus pittoresques. Dix-sept fois nous entrons dans des tunnels souvent très longs. La forêt vierge est là à droite et à gauche, et sans danger et de la manière la plus agréable nous en parcourons les sombres profondeurs. Magnifique spectacle que ces arbres gigantesques ! Dans leur sève la vie bouillonne à flots. Il y en a certains qui sont chargés de fleurs rouges excessivement brillantes, *mélastomacées* qui tranchent délicieusement sur ce fond de verdure. Parfois nous sortons d'une fôrêt vierge pour entrer dans une belle plantation : contraste fort pittoresque. Par intervalles aussi nous rencontrons dans les vallées ou sur les collines, de petites maisons en bambou ou de jolis villages.

Nous franchissons successivement les stations de *Corte*, — *Engenho*, — *Novo*, — *Cascadura*, — *Belem*, — *Oriente*, — *Palmeira*. — Cette dernière ville est dans une situation enchanteresse, à une altitude de plus de 1.000 mètres. Nous trouvons dans le buffet de la gare de bons fruits et des sandwichs dont nous faisons un excellent déjeuner. A partir de ce point, le train descend à toute vapeur des pentes excessivement rapides et nous dépose vers onze heures à la station de *Barra do Pirahy*. Nous avons le plaisir d'y trouver un ingénieur français, M. Félix. Mais nous avons à peine le temps d'échanger quelques mots et une chaleureuse poignée de mains. Barra do Pirahy est une bourgade assez gracieusement assise sur les bords du Parahyba. Nous longeons ce fleuve pour gagner à pied la fazenda Santa-Anna du baron de Rio-Bonito, premier but de notre excursion. Nous y arrivons après une heure de marche environ. On dirait un hameau ou même un village, tant les constructions sont nombreuses. Nous nous dirigeons vers le château situé sur une éminence, et nous rencontrons une multitude de nègres alignés sur de longues files et bêchant vigoureusement la terre. Ils abaissent et relèvent leurs pioches tous ensemble comme à l'unison, et avec la régularité de soldats qui font l'exercice. A leur travail préside un surveillant au visage dur, au regard farouche et faisant de temps en temps claquer le *chicote* « fouet » insigne de son autorité et sanction de ses lois. C'est le *Feitor*. Nous allons à lui, et il nous introduit aussitôt auprès de la baronne de Rio-Bonito, qui se montre exquise de bienveillance.

Bon gré mal gré, il faut commencer par entrer dans la salle à manger et faire un excellent repas. On nous sert notamment un plat essentiellement national, la *féjoada* : ce sont des haricots noirs fricassés au *toucinho*, c'est-à-dire au lard, et flanqués de forts morceaux de viande. A tout cela on mêle de la farine de manioc, qui tient lieu de pain. Ce n'est pas mauvais du tout.

Ensuite l'*administrador*, un Corse, M. Philippe Paralitici, nous offre de nous faire visiter la fazenda. C'est avec la plus gracieuse complaisance qu'il nous promène à travers les plantations de café et de canne à sucre, au milieu des diverses constructions et des machines. Grâce à lui, j'ai vu ce que sont ces propriétés immenses du Brésil et je puis donner ici à cet égard des renseignements et des détails qui ne seront pas lus, je pense, sans quelque intérêt.

Le fruit le plus cultivé au Brésil, celui qui en fait la richesse, c'est le café. Les arbustes qui le portent sont étagés sur le flanc des collines en rangs symétriques, dessinant des allées comme la vigne en Europe. Leur feuillage, d'un vert sombre à reflets métalliques, contraste assez remarquablement avec 'le vert tendre de la canne à sucre. Le caféier me paraît de loin ressembler un peu au houx : il a une hauteur de 1 à 3 mètres, suivant l'âge des plantations ; on le taille en forme de ballon.

Quand le Brésilien, pour défricher un terrain, en a incendié les bois, c'est d'abord de la canne à sucre qu'il y plante, et c'est un plaisir que de voir cette graminée projeter de toutes parts ses vastes tiges au milieu des cendres noires. Ces sucrières sont magnifiques : on dirait un bois de la plus riche verdure destiné à décorer un parc. On y plante ensuite le caféier, qui donne un fruit après trois ans. Lorsque l'époque de la cueillette est venue — mai et août, — nègres et négresses se dispersent dans les plantations, mais séparés cependant pour éviter sans doute les distractions... et les tentations. Ils portent tous sur le dos ou attachées à leurs vêtements des espèces de hottes faites de roseaux ou de bambou. C'est là qu'ils font tomber les grains de café, les uns d'un rouge brillant comme les cerises, d'autres déjà noirs et plus ou moins desséchés par le soleil, et quelques-uns verts encore. Dans chaque enveloppe se trouvent deux grains de café juxtaposés. De petits négrillons assis par terre au pied des arbrisseaux ramassent les gousses tombées, tout en chantant. Après avoir rempli leurs corbeilles, les esclaves vont les vider dans un charriot, qui transportera à la

Huttes de nègres au Brésil.

fazenda. Mais ils les présentent auparavant à l'administrador, qui leur donne un jeton en métal sur lequel est marquée la valeur de la tâche accomplie. Chacun doit une certaine quantité de travail : tant pour un homme, tant pour une femme, tant pour un enfant. Tous les soirs ils remettent les jetons reçus dans le courant du jour et touchent le prix de l'excédent de travail qu'ils peuvent avoir fait.

A la fazenda, le café est jeté dans un canal en bois, et, entraîné par le courant assez rapide de l'eau, il arrive dans un bassin où il est séparé des pierres, des débris de feuilles qui peuvent adhérer à sa surface. On l'étale ensuite sur les aires, et la pulpe se dessèche sous les rayons ardents qui la brûlent trente à quarante jours. S'il vient à tomber des pluies abondantes, on le réunit en un tas immense que l'on recouvre de grosses toiles. Lorsqu'il est bien séché, on le retire des aires et on le pile dans des caisses en forme de tronc de pyramide rectangulaire pour détacher la coque et la pulpe. Un ventilateur sépare les débris de l'enveloppe que le courant d'air emporte comme de la paille, tandis que le grain court sur un crible, d'où il tombe dans une caisse placée sur le bord et que les débris des grains ou les grains trop petits et mal venus passent au travers du crible pour tomber au-dessous. Ces débris ne sont nullement perdus ; on s'en sert pour faire un excellent engrais.

Enfin les négresses trient, à la main et fort minutieusement, tous les grains, pour les répartir en diverses catégories, suivant la grosseur. Ce sont les plus petits qu'on recherche le plus et qui ont par conséquent le plus de valeur, parce qu'ils ressemblent à ceux du café moka. Et je n'ai pas besoin d'ajouter que les *barbares* de l'ancien monde l'acceptent et le savourent comme tel, car il paraît certain que pas un seul atome du café d'Arabie n'entre en France.

Ce produit du Brésil n'a donc pas encore conquis toute la faveur qu'il mérite, et il est plusieurs cafés d'autres pays qui lui sont préférés sur les marchés de l'Europe et des États-Unis. Cependant les *fazendeiros* brésiliens ne négligent rien pour soutenir la concurrence, et ils trompent même le Nord-Américain par un subterfuge assez ingénieux. Pour donner à leur café cette teinte lustrée que recherchent les Yankees, ils le passent dans des cylindres en cuivre percés de trous. Cette opération faite assez longtemps et avec violence réchauffe les grains et leur donne une couleur brune. Les Nords-Américains s'y laissent fort bien prendre, dit-on, et ils achètent beaucoup plus cher le café ainsi bruni.

Le voilà maintenant préparé ; il n'y a plus qu'à le mettre en sacs. On le pèse par arrobes de 16 kilog., que l'on vend de 25 à 30 francs. Il paraît que les dépenses ne s'élèvent pas à plus du cinquième des recettes. Aussi les fazendeiros font-ils ordinairement des fortunes colossales. Il y en a qui récoltent jusqu'à quarante mille arrobes par an. Supposons un bénéfice de 22 francs par arrobe, voilà un revenu de un million ! Et le café est un produit qui ne court point le danger d'être déprécié ; il acquiert toujours au contraire une importance plus considérable, et la culture en deviendra plus avantageuse, à mesure que les chemins de fer en rendront le transport dans les centres commerciaux plus facile et plus rapide.

Avec le maïs, le manioc joue un grand rôle sous le rapport alimentaire : il remplace le blé. La racine tuberculeuse de cet arbrisseau est broyée sous l'action de la meule. La masse fortement lavée est ensuite écrasée avec le pressoir et donne une farine blanche, qu'on étend sur de grandes plaques de fer pour la faire sécher doucement, à une chaleur modérée. J'ai vu plusieurs négresses en tirer la fleur en la tamisant dans des cribles. Avec cette partie, la plus pure et la plus blanche, on fait des gâteaux excellents, nourriture de luxe qu'on mange avec le café. La farine ordinaire, qui ressemble à de la fécule grossière, remplace le pain dans les familles pauvres et même, pour certains aliments, comme la *fejoada*, chez les riches eux-mêmes. Elle se consomme sèche ou mouillée. Dans ce dernier cas, on apprête la farine avec de l'eau chaude et on en fait une sorte de bouillie ; autrement on la sert dans de petits paniers et chaque convive en prend la quantité qu'il désire, afin de la répandre sur les mets. Le reste du manioc sert à la distillation d'une espèce d'eau-de-vie. Pour faire le tapioca, on mélange le manioc râpé avec de l'eau et on le comprime sur un sas.

Le soir, je vis les nègres revenir de leurs pénibles travaux sous l'œil vigilant du feitor. Leur précipitation en entrant dans le réfectoire me disait assez leurs fatigues. La nourriture des esclaves se compose d'une pâte de maïs, qu'ils mangent avec des *feijoes* (haricots noirs). De temps en temps, on leur donne de la *carne secca*, viande séchée au soleil, qui vient des États de la Plata. Parfois aussi, ils reçoivent des distributions d'eau-de-vie et de tabac.

Avant le coucher, le feitor les aligne sur deux rangs pour les passer en revue : les enfants en avant, les jeunes femmes derrière, les femmes âgées, ensuite ; puis les vieillards et enfin les jeunes gens. Il fait l'appel nominal et prend note de ceux qui manquent, quel que soit le motif de leur absence. Puis le doyen des nègres sort des rangs, et commence le *Pater* : « Notre Père qui êtes aux cieux.., » et tous redisent ces premières paroles. «... Que votre nom soit sanctifié..., » reprend le pieux interprète, et ainsi jusqu'à la fin, chaque phrase est répétée par ces pauvres travailleurs. Ce spectacle, d'une simplicité sublime, m'émut jusqu'aux larmes et je me disais, en entendant ces supplications jetées vers le ciel : « Où donc, en dehors des idées religieuses, pourraient trouver quelque consolation ces infortunés parias de la société brésilienne? Et, s'ils ne croyaient en Dieu, et s'ils n'espéraient par delà la tombe une vie meilleure, ne préféreraient-ils point à leur vie présente une mort volontaire, qui mettrait fin à toute fatigue et à toute douleur?... »

Les nègres rentrent ensuite dans le dortoir et saluent leur maître et les personnes qui peuvent se trouver sur leur passage par ces mots murmurés comme avec un sifflement inintelligible : *Jesus-Cri.* C'est un reste de la formule : *Loué soit N.-S. Jésus-Christ.* Beaucoup même n'en comprennent pas le sens et prononcent machinalement ces mots, ne faisant entendre que la dernière finale : « *kis!* » Voilà à peu près tout le son que l'on perçoit. On leur rend le salut en leur répondant : *Para sempre*, « pour toujours! »

Le paganisme de Rome laissait mourir de misère et de faim, dans une île déserte, les esclaves malades ou vieillis, qu'il ne jetait pas en pâture aux langoustes. Le christianisme est venu, qui, d'un mot divin, a marqué ces *choses* du sceau de l'humanité, fille de Dieu. Aussi les nègres, au Brésil, sont-ils traités avec une modération relative, et ceux du baron de Rio-Bonito, surtout, sont l'objet de soins excessivement bienveillants. Mais, hélas! combien de fazendeiros n'y a-t-il pas encore qui ne voient dans leurs nègres qu'un capital dont il faut tirer, à peu de frais, le plus grand rendement possible. Sans doute on raconte sur ce sujet, comme sur tant d'autres, des choses fausses ou exagérées, mais si on ne soumet plus généralement les nègres à ces tortures physiques et morales qui font frémir, il n'en reste pas moins certain que leur condition est encore bien dure et bien triste. Leurs travaux sont longs et pénibles, et leur nourriture est peu substantielle, car sa valeur, — pour chaque individu, — ne dépasse guère, paraît-il, 100 reis par jour (0 fr. 50). Ils ont un jour de repos par semaine : on empêche les nègres des deux fazendas voisines de se réunir. C'est que si les deux millions d'esclaves brésiliens venaient à se compter, ils pourraient inquiéter leurs maîtres et la société.

Dans la fazenda même se trouve une *venda*, petit magasin établi par le planteur, où les esclaves peuvent acheter une foule d'objets, comme de petits miroirs, des cravates de luxe (?), des chapeaux de paille, du tabac et de l'eau-de-vie. C'est surtout cette dernière marchandise qui fait tourner la tête au nègre : voilà sa plus forte tentation, et pour la vaincre, il ne trouve pas de meilleur moyen que d'y *succomber*. Le soir, il s'en va dans la venda, et, posant son *vintem* sur le comptoir, il demande un verre de *caxas*, dont il savoure à longs traits les délices, tout en devisant avec la *Tante*. C'est ainsi qu'on appelle la vieille négresse de confiance qui tient la boutique, et elle mérite bien son nom, par la complaisance et le dévouement qu'elle témoigne à ses compagnons d'esclavage.

J'ai déjà dit que les nègres peuvent gagner quelque pécule pendant la cueillette du café. Ils ont droit, en effet, à une rémunération pour l'excédent de travail qu'ils font en dehors de la tâche réglementaire. Ils ont une autre source de revenus. Chaque nègre possède sa *roça*, c'est-à-dire un morceau de terre que le planteur abandonne, et qu'il cultive pour son propre compte, le dimanche ou dans les loisirs dont il peut jouir pendant la semaine ; il y élève des poules et y cultive du maïs, du riz et parfois même du café. Tout cela permet à un esclave laborieux, — du moins dans une fazenda où il n'est pas surmené, — de gagner annuellement deux ou trois cents francs.

Les fautes de l'esclave sont sévèrement punies. Les coups de verge et même les fers sont ses châtiments ordinaires. Mais c'est l'évasion surtout, ou la simple tentative de fuite, qui est l'objet d'une expiation exemplaire. Il n'est pas rare de voir des esclaves chercher dans ce moyen la fin de leur servitude et de leurs souffrances. Aussi dans le grand *Jornal do Commercio* et dans bien d'autres, lit-on, presque chaque jour, plusieurs annonces d'esclaves *fugidos*. Ces malheureux vont se cacher dans les montagnes voisines ; ils errent dans des endroits écartés, et souvent quand ils ne peuvent vivre honnêtement, c'est au vol, au pillage et au meurtre qu'ils demandent leurs moyens de subsistance. Madame Ida Pheiffer faillit être assassinée par un de ces esclaves fugidos, sur la route de Pétropolis. Autrefois, dit-on, on rencontrait jusque dans la belle voie qui longe l'aqueduc de la Carioca, de ces malheureux dont la misère faisait des assassins.

On connaît le terrible et étrange procédé de ce propriétaire de Monroë, dans les États-Unis, pour retrouver les esclaves en fuite : il avait dressé dans ce but une meute de chiens, qu'il louait à cinq dollars par jour. On n'est pas arrivé au Brésil, je crois, à cette sinistre perfection, mais il est rare, néanmoins, que l'on ne découvre point le nègre marron ; car son habit porte, en gros caractères, le nom de son maître. Son évasion, d'ailleurs, est immédiatement révélée à la police, et les peines édictées par la loi contre ceux qui le recèlent sont bien capables d'épouvanter ceux qui voudraient lui donner asile. Aussi l'infortuné fugido est-il ordinairement repris, et alors il recommence, avec plus de fatigues et de souffrances que jamais, sa douloureuse existence. D'abord on le flagelle et on le marque d'un signe très reconnaissable ; ensuite on lui impose des travaux excessivement pénibles, parfois même on lui fait porter un boulet aux pieds ou un collier de fer.

Dans toutes les fazendas, les planteurs sont les juges des fautes ordinaires et les feitores exécutent leurs sentences. Mais dans une accusation criminelle, ce serait aux tribunaux qu'il appartiendrait de juger. Cependant, même pour les fautes légères, on peut recourir à la police gouvernementale. Dans ce cas, les agents policiers fouettent ou emprisonnent le coupable, suivant les circonstances et la volonté du maître ; mais celui-ci généralement se garde bien de s'imposer tant de soins et de démarches : il a, de par les mœurs et les traditions, une grande autorité et il l'exerce d'une manière directe ou indirecte, comme les seigneurs dans l'ancienne féodalité française. Il délègue son pouvoir à l'administrador, qui, à son tour, a pour subordonnés les sombres *feitores*.

Voilà la situation des esclaves au Brésil ; mais bientôt il n'y aura plus dans toute l'étendue de ce vaste empire que des hommes indépendants et des citoyens libres. Tel est ou plutôt tel sera le résultat de la fameuse loi de 1871, qui est assez peu connue en Europe pour que j'aie le droit d'en dire quelques mots.

Depuis longtemps, non seulement dans le Brésil, mais encore dans toute l'Amérique et dans l'Europe, on entendait des voix généreuses s'élever contre l'esclavage et solliciter la fin de cette horrible injustice. Au mois de juillet 1866, le comité abolitionniste français adressa à ce sujet à dom Pedro une lettre éloquente, signée par des noms illustres, au milieu desquels je relève ceux de MM. Guizot, Laboulaye, de Broglie, Cochin et Lavedan. Le gouvernement impérial du Brésil répondit qu'il n'attendait, pour faire droit à des vœux si légitimes, qu'un moment opportun et des circonstances favorables. C'était un engagement qu'il ne pouvait méconnaître et qu'il a tenu, en effet, en 1871, en faisant adopter une loi qui affranchit tous les enfants à naître dans l'empire après sa promulgation. Telle est la loi qui va effacer graduellement les dernières traces de l'esclavage dans l'Amérique du Sud, cette tyrannie dégradante qui a déjà disparu de tous les pays civilisés.

Dans trente ou quarante ans, cette loi aura porté tous ses fruits, et il n'y aura plus d'esclavage au Brésil. Elle est, tout le monde le reconnaît, marquée au coin de la sagesse et du respect des grands intérêts sociaux. Et néanmoins, il ne faut pas se le dissimuler, elle ne créera point une société tout à fait homogène. Les diversités de couleur entraînent fatalement des différences dans les situations sociales. Ainsi, au Portugal, le nègre, qui se trouve dans le clergé, dans la magistrature, dans l'armée, dans l'administration, dans les chambres, partout, n'entre pas dans « la famille » ; on le tolère, voilà tout. Dans l'Amérique du Nord, le pays classique de la *liberté*, de l'*égalité* et de la *fraternité*, on rencontre une observation plus stricte encore des privilèges de la peau. Qu'un noir entre dans un café, on voit immédiatement tout le monde s'enfuir. Certains États du Nord, le Michigan, par exemple, et le Massachusetts prohibent le mariage entre races différentes. On va plus loin dans la presse nord-américaine ; l'implacable préjugé des mœurs, plus fort que la loi, propose à cette heure « une séparation géographique » entre les nègres et les blancs. Que l'on discute sur le droit tant qu'on voudra : les faits n'en sont pas moins incontestables et incontestés.

Les préjugés de la peau sont moins accentués dans le Brésil, mais existent assez cependant pour empêcher la loi de 1871 de jamais sortir, au point de vue que je viens d'indiquer, son effet social.

Quant à l'agriculture, elle est fatalement condamnée, par l'affranchissement, à traverser une terrible crise. J'ai entendu discuter beaucoup cette question là-bas, et on s'accordait généralement à dire que la loi de 1871 aura pour les fazendeiros brésiliens des conséquences plus ou moins désastreuses. Le nègre, en effet, qui est l'homme le plus paresseux du monde, ne consentira point à devenir le domestique des maîtres dont il fut l'esclave. Quand luira le jour de sa liberté, on le verra abandonner tout travail et noyer dans les délices du *farniente* et de la *caxas* ses amertumes et ses souvenirs. Est-ce de l'Europe que viendra le salut des fazendas ? je ne le crois point, car les habitants de nos climats tempérés ne peuvent guère résister, sous un climat torride, à des travaux aussi fatigants que les travaux des plantations du Brésil. Puis l'Europe envoie dans ces pays lointains beaucoup moins d'agriculteurs que d'ouvriers urbains, qui ne veulent point de la vie et des travaux de la campagne, au moins comme domestiques. Quant aux Coolies chinois, il y aurait peut-être de graves inconvénients à provoquer leur immigration dans le Brésil. Cette race, qui a le merveilleux secret de gagner sans cesse sans jamais rien dépenser, soulève, dans tous les pays où elle pénètre, des haines profondes. On en voit en ce moment, aux États-Unis, de sinistres exemples.

Mais pourtant convient-il aux intérêts matériels si iniquement favorisés jusqu'ici, de plaider trop haut leur cause ? Et les sentiments éternels et imprescriptibles d'égalité naturelle, d'humanité et de justice ne priment-ils pas toute autre considération ? Le char du progrès et de la civilisation est lancé et les intérêts secondaires n'en arrêteront pas la marche triomphante ! Je salue donc par anticipation avec un enthousiaste bonheur le jour où le Brésil ne comptera plus parmi ses habitants que des hommes libres.

Jusque-là, malheureusement, on peut aller y voir les chaînes dégradantes de l'esclavage ! Spectacle curieux, pittoresque, instructif, mais profondément triste et douloureux. Le travail servile a fait naître des mœurs et des habitudes qui nous feraient bondir. Ainsi un maître ou une maîtresse de maison exhibera ses esclaves pour vous les faire voir et admirer, absolument comme s'il s'agissait d'un animal quelconque. Et là-bas on trouve cela tout simple et tout naturel, et si vous manifestez quelque embarras, quelque répulsion, à cet étalage de chair humaine, on rit de tant de naïveté et de sensiblerie…!

Si un fazendeiro vient à faire faillite et à être exproprié, on voit les esclaves de son habitation figurer comme actif dans les colonnes de son bilan et vendus avec tout le reste aux enchères ou autrement. « *Un conto de reis!... deux contos de reis!...* » crie le priseur juré. Et l'esclave placé devant les chalands, subit l'examen le plus minutieux, absolument comme s'il s'agissait d'un bœuf ou d'un cheval. L'un lui ouvre la bouche pour lui compter les dents, un autre s'assure de la vigueur de ses membres, celui-ci ausculte la poitrine, celui-là palpe les jambes et les pieds... Tout cela est très important et fait l'objet d'un examen aussi sérieux que dégoûtant.

Et ces manières étranges et ces sentiments ne sont pas seulement ceux du pays. Beaucoup d'Européens, établis dans ces parages, les partagent plus ou moins et, cela se comprend et s'explique, du moins dans une certaine mesure. On se fait, à la longue, aux lois les plus singulières des régions que l'on habite et d'ailleurs les circonstances nous forcent parfois à en accepter les avantages comme les inconvénients. Ainsi, une famille française que je voyais souvent à Rio, possède une femme esclave qu'elle a été obligée d'accepter en payement d'une somme qui lui était due. Quel est le négociant qui aurait, au risque de ne jamais être soldé, refusé ce moyen de rentrer dans ses fonds ? Il y a ainsi beaucoup de petits propriétaires, de négociants ou de rentiers, qui ne possèdent qu'un esclave. S'ils n'en ont pas besoin pour leur service, ils le louent comme ils loueraient un cheval ; ou bien ils lui donnent la liberté le matin en lui fixant la somme qu'il doit rapporter. Le nègre va alors chercher de l'ouvrage, et garde pour lui ce qu'il peut gagner au-dessus de la somme exigée par son maître. J'ai trouvé beaucoup de conducteurs de fiacre et de bateliers dans ce cas.

Le prix d'un esclave varie aujourd'hui de 5.000 à 6.000 et

A Barra-Mensa (Intérieur du Brésil), p. 154.

même 7.000 francs. Que l'on juge d'après cela de la valeur d'une fazenda qui possède 500, 1.000 esclaves et davantage !

Et cette marchandise humaine on la vend, on la revend, on en trafique comme pour toute autre. On fait autour d'elle le même bruit d'annonces et de réclames que pour une machine ou un objet quelconque. — Chaque jour le *Jornal do Commercio* de Rio-Janeiro, immense feuille dans le genre de la *Gironde* de Bordeaux, a plusieurs pages exclusivement consacrées à des avis industriels et commerciaux dont plusieurs sont de curieux boniments sur des esclaves à vendre. — *Machines à coudre — Café — Nègres — Nègresses — Manioc — Pianos — Jardins, etc.* tout cela se trouve confondu pêle-mêle dans les avis et réclames des dernières pages. Rien de plus étrange que ces annonces : En voici, faite au hasard, une petite cueillette :

A vendre. — Une jolie mulâtresse de seize ans, sachant bien coudre et repasser, excellente femme de chambre, humble et caressante : ce serait un charmant cadeau à faire à une jeune mariée. — S'adresser *rua da Quintanda*, n° 20.

A vendre bon marché. — Une machine à coudre. *Rue du Bon Jardin,* n° 15.

A louer. — Une nourrice, mulâtresse de couleur claire, garantie de bonne origine ; son lait est nouveau et d'excellente qualité.

A vendre par besoin d'argent. — Une robuste négresse, blanchisseuse. Prix : *Un conto de reis* « 2.500 francs ».

Récompense de 100.000 reis à qui ramènera à son maître l'esclave Manoël, qui a fui de la fazenda de..... le..... âgé de trente-cinq ans environ. Il commence à avoir des cheveux blancs, il a le nez extraordinairement épaté et a perdu trois dents de la mâchoire supérieure et deux de la mâchoire inférieure. Quiconque le cache sera poursuivi avec toute la rigueur des lois.

A vendre. — Une gentille petite négresse, pièce remarquable par son habileté et sa sympathie, sait habiller et coiffer les dames. Le prétendant peut s'adresser *rue de l'Hospice, n° 53*.

A vendre. — Harnais en très bon état pour une grande voiture, *rue d'Alfandeja, n° 38*.

Voilà les annonces et les réclames que l'on peut lire chaque jour dans les feuilles de Rio-Janeiro. L'Européen bondit d'indignation à la pensée de tant d'indifférence à l'égard des esclaves ; il ne peut se faire à l'idée d'un sans-façon aussi cavalier. Mais il n'en est pas de même là-bas, je le répète, et le Brésilien trouve ces horreurs tout à fait légitimes et naturelles.

Il doit tarder à toutes les âmes nobles et élevées de les voir disparaître jusqu'au dernier vestige sous les coups vengeurs de la civilisation ! !

VI

Ce n'est pas sans un profond sentiment de sympathique reconnaissance que nous quittâmes la fazenda Sainte-Anne, car nous
reçumes le meilleur accueil de la baronne de Rio-Bonito, qui eut
encore la générosité de nous faire porter en voiture à la station du
chemin de fer. Nous prîmes, à Rio-Bara, le train qui devait nous
conduire à la colonie franco-italienne de Porto-Réal La voie
ferrée longe dans une grande partie le fleuve Parahyba, dont le
cours inégal et rapide est sillonné d'arbres, de rochers, d'îlots et
de bois flottants. Quel délicieux voyage ! Tantôt en présence du
fleuve récemment grossi par des pluies abondantes, tantôt au
milieu des forêts à la végétation luxuriante, ou à travers des plaines
sillonnées encore par de petites voies ferrées construites pour les
besoins particuliers et aux frais des fazendeiros, nous ne cessons
de jouir des plus jolis paysages. Nous franchissons successivement *Virgen Alegre*, — *Pinheiro*, — *Volta*, — *Redenda*, et
d'autres stations d'une importance relative. Arrêt de dix minutes

à la ville de Barra-Mensa. Nous nous promenions dans la gare,
M. Collot et moi, lorsque je sens un petit coup sur mon épaule,
je me retourne et je vois un pauvre estropié qui nous dit : « Pardon, messieurs, je vous ai entendus parler français !... Que je
suis heureux de rencontrer des compatriotes ! — Comment êtes-
vous ici, mon pauvre homme ? — Je travaillais au chemin de fer,
nous répondit-il, un accident m'a estropié et je ne puis rien faire.
— Tenez, prenez ceci, » lui dîmes-nous, en glissant une petite
obole dans la main qu'il nous tendait. Il parut enchanté et nous
remercia avec un sourire triste et reconnaissant, comme en ont les
malheureux.

Voici, un peu plus loin, une station dans un site grandiose.
La vue est, de tous côtés, bornée par de hautes collines, mais la
végétation y est ravissante ; j'y ai entendu les échos répercuter
avec une saisissante sonorité les sifflets de la machine.

Nous arrivons enfin à *Diviza*, où nous nous arrêtons afin de
nous rendre à pied à la colonie de Porto-Réal. Nous demandons
le chemin de l'usine de MM. Pailhe et Fine, pour lesquels nous
avons des lettres de recommandation. On nous l'indique, tout en
insistant vivement sur le mauvais état de la route, que des pluies
récentes avaient couverte de marécages. D'ailleurs le jour tom-
bait. Nous commençons néanmoins à marcher résolument dans la
direction qui nous est indiquée. Mais nous ne tardons pas à
reconnaître la justesse de ce qui nous a été dit : car la boue est
excessivement profonde et nous avons de la peine à avancer.
Nous trouvons sur ces entrefaites une petite *casa* sur la route.
Nous y entrons afin de demander des mules pour le voyage ; on
exige des prix insensés et nous reprenons vaillamment notre chemin. Nous tombons bientôt sur une mare remplie d'eau qui nous
barre toute la route : c'est un enfoncement couvert par les eaux
du Parahyba débordé. Comment le traverser ? Nous nous le

demandons avec anxiété. « Je m'aventure le premier, me dit
M. Collot, si je passe vous me suivrez. » Et voilà, en effet, mon
compagnon de voyage qui entre résolument dans l'eau, non sans
sonder prudemment le terrain. Il s'enfonce toujours de plus en
plus. L'eau lui arrive jusqu'aux genoux... plus haut... à la ceinture... à la poitrine. Enfin il en sort sain et sauf. Je m'embarque
alors moi-même et je puis bientôt regarder sans danger l'obstacle
que nous avons vaincu.

Mais le temps presse : nous ne nous attardons pas à de vaines
réflexions. Nous précipitons le pas au milieu d'une boue épaisse,
dans laquelle nous enfonçons jusqu'aux genoux.

> Le chemin devient des plus beaux,
> On en a plus qu'au ventre des chevaux.

Après avoir traversé ce *lac*, nous n'avons plus rien à craindre
pour notre propreté. Aussi la vase saute-t-elle librement de nos
pieds jusqu'à notre visage. Qu'importe tout cela, pourvu que nous
ne nous égarions pas et qu'il ne nous arrive aucun malheur dans
ces parages inconnus ? Nous rencontrons bientôt une croix de
bois au fond d'une niche faite de bambous et de terre. « Voici
quelque chose de peu rassurant, nous dîmes-nous. Là-bas, en
effet, on a coutume d'élever un pieux monument où un crime a
été commis. Cette hutte sacrée est toute fraîche. C'est hier peut-
être que le poignard d'un bandit a tranché là les jours d'un malheureux. « Ne pensons pas à cela, dit M. Collot. » Nous pressons
le pas, cherchant à nous rassurer et à nous égayer ; mais notre
esprit est invinciblement préoccupé, et, sans nous communiquer
nos tristes impressions, nous roulons bien visiblement les mêmes
pensées, et notre imagination agitée ne rêve plus que brigands,
couteaux et mort violente.

Parfois des sons vagues, des clameurs confuses semblent

frapper nos oreilles. Nous nous arrêtons, le cou tendu et l'oreille attentive ; ce n'est rien, que des romances soupirées dans le lointain aux accords de la *viguela* « guitare ». Nous poursuivons notre route, le bruit expire et il se fait un silence de mort. La nuit est assez noire, et nous n'avons, pour nous guider, que les étoiles qui nous éclairent de leurs pâles reflets et la clarté étrangement mystérieuse de certains insectes lumineux qui parsèment notre route, comme autant de pierres scintillantes.

Cependant nous entendons un bruit très marqué derrière nous. C'est un nègre qui marche rapidement. Il nous a bientôt atteints et se met à nous assaillir de questions. Il se montre animé pour moi de dispositions particulièrement sympathiques ! il me prend par la main, chaque fois qu'il y a un mauvais pas à faire, et se plaît à m'indiquer et à me frayer toujours le chemin en me criant à tue-tête : « *Aqui, Padre, aqui, aqui !...* Là, père, là, là. » Je suis très docilement ses traces et je m'aperçois qu'il m'aide, en effet, à franchir sans encombre des passages difficiles. C'était vraiment de sa part une sollicitude en apparence fort touchante. Mais ses services étaient-ils réellement désintéressés et tous ces bienveillants dehors ne cachaient-ils pas des intentions hostiles ? *Chi lo sa ?* Ce n'était pas du moins sans quelque appréhension que je voyais briller à sa ceinture un énorme couteau, dont il caressait de temps en temps la poignée. Je sais bien que dans ce pays tous les noirs ont constamment sur eux cet instrument qui leur est à tout moment nécessaire pour se frayer une route à travers les bois. Mais qui ignore qu'ils le font servir souvent à d'autres circonstances, et ce n'est pas seulement au Sahara que l'on trouve des bandits avec cette sinistre devise : « *La nuit est le bien du pauvre, quand il est courageux.* »

Pour nous, nous étions absolument sans armes. Comptant arriver pendant le jour à Diviza, nous n'avions point pris nos revolvers et M. Collot avait seulement son marteau de géologue.

Le nègre cependant continuait à me guider avec le même empressement, tantôt coupant des broussailles devant moi pour déblayer la voie, tantôt me soutenant de sa main. Parfois il voulait me faire passer le premier : c'était trop de politesse. Je refusais discrètement : « Non, non, je n'en ferai rien », répondais-je affectant la même gracieuseté. Une fois il voulait m'entraîner dans la forêt même. « *Aqui, Amigo. — No, no. — Si, Senhor. — No, no. — Si, si, Amigo.* » Enfin il m'entraîne de sa rude main et je le suis avec une fièvreuse impatience, voyant toujours reluire son couteau et craignant d'être au moment d'en sentir la pointe dans mon sein... Après cinq ou six minutes de course à travers un épais fourré, nous rentrons dans le sentier ordinaire... Trop emporté par son ardeur, M. Collot marchait un peu devant moi. En me voyant subitement disparaître, il s'était un peu étonné ; et ma réapparition sur la route l'allégea d'un grand poids.

A la fatigue de marcher dans de pareils chemins se joignait pour moi celle de répondre continuellement au nègre, qui m'assaillait de mille et une questions et ne cessait de bavarder avec une opiniâtreté désespérante. Et la boue que soulevaient nos pas montait littéralement à ma figure, pénétrant même dans la bouche, de sorte que j'éprouvais de grandes difficultés à parler. Ne connaissant d'ailleurs que quelques mots usuels de Portugais, j'étais dans l'impossibilité de soutenir la conversation avec mon interlocuteur, qui néanmoins me pressait sans relâche et sans pitié. Il me parlait, — je le comprenais vaguement, — du Sahara, la patrie de sa race, du Brésil, de sa situation personnelle, de sa femme, de ses enfants et de mille autres choses sans que je pusse lui répondre autrement que par un *no*, ou bien un *si, Senhor*. Et encore employais-je ces expressions à propos et hors de propos. Aussi se plaignait-il de mon laconisme et du peu de goût que je montrais à fournir à son éloquente conversation. Et il semblait croire que je dédaignais de m'entretenir avec lui. Cela me causait de l'embarras et des craintes ; car le nègre qui se croit méprisé, je le savais, a vite le couteau à la main pour se venger... « Mais je ne comprends pas, disais-je, je ne connais pas votre langue. — Comment? est-ce que vous n'êtes pas prêtre? — *Si, Senhor*. — Eh bien ! vous comprenez : car un prêtre comprend tout ! » Était-ce assez curieux et... impatientant ? Je me gardai bien toutefois de rien laisser percer de mon agacement : car toute marque de dépit eût pu être mal interprêtée et me devenir funeste.

Nous arrivons devant une cabane, où le nègre veut prendre congé de nous. J'essaye de le retenir, pensant avec raison que, s'il a de mauvaises intentions à notre égard, mieux vaut l'avoir toujours près de nous, afin de pouvoir le surveiller attentivement, que se voir attaqués plus loin à l'improviste. Il semble accéder à mon désir, mais en me demandant une récompense. C'est du moins dans ce sens que j'interprétai son langage. Je tire alors de ma poche un billet de mille reis. Il insiste et je lui remets une seconde fois pareille somme. Il réclame encore... « Ah ça ! dîmes-nous, tu veux nous dévaliser? nous ne donnerons plus rien. » Nous présentant alors un petit sac qu'il porte avec lui, il nous prie de le garder et il part, fait quelques pas du côté de la chaumière, et jette un petit cri. Quelqu'un sort immédiatement et un entretien mystérieux à voix basse s'engage entre les deux individus. Nous tendons vers eux nos oreilles inquiètes, mais nous n'entendons qu'un murmure confus et des mots inintelligibles. Nous commençons à être sérieusement et péniblement préoccupés. Notre nègre revient, accort et allègre, et nous dit qu'il va bien volontiers, pour nous préserver de tout danger, nous conduire jusqu'à l'usine, but de notre voyage : « *Vamos al fabrica*, s'écrie-t-il en gesticulant,

Vamos al fabrica ! » M. Collot, dont l'optimisme n'avait eu jusque-là que peu de défiance, parut dès lors en proie à de sombres pensées. Nous marchions constamment, côte à côte, les yeux fixés sur notre guide suspect. Celui-ci cependant ne cessait de se démener et de courir joyeusement en chantant : « *Vamos al fabrica... !* Nous allons à la fabrique. » Une fois il tomba en plein dans un fossé. Il en sortit tout couvert de boue jusqu'aux oreilles. N'importe ! il n'en perdit nullement son air crâne et nous dit triomphalement : « Oh ! je ne suis pas tombé ! » — Certainement non ! Au contraire !

Le nègre avait-il réellement de criminelles intentions à notre endroit et ne s'était-il pas arrêté à la cabane pour machiner quelque sinistre projet ? Son entretien à voix basse me le fit supposer. Une pensée subite jaillit alors de mon esprit : « Marchons vite, ne cessai-je de lui répéter à partir de ce moment, marchons vite, car les senhores de la fabrica nous attendent. » Et je parlai alors de l'amitié qui nous unissait à eux, et de l'impatience avec laquelle ils devaient attendre notre arrivée. L'influence de MM. Pailhe et Fine, propriétaires et directeurs de la grande usine de Porto-Réal, dut en imposer à notre nègre et le faire réfléchir. Il comprit bien vite que, si notre visite était en effet annoncée et attendue, un mauvais coup ne pouvait guère nous être impunément porté. Quoi qu'il en soit, toutes les fois que je lui disais que MM. Pailhe et Fine nous attendaient et qu'il nous tardait infiniment d'arriver auprès de *nossos amigos*, il devenait rêveur et me demandait des détails sur la Fabrica. On m'en avait tellement parlé heureusement, que je pouvais le satisfaire, et lui prouver ainsi que je connaissais les personnes honorable que nous allions voir. Tandis que je faisais ces frais d'éloquence, j'entendis un bruit derrière nous, et au même moment apparut un homme aux allures inquiétantes, monté sur un cheval... Cette arrivée subite était le résultat de la mystérieuse conversation et le signal convenu pour nous tuer ou nous voler?... Assitôt qu'il est près de nous, il s'arrête et notre nègre parlemente avec lui, non sans quelque véhémence. Le cavalier paraît surpris et déconcerté; il a l'air de murmurer avec dépit ; l'autre réplique avec plus d'insistance et de vivacité. Nous marchions ainsi, le cœur agité par de violentes pulsations. Enfin, un quart d'heure ou vingt minutes après environ, nous apercevons à travers les arbres, une grande et blanche maison surmontée par une immense cheminée... C'est l'usine de Porto-Réal. *Fabrica, fabrica!* s'écrie le nègre en se laissant choir de nouveau dans un fossé. Nous étions enfin arrivés au port sains et saufs ! Quelle joie fit bondir nos cœurs! je donnai encore mille reis à notre guide, qui, à tort ou à raison, nous avait bien fait peur, et il se retira enchanté. Il était près de onze heures du soir.

Introduits près de MM. Pailhe et Fine, nous commençons à leur expliquer les motifs de notre visite à une heure si indue. Mais à peine avons-nous décliné nos noms, qu'ils nous serrent la main comme à des amis de vingt ans, et mettent toute la maison en révolution pour nous recevoir. Nous voilà immédiatement entourés de domestiques : l'un nous apporte des habits pour remplacer les nôtres, qui dégouttent d'eau et de fange, un autre des serviettes ; — enfin un petit groom nous lave les pieds dans un grand vase d'eau chaude et de caxas. Un petit repas nous est immédiatement servi, qui répare admirablement nos forces. — Comme nous causons volontiers de la France, du Brésil, de notre bâtiment, de notre voyage...! Enfin, brisés de fatigue et ne pouvant plus résister au sommeil, nous allons nous reposer à trois heures du matin.

Nous passâmes trois jours on ne peut plus agréables dans la colonie, visitant les plantations, les bois et les environs. Quel

plaisir de retrouver nos mœurs, nos coutumes à tant de milliers
de lieues de la patrie ! On ne saurait se faire une idée du charme
indéfinissable qui vous envahit quand, dans des parages si lointains,
vous retrouvez ce que j'appellerai les impressions et comme les
parfums du sol natal. Ces plaisirs sont comme des oasis qui vous
rédiment largement des fatigues et des déceptions du plus rude
voyage.

Porto-Réal est une colonie franco-italienne, récemment fondée
et assez généreusement favorisée par le Brésil. Des terres ont été
données aux colons, qui ont reçu aussi des vivres ou de l'argent
pendant un temps plus ou moins considérable. Ils y cultivent *la
canne à sucre, le manioc, le maïs, le riz, le café, la patate,* etc.
Mais c'est la canne à sucre qui est le principal élément de culture
et la base de la richesse des colons. Le gouvernement leur avait
promis de fonder, dans le plus bref délai, une usine pour travailler
leurs produits sur place, mais il n'a pu tenir tout à fait ses
engagements. Aussi la prospérité et l'avenir de la petite colonie
étaient-ils sérieusement menacés, lorsque l'on a vu arriver deux
hommes d'une intelligence et d'une largeur de vues rares :
MM. Pailhe et Fine, de Lyon. A eux seuls, avec leurs propres
ressources, dans un pays où les matériaux de construction et tous
les objets manufacturés coûtent si cher, ils ont rapidement fait
ce que le gouvernement n'avait point exécuté. Ils ont bâti une
magnifique usine, et ils achètent aux colons la canne à sucre, à
raison de 25 francs par 1,500 kilogrammes. Broyée et exprimée,
elle fournit un jus qui est mis à fermenter dans d'immenses cuves
en bois. Les habitants commencent aussi à cultiver la patate sur
un grand pied, grâce aux sages conseils de MM. Pailhe et Fine.
Lorsque cette culture sera bien développée, l'usine, dont tous les
appareils, d'ailleurs, ne sont pas installés encore, travaillera avec
avantage ce tubercule, dont la farine sera convertie en sucre par

l'action de l'acide sulfurique concentré (huile de vitriol). Ce sucre sera mis ensuite à fermenter, comme celui de la canne. Dans tous les cas, les produits de la fermentation passent à la chaudière, et l'alcool est distillé dans de beaux appareils perfectionnés. En ne faisant fermenter que des liqueurs acides, ces messieurs sont arrivés, paraît-il, à prévenir le mauvais goût des liquides fermentés et à obtenir en outre, à un prix peu élevé, des alcools très concentrés qu'ils pourront même exporter en Europe.

Avec quel plaisir j'ai parcouru cette colonie, qui est comme une extension de la France ! Il y a beaucoup d'Italiens aussi à la vérité, quelques Suisses et un petit nombre de Belges, mais l'élément français l'emporte de beaucoup à tous égards. D'ailleurs une parfaite concorde règne dans cette famille de 1.500 à 2.000 membres environ. Il y a un instituteur public, payé par le gouvernement. C'est un Italien, plein d'habileté et de sens pratique. Comme tous les colons, il a reçu une certaine quantité de terre, indépendamment de son traitement annuel. A tout cela il joint un petit commerce d'étoffes et d'articles de Paris (?). « Dans dix ans, me dit-il, je pense me retirer en Italie, avec 35 ou 40.000 francs. »

Les quartiers sont généralement divisés par nationalités. Ici les Français, — là les Italiens, — plus loin les Belges, — d'un autre côté les Suisses. De petites vendas (*magasins*), des auberges et des cafés, sont décorés de noms pompeux empruntés à la mère patrie. Ici, c'est le café de Venise ; là, l'hôtel de Bordeaux. On se croirait en Europe et en France, surtout quand on parle avec ces braves colons. Lorsque le premier matin, à peine réveillé, j'entendis les conversations françaises du dehors, je me crus dans mon pays. Je ne sache rien de plus doux à l'âme, alors que l'immensité de l'Océan vous sépare de la patrie !

Le climat est très sain, l'air pur, un peu embrasé toutefois

pendant l'été. La fièvre jaune n'y arrive pas : le terrible fléau ne
franchit guère d'ailleurs le littoral des fleuves ou des mers.

Les oranges, les citrons, les bananes, les grenadilles et les
chirimoyas abondent dans la colonie. Il reste encore dans les environs bien des bois à défricher. Que de richesses dorment dans
ces profondeurs ! Quel sol fécond doit être celui qui nourrit et
pousse vers le ciel de tels colosses de végétation ! Que la hache
ou le feu déblayent ces larges espaces et ont les verra se couvrir
de merveilleux produits.

Un jour, comme nous finissions de dîner, j'aperçus tout à
coup, sur une poutre au-dessus de ma tête, un serpent dont les
yeux de diamant me regardaient avec une merveilleuse placidité ;
je poussai un cri et tout le monde de se lever. « Oh ! ce n'est
rien, dit M. Pailhe, ce n'est qu'un serpent. » Et en même temps,
prenant une canne fendue, il en serre le reptile par le cou, et
nous allons tous le porter en triomphe au cabinet d'histoire naturelle, pour l'embaumer dans un bocal d'eau-de-vie.

Le Brésil est le pays classique des serpents. On en rencontre
partout et plusieurs sont excessivement dangereux, surtout le
cascavel « serpent à sonnettes ». Heureusement, ils s'enfuient aussitôt qu'ils entendent marcher à la plus grande distance. Surpris
une fois dans une excursion par le cliquetis sinistre d'un de ces reptiles, j'hésitais à avancer. « Ne craignez rien, me dit M. P., voilà
le cascavel qui file de ce côté, nous n'avons qu'à passer de
l'autre. » Le danger est de les toucher endormis au milieu des
herbes, des feuilles et des racines : ils ne pardonnent jamais la
moindre blessure, ces hideux animaux. Ils s'introduisent fréquemment dans les maisons, et des voyageurs affirment avoir été
obligés, dans les hôtels, de leur faire la chasse avant de se coucher. Étranges compagnons de nuit !!!

Si vous craignez d'en avoir dans votre chambre, regardez

bien sous les tapis: c'est là qu'ils se cachent ordinairement; tenez encore votre bougie allumée toute la nuit : ils n'oseront pas bouger.

Une dame fut réveillée une nuit par un sifflement étrange. Elle se leva en sursaut et courut à ses enfants qui reposaient dans une chambre voisine.

Horrible spectacle! ses chers petits sont tout couverts de sang et plongés néanmoins dans un profond sommeil. Ils ne se réveillent qu'au bout de deux jours, pour expirer dans de cruelles souffrances.

Un jour, il y avait grande et brillante réunion dans une de ces villas enfouies, près de Rio, dans la verdure et les fleurs. Les volets à demi fermés ne laissaient entrer dans le salon qu'une pâle lumière. Une demoiselle aperçut dans un coin quelque chose de long et de brillant. Elle crut voir un ruban et alla le ramasser. Mais à peine eut-elle abaissé la main qu'elle s'enfuit en tremblant avec des cris de terreur: elle avait touché un serpent. Elle n'avait pas été piquée, mais l'impression fut horriblement douloureuse et terrifiante: trois jours après elle était morte...

Se figurerait-on, après cela, qu'il y ait là-bas des originaux qui s'éprennent d'un bel amour pour les êtres les plus hideux de la nature? Un jour, un Fluminense apporte chez lui un serpent. — « Es-tu fou ? s'écrie sa femme épouvantée. — Pas du tout! voilà le mâle, on va bientôt me procurer la femelle et j'aurai ainsi dans quelque temps une collection tout à fait rare et intéressante. » Madame X. a beau protester, crier, pleurer: comme c'est du côté de la barbe que se trouve la puissance, le monsieur en question garde son serpent et le met dans une cage dont les barreaux sont excessivement rapprochés. Le cascavel, très bien soigné, ne cessait de croître en âge et en *gentillesse*: c'était un plaisir de le voir ronger le fer de sa cage, sauter et

essayer de passer sa tête au dehors. Mais un soir, M. X. ne le
trouva plus. Grand émoi dans la maison. On se mit à fouiller partout : on chercha lontemgps, et on le trouva enfin derrière une
commode. Frappé par une gaule, le serpent se lève, et alors, tout
droit, il agite la queue et jette des regards de flamme. M. X.,
tremblant de tout ses membres, le vise cependant très bien et le
tue. Mais il est, depuis, tout à fait guéri de son excentrique passion

A Para, prétend le comte de Gabriac, on garde dans un grand
nombre de maisons des boas pour tuer des rats. On ne sait jamais
où ils sont: tantôt ils se promènent dans le grenier, tantôt ils se
prélassent sous les tapis du salon : parfois ils dorment dans la cave:
« Et ils ne font de mal à personne », ajoute le noble voyageur. —
J'en doute un peu, mais je ne les abhorrerais pas moins, ces
reptiles maudits, ainsi que tous leurs amateurs insensés...

Le temps s'écoula très rapide près de MM. Pailhe et Fine. Je
les quittai avec bien des *saudades* et je n'ai point perdu leur souvenir. Très heureux les colons de Port-Réal! leur sol est admirablement fertile et la nature y déploie de capricieuses splendeurs.
Comment ne pas s'attacher à un pays où tant de Français trouvent
la fortune avec la liberté?...

RIO-DE-LA-PLATA
MONTÉVIDÉO. — BUENOS-AYRES

Le 12 septembre, nous partons pour l'Uruguay. La mer est ordinairement calme dans cette traversée. Cependant, la veille de notre arrivée à Montévidéo, nous sommes assaillis par une tempête *carabinée*. Il règne, dans ces parages, des vents violents appelés *pampéros*. La *Junon* eut à en essuyer un assez terrible. Tout à coup un roulis extraordinaire se fait sentir. Le navire se balance à tribord et à bâbord, d'une façon désordonnée. Le pont du navire est de temps en temps balayé par des amas d'eau et la proue et la poupe semblent disparaître tour à tour dans les flots ; il faut faire des tours de force pour se maintenir dans son étroite couchette : la planche à roulis suffit à peine... A chaque instant, j'entends des craquements sinistres : ce sont des objets divers qui sont renversés, déjouant toute l'habileté des arrimeurs ; ce sont des verres, des bouteilles qui tombent, projetant de toutes parts leurs dangereux débris. Et les rires bruyants des matelots ne cessent d'accompagner ce lugubre fracas. Soudain, parmi les mugissements de la tempête, ce cri strident retentit : « Ernest a dégringolé le voilà qui a avalé sa gaffe ! » Je me précipite, j'accours, et une nouvelle explosion d'hilarité me rappelle qu'Ernest est un bœuf. Pauvre Ernest ! C'était une excellente bête ; je vois encore son œil doux et rêveur et sa mélancolique placidité, qui disaient si éloquemment son peu de goût pour la navigation et son regret du plancher des vaches !

Enfin les flots se calment avec les premières lueurs du jour, et l'orage disparaît. « Etait-ce bien là un vrai pampéro. — Pas tout à fait, répondent certains marins, ce n'était qu'un pampérino. — Pas même cela, prétend un vieux loup de mer... Tout simplement un peu de houle, un temps de *demoiselles !* » — Bien obligé! qu'est-ce donc, s'il vous plaît, que le temps de messieurs ?

Nous entrons dans le Rio-de-la-Plata : cela se voit aux eaux saumâtres de la mer. Le Rio-de-la-Plata est formé, comme on le sait, par la réunion du Parana et de l'Uruguay ; il a 40 kilomètres de largeur à son origine et 300 à son embouchure ; il y en a plus de 100 encore à Montévidéo ; on se croirait en pleine mer, et pourtant les Orientaux et les Argentins disent tranquillement... la *rivière !*

Nous voici devant la capitale de la Bande Orientale, rade peu profonde et peu sûre, terriblement dangeureuse qnand elle est agitée par un pampéro. Ne vous embarquez pas alors sur des canots car si l'on chavire et que l'on aille au fond de l'eau, on n'en revient ni mort ni vivant ; on y reste enseveli dans un suaire épais de vase. Quelques jours avant notre arrivée, l'aviso français *la Pique* perdit ainsi trois matelots dont les cadavres ne purent être retrouvés. L'un d'eux était marié. Chose bizarre et fort heureuse dans la législation maritime : la veuve reçoit la solde de son mari, dont on n'a pu faire l'acte de décès et que l'on porte toujours comme absent.

Montévidéo qui était, il y a soixante ans, un bourg de 4.000 âmes, compte maintenant plus de 100.000 habitants. C'est une ville essentiellement cosmopolite, qui présente un aspect tout à fait européen. Les rues cependant lui donnent un cachet tout particulier ; elles se coupent invariablement à angles droits, divisant la cité en *Cuadras*. On dirait d'un échiquier, — les *fous* y compris. — Je me souviens d'une saynète où Arnal voulant indiquer son adresse, disait à l'interlocuteur : «C'est bien simple, vous prenez l'escalier, vous montez au cinquième, vous suivez le couloir, vous tournez à droite, puis à gauche et vous arrivez tout au fond devant une porte sur laquelle vous lisez... *C'est ici.* Eh bien ! ce n'est pas là... : c'est dans la maison à côté. » Les indications que l'on vous donne dans les rues de Montévidéo, quand vous demandez une adresse, ne sont guère plus claires. « Allez à droite, vous dit-on, puis trois Cuadras ; — prenez à gauche, puis neuf Cuadras. » Et cela souvent ne cadre pas du tout.

La colonie française est très nombreuse et fort considérée. Tous nos compatriotes ont rivalisé d'empressement et de complaisance pour les voyageurs de la *Junon.* Pour moi, je garde un souvenir particulièrement affectueux de M. Maumus, — de Mirande, — qui est entouré là-bas de la plus sympathique estime. Je le constaste avec plaisir, mais sans surprise. On entend presque autant la langue française que la langue espagnole. « *Par donde se passa para ir a la calle de las Delicias* », demandai-je un jour à un jeune homme. — « Monsieur, je ne vous comprends pas », me répondit-il avec l'accent le plus parisien. Quelle joie vous causent ces surprises à 33 degrés au sud de l'Équateur !

Les Basques peuplent à eux seuls de grands quartiers dans Montévidéo. Ils ont une église particulière, l'église de l'Immaculée-Conception. Ce sont de rudes et habiles travailleurs, qui savent admirablement tirer l'épingle du jeu. « Pourquoi n'y a-t-il rien dans cette allée, demanda un jour Henri IV à son jardinier ? — Sire, j'y ai tout mis et rien ne peut y venir. — Plantez-y des Gascons, répliqua le roi, ils viennent partout. »

Quand la ville est plongée dans le silence et le repos, on entend soudain, à certains intervalles réguliers, une voix sonore et sépulcrale. Ce sont les *Serenos* qui crient sur un ton lugubre l'état du temps, et l'heure de la nuit. La première fois que j'entendis ces accents sombres et plaintifs, j'eus comme un frisson. N'ayant pu distinguer les paroles prononcées, je me lançai dans toute sorte d'hypothèses et de rêves et je ne pus m'endormir qu'après avoir entendu, une heure plus tard, avec les sons de l'horloge, ces mots lentement et solennellement déclamés : « *Il — fait — beau — temps, — il — est — mi — nuit !* » Très curieux, ces muezzins profanes. Ils communiquent entre eux avec une étonnante rapidité. Ainsi, qu'un sereno remarque une figure un peu sinistre, vite un coup de sifflet. Le sereno voisin, averti par ce signal, le transmet aussitôt au policier suivant et ainsi le suspect est signalé à tous les veilleurs de la ville, presque avec la célérité d'une ligne télégraphique.

Les Montévidéens, passionnés pour les combats de taureaux, aiment aussi beaucoup les combats de coqs. Les malheureux volatiles destinés aux luttes de l'arène sont soumis à un régime particulier. On leur plume la tête et le dos, on frotte alternativement les parties mises à nu d'huile et d'alcool, puis on les expose au soleil afin de les durcir et de les *insensibiliser*. Ils sont toujours attachés à un piquet et préludent aux grands combats publics par des luttes privées souvent fort sanglantes. On leur donne du vin chaud aromatisé, puis on arme leurs pattes de lames d'acier longues, étroites. et d'une excellente trempe. Singuliers gladiateurs ! Stupide coutume ! Je déplore et je réprouve, mais je comprends jusqu'à un certain point la passion pour les combats de taureaux : il y a là une lutte terrible et pittoresque : on y voit des imprévus grandioses et on y ressent de puissantes émotions ; mais comment admettre que des coqs tiennent suspendue à leurs becs et leurs éperons toute une multitude haletante... ?

Les créoles uruguéennes sont belles et ont des allures royales. — Assez instruites ordinairement, d'ailleurs, et bien élevées. Elles ne manquent jamais, dans les tertullias (soirées), d'offrir du maté. Le maté est une herbe originaire du Paraguay, qui se prépare à peu près comme le thé, mais on boit cette infusion d'une manière toute pittoresque. Le vase affecté au maté est de forme ovoïde, plus ou moins ornementé et monté sur un pied ciselé. On introduit dans l'eau bouillante une pincée de feuilles de maté et un morceau de caramel. Puis on plonge dans cette mixture la bombilla, chalumeau en verre et parfois en or ou argent, et on aspire la liqueur par petite gorgées. Je n'en ai pris qu'une fois, car, à la première aspiration, je reçus dans ma bouche un jet bouillant, qui m'incendia le palais.

Que d'agréables excursions j'ai faites aux environs de Montévidéo ! Il y a là des villas enchantées. — Ravissante entre toutes, la villa Jackson. Quels beaux jardins, quels parcs délicieux ! La feuillée crie sous les pas ; des eucalyptus centenaires, des oliviers et je ne sais quels grands arbres forment des voûtes impénétrables, d'où tombe parfois un timide rayon de soleil.

L'Université Uruguéenne est bien en décadence : elle se trouve entre les mains de jeunes avocats, que l'on accuse de manquer de science et d'éducation. Montévidéo est le pays classique de la chicane. Malheur à qui tombe entre les mains des légistes ! Pour s'épargner tout recours à *leur science*, les maisons de commerce ont établi une société qui a pour mission de régler les

différents commerciaux et industriels. — Celui qui n'accepterait
point cet arbitrage serait immédiatement mis en quarantaine.
En faisant le vide autour de lui, on l'obligerait à quitter le
pays.

L'Uruguay, trois fois moins grand que la France, ne compte que
cinq ou six cent mille habitants. La République Argentine à
l'ouest est quinze fois plus vaste et cinq fois plus peuplée; le Brésil
au nord a cinquante fois plus d'étendue territoriale et trente fois plus
d'habitants. Les Argentins, dit-on, jettent parfois des yeux de con-
voitise sur la Bande Orientale, et le grand empire Néo-lusitanien
rêve depuis longtemps de faire du Rio-de-la-Plata un Rhin brésilien. La concorde seule peut sauver l'Uruguay. Mais les guerres
civiles et l'anarchie politique et sociale y sont trop fréquemment
à l'ordre du jour. Le pouvoir est maintenant entre les mains de
Latorre, un soldat heureux qui, sous le titre de gouverneur provisoire, exerce une autorité absolue. Régime plein de périls, mais
parfois nécessaire au salut d'un peuple. « Quand Latorre s'est
emparé du pouvoir, me disait un libéral convaincu, le brigandage
avait tellement épouvanté les campagnes que l'on se méfiait de
tout inconnu. On ne pouvait s'approcher d'une maison sans se
faire connaître à une certaine distance, ou bien l'on était reçu à
coups de fusil. Le gouverneur provisoire nous a délivrés de tous
ces *Caudillos* « chefs de partis », et de tous ces malfaiteurs qui
infestaient le pays. Voilà un mérite que je suis forcé de lui reconnaître et qui m'inspire beaucoup d'indulgence. »

Les vapeurs mettent environ dix heures pour aller de Montévidéo à Buenos-Ayres. La rade est peu profonde, ce qui oblige les
grands paquebots à mouiller à huit ou neuf milles. Les canots
de passage eux-mêmes ne peuvent aborder tout à fait au rivage.
Aussi doit-on se transborder sur des charrettes monumentales qui
vont chercher les voyageurs dans l'eau, jusqu'à un kilomètre de

la plage. Très originale et très pittoresque cette course maritime...
en voiture.

La ville de Buenos-Ayres ressemble beaucoup à celle de Montévidéo, mais elle a beaucoup plus d'importance, — 200.000 habitants. Elle reflète, d'une manière frappante, comme Rio-de-Janeiro,
les traits caractéristiques des grandes cités de l'Amérique Septentrionale. Les rues sont presque aussi animées que celles de New-
York. Les gens marchent et courent avec un air affairé et inquiet.
Partout l'image de la préocupation commerciale, de l'agitation
financière. La capitale de la République *Argentine* est une capitale
d'*argent*. Banques et banquiers partout, — banquistes en bien des
endroits. — Pêle-mêle de gens, tohu-bohu d'affaires, commerce
et industrie, fortunes et faillites, « l'activité dévorante » dévore
tout le monde.

J'y ai trouvé, comme à Montévidéo, les Pères de Bétharam. Ils
sont chargés du service du culte à l'église Saint-Jean, où les
Français vont retremper leur âme dans l'amour de la religion et
le souvenir de la patrie. Ils dirigent aussi, à l'extrémité septentrionale de la ville, le magnifique collège de Saint-Joseph. Ils y
ont obtenu de bonne heure d'éclatants succès, et aujourd'hui
l'Université et les diverses administrations s'honorent d'hommes
qui ont puisé dans cette pieuse maison leur science, leur sagesse
et leur patriotisme.

A quelques lieu de Buenos-Ayres, au sud et à l'ouest, commence la *Pampa*, cet Océan grandiose de verdure. Aux limites toujours reculées de la civilisation habite le Gaucho. Celui-ci,
passionné pour le cheval, ne quitte jamais cet auxiliaire obligé de
ses courses et de ses travaux. Il se sert avec une merveilleuse
habileté du lazo et des bolas. Le lazo, d'origine indienne, est
une longue corde de cuir terminée par un nœud coulant. Les
bolas sont de petites sphères couvertes de cuir et attachées l'une

Buenos-Ayres. Place du Parc (p. 172)

à l'autre par une lanière longue d'environ 9 à 12 pieds. Le Gaucho les jette avec une telle dextérité qu'il attache l'homme à son cheval, et lorsqu'il va à la chasse, il les lance de manière que la corde s'entortille deux fois autour du cou de l'animal et que les bolas viennent pendre entre ces cuisses, ce qui permet de l'abattre avec une extrême facilité. C'est ainsi que périt l'infortuné *Conquistador* de Rio-de-la-Plata, Juan Dias de Solis, et cette arme terrible a fait souvent, pendant la guerre de l'Indépendance, l'effroi des marins et des soldats.

Je voudrais m'étendre longuement sur le Gaucho, ce type étrange, né du mélange du sang espagnol et du sang indien. Je parlerais volontiers de l'industrie pastorale dans les pampas, de l'usine célèbre de Liebig, de la traversée des Andes, faite par deux de nos voyageurs, que mon excursion à Asul, à Palerme, à l'archipel fluvial du Tigre et de tant d'autres choses qui, à des titres divers, ont plus ou moins piqué ma curiosité ; mais l'espace me manque. Je finis à regret et je cours à d'autres parages.

DÉTROIT DE MAGELLAN

La *Junon* quitta Montévidéo le 27 septembre pour gagner les régions antarctiques. Après une navigation assez calme et sans incident digne d'être signalé, nous arrivons au *cap des Vierges*, à l'entrée du fameux détroit de Magellan. C'était le jeudi 3 octobre, à six heures du matin. Il fait froid et tout le monde a déjà endossé ses plus chauds habits d'hiver. Les côtes de la Patagonie sont basses et sablonneuses.

Nous pénétrons bientôt dans un *goulet*, passage étroit de dix milles de long et deux milles de large, difficile et semé de hauts-fonds dangereux ; il est bordé de falaises derrière lesquelles s'élèvent d'assez hautes collines. Le détroit de Magellan paraît comme un ravin par lequel les eaux de la mer semblent s'être frayé un pénible passage. Il est aussi irrégulier dans sa profondeur que dans sa largeur et sa direction. Les îles de la Terre-de-Feu ont jadis, sans doute, fait partie du continent : leur sol volcanique, leurs roches escarpées, leurs côtes brusquement coupées, les canaux étroits qui les séparent et enfin la forme de leur contour extérieur, tout semble prouver qu'elles ont été violemment séparées de la terre ferme et qu'elles ont ensuite été morcelées par les envahissements de l'Océan ou de grandes insurrections volcaniques. Semé d'îlots et de récifs, traversé par des courants contraires et des vents variables et impétueux, ce détroit offre bien des dangers au navigateur. Aussi ne peut-on voyager qu'à *petites journées*. Il faut mouiller chaque soir pour ne point s'exposer à se briser à tout instant contre les rochers.

Vers sept heures, nous apercevons un village d'un aspect assez triste, mais, tout autour, le paysage éclairé par les derniers rayons du soleil couchant offre un certain caractère de sauvage grandeur. C'est *Punta-Arenas* ou Sandy-Point, comme l'appellent les Anglais. Nous jetons l'ancre dans la rade, qui est excellente et bien abritée des vents dominants de l'ouest et du sud-ouest.

Punta-Arenas est une colonie de convicts du Chili, c'est le seul point du détroit où l'on se trouve en contact avec le monde civilisé. Des huttes ou maisonnettes en bois composent la petite ville, qui s'étend sur une montagne en pente douce jusqu'à la mer. Les arbres sont rabougris, le paysage inspire la mélancolie et la tristesse. L'habitation du gouverneur et l'église sont aussi en bois. Quel courage pour habiter cette bourgade ! Et pourtant on y trouve quelques étrangers et même des Français au nombre de soixante environ :

Auri sacra fames !...

Nous avons rencontré un de nos compatriotes qui, victime sans doute de quelque liqueur perfide, contemplait la grève avec une béate admiration, scandant à tous les échos cette mélopée lamentable : « Mon Dieu ! laissez-moi mourir en Pa-pa — ta-ta — ta-ta en Patagonie ! »

C'est depuis 1843 que le Chili fait flotter son drapeau dans la rade de Sandy-Point, pour affirmer et proclamer ses prétentions ou ses droits à la triple possession du détroit, de la Patagonie et de la Terre-de-Feu, contre la République Argentine, qui en revendique aussi la souveraineté. Quel est le maître véritable et légitime de ces contrées désertes ? C'est là, entre les deux États, l'objet d'un grand litige. De part et d'autre, c'est un feu croisé et incessant d'écrits et de discours où parfois la logique brille moins que la violence. J'ai bien étudié les arguments contradictoires dans des documents sérieux [1], mais je n'aurai pas toutefois la témérité de trancher la question :

Nos nostrum inter vos tantas componere lites.

La querelle est, pour le moment, assoupie, mais le moindre incident peut la réveiller. Cependant une guerre sérieuse entre les deux pays ne me paraît guère à craindre. Il est très facile de se lancer à travers les Andes des provocations sonores et des menaces retentissantes, mais il l'est beaucoup moins d'en venir aux mains, et les deux États redouteraient également cette éventualité. Où s'atteindraient-ils d'ailleurs ? Leurs armées n'oseraient s'engager dans les défilés des Cordillères et leurs vaisseaux auraient soin sans doute de se fuir : ce serait de la prudence et du bon sens. Car le litige a-t-il une réelle importance et mérite-il toute l'attention et toutes les passions qu'il provoque là-bas ? Ce n'est guère vraisemblable. La colonie de Punta-Arenas, en effet, ne paraît point avoir d'avenir. D'abord les vapeurs qui y passent n'ont nul besoin d'y faire des provisions ; on les prend à Montévidéo ou à Valparaiso. Ensuite, — et c'est ici la raison principale, l'argument décisif, — le détroit de

---

[1] *Buenos-Ayres,* par Émile Dayreaux, et la *Question des limites entre le Chili et la République Argentine,* par Carlos Morla Vicuno.

Magellan perdra évidemment toute importance après le percement de l'isthme de Panama. Le jour est sans doute peu éloigné où l'océan Atlantique et l'océan Pacifique mêleront victorieusement leurs eaux par le canal de l'Amérique centrale. Alors c'en sera fait du fameux détroit de Magellan. Il sera traversé encore par quelques bâtiments faisant le commerce entre la Plata et le Chili, mais il ne sera plus, comme aujourd'hui, une grande route de navigation. Il restera un des points les plus intéressants et les plus pittoresquement grandioses du globe, il sollicitera les curiosités de la science, l'histoire en fera maint récit, la poésie dira parfois son nom et, à ces titres, il recevra de loin en loin, je n'en doute pas, la visite de quelque yacht privilégié comme le *Sumbean* à bord duquel la famille Brassey, de Londres, a récemment fait le tour du monde. Mais ce sera tout... Jusque-là néanmoins la colonie chilienne peut végéter et arriver même à un certain degré de prospérité : quelques colons habiles et énergiques peuvent arriver à une petite fortune avec le commerce de la pelleterie. Les Patagons vont, en effet, deux ou trois fois à Punta-Arenas pour échanger des plumes d'autruche, des peaux de guanacos et d'autres animaux contre du tabac, du tafia, etc.

Cependant, si la portée de ce litige a été exagérée, il serait peut-être injuste d'en nier *absolument* l'importance. Qui sait si, dans un avenir plus ou moins lointain, la civilisation ne fera pas, dans ces déserts, son entrée triomphante ? Peut-être des explorations sérieuses amèneront-elles la découverte de grandes mines de fer, d'or ou d'argent... Que serait-ce surtout, si le rêve étrange et célèbre de M. Pertuiset devenait une réalité et qu'une expédition plus heureuse que la sienne vînt à découvrir le fameux *Trésor des Incas à la Terre-de-Feu* [1] ?

---

[1] Voy. le curieux livre qui porte ce titre.

Les Patagons, je le répète, vont plusieurs fois par an à Sandy-Point pour faire des échanges. — Il n'y en avait aucun lors de notre passage, mais nous pûmes recueillir sur leur compte des renseignements aussi sûrs qu'intéressants. — Presque toujours à cheval, ils se servent du couteau et de la bola avec une merveilleuse dextérité. Ils ont aussi des flèches empoisonnées *qui tuent tout bas* ; pour tout abri, des tentes faites avec des peaux de vieux guanacos soutenues par des perches. Ils ont conservé, pour l'ensevelissement de leurs morts, les étranges habitudes des premiers Indiens. — Cette pensée fait frémir, craignant que les membres ankylosés par l'âge ne se raidissent trop après la mort, on revêt le vieillard agonisant dans son linceul et on l'attend à rendre le dernier soupir, au milieu d'affreuses douleurs. On dépose avec le mort ses armes, ses instruments et des poissons ou d'autres aliments pour *le long voyage* [1].

Les Patagons ont une haute et belle stature, qui a été cependant fort exagérée par divers voyageurs. On connaît, à cet égard, les contes de Magellan et ceux du chevalier Cavendish, dont on a depuis longtemps fait justice. Les renseignements que j'ai recueillis à Buenos-Ayres, à Punta-Arenas et au Chili me permettent d'affirmer que leur taille ne dépasse guère 1 m. 80. « Ce qui distingue surtout les Patagons des autres Américains et des Européens, dit Alcide d'Orbigny, ce sont les épaules larges et effacées, un corps robuste, des membres bien nourris, des formes massives et tout à fait herculéennes. Leur tête est grosse, leur face longue et carrée, leurs pommettes un peu saillantes, leurs yeux horizontaux et petits. »

« Ils vivent du produit de leurs chasses, du brigandage et de l'élève du bétail, telle que la pratiquent les peuples nomades. Très

---

[1] Voy. Émile Dayreaux, ouvrage déjà cité.

susceptibles et très vindicatifs, ils aiment les fureurs de la *vendetta*.
Quand ils sont à Punta-Arenas, afin de faire leurs transactions
commerciales, on les dépouille de leurs armes jusqu'à leur départ. —
Le tafia fait leurs délices, et, tant que dure celui qu'ils achètent
à Sandy-Point, ils se livrent à tous les excès de l'ivresse. Leur
caractère cependant, quand nulle excitation étrangère ne l'irrite,
paraît naturellement doux et même généreux.

« On m'a raconté qu'il y a quelque temps, la fille d'un riche
banquier de Valparaiso se rendait à Buenos-Ayres par le canal
de Smith, dans le détroit de Magellan, lorsque le navire qui la
portait fit naufrage en touchant sur un récif. Elle échappa mira-
culeusement à cette catastrophe et parvint à gagner la terre, où,
à peine arrivée, elle se vit entourée par une troupe de Patagons.
Le chef s'empara d'elle et l'emmena dans l'intérieur du pays. Pendant plusieurs années, le père au désespoir fit faire, pour retrouver
son enfant, mille démarches infructueuses. Enfin on la découvrit
dans la demeure du Patagon, son ravisseur, cacique influent dont
elle était devenue la femme et à qui elle avait donné deux enfants.
Malgré toutes les sollicitations et toutes les prières, elle refusa
de quitter son mari. Le gouvernement chilien adressa à ce sujet
des instructions au gouverneur de Punta-Arenas, qui fit venir le
cacique et lui ordonna de ramener cette femme à la colonie. —
Volontiers, répondit le Patagon sans s'émouvoir, mais à une condition : c'est que celle-ci consentira.

« Le gouverneur le fit accompagner par trois fonctionnaires
jusqu'à sa demeure, et la fugitive déclara formellement qu'elle ne
se séparerait jamais de son époux. Elle se trouvait si parfaitement
heureuse que la douleur de son père inconsolable ne la toucha
point[1]. »

____

[1] E. Pertuiset.

Le vendredi matin 4, nous quittons la baie de Sandy-Point. A partir de là, le paysage commence singulièrement à s'embellir. Nous voilà bientôt devant la pointe avancée de Santa-Anna.

> De superbes arbrisseaux et des arbres mouvants,
> Dont la cime obéit à l'haleine des vents,

en recouvrent l'extrémité et semblent, sous les divers souffles qui passent, murmurer et gémir comme une éternelle prière sur des tombeaux déserts ; c'est là, en effet, que se trouvait autrefois le cimetière de Port-Famine et on y voit encore des grilles et autres vestiges de tombes. Puis nous longeons le mont San-Felipe. Pedro Sarmiento, luttant contre l'Anglais Drake, qui allait se venger des Espagnols jusqu'aux extrémités du monde, établit là une colonie, à laquelle il donna le nom de Philippeville (1584); mais l'insuffisance des ressources et les envahissements des Indiens ne tardèrent pas à la détruire.

Le *Nassau*, vaisseau de guerre anglais, a fini, en 1868, les travaux hydrographiques du détroit de Magellan, commencés en 1826-1832 par MM. King et Fitzroy, sur les vaisseaux *Adventure* et *Beagle*. C'est là que ces deux illustres officiers avaient placé leur observatoire, dans un coin que marquait autrefois un tronc d'arbre. Il a depuis longtemps disparu, mais les cartes marines en indiquent la position approximative. Ils y établirent aussi un poste bien étrange (*post-office*). C'était une simple boîte clouée sur un arbre. Tous les navires qui passaient là s'arrêtaient, paraît-il, pour prendre et mettre des lettres. Bougainville, dit-on, y jeta pour le ministre de la marine des missives qui arrivèrent à leur destination. Le système était pourtant trop primitif et la régularité du fonctionnement devait laisser beaucoup à désirer.

Le service postal à Punta-Arenas, un peu mieux organisé, est loin cependant d'atteindre à la perfection. Se figurait-on qu'il n'y a point de timbres-poste? Nous voulûmes presque tous envoyer en Europe quelques lettres datées de la *bourgade la plus méridionale du globe*, mais nous fûmes désagréablement surpris quand le fourrier de la *Junon* nous apprit qu'il n'avait pu les affranchir. — Cela dut rendre doublement *chères* nos visites épistolaires.

Cap San-Isidro à tribord! Paysage imposant! Le sommet des montagnes dort sous la neige, et leurs flancs, sous les arbres qui les couvrent jusque sur les bords de la mer, semblent drapés dans un immense manteau de sombre verdure.

A 10 heures, nous passons devant le cap Froward ou Forward, le point le plus méridional du continent américain (environ 55° lat. S. et 74° long. O.). C'est un promontoire gigantesque s'élevant à pic de la mer, une masse informe et imposante qui, s'avançant brusquement, semble se pencher jour et nuit pour plonger un regard curieux et menaçant sur les ondes et crier aux navires qui passent *Téméraires, tremblez!* Sur ses falaises la lame se brise avec des éclats et des bruits sinistres et le vent hurle dans les cavernes de ses flancs.

> Les arbres étendent, sous ce ciel attristé,
> De leurs rameaux ternis la triste nudité.

Quelquefois un tournoiement d'ailes frémit dans l'air, l'oiseau fuit à travers le brouillard sous la grêle qui tombe. Et la mer, que secoue la fureur des rafales, paraît se fermer tout d'un coup, et l'on dirait qu'une catastrophe va anéantir le bateau assez audacieux pour s'aventurer dans ces parages. Aussi je ne m'étonne point que les matelots de Magellan y aient été saisis de frayeur et que le célèbre navigateur ait eu tant de peine à briser leur résistance : ils marchaient avec colère parce qu'ils croyaient marcher à la mort.

A partir du cap Forward, le canal se rétrécit et on aperçoit

assez distinctement les accidents les plus détaillés des deux rives.
A chaque instant, spectacles nouveaux : rochers nus, montagnes
boisées, pics nombreux et fantastiques formant comme un archipel aérien, échancrures bizarres, baies délicieuses comme la baie
Fortescue et la baie *Élisabeth*, des îlots comme les îles *Charles*
et mille autres merveilles.

Nous voilà entrés dans l'*English Reach*, goulet étroit où se
sont perdus tant de navires. Mais l'habile direction du capitaine
ne nous permet pas de penser au danger, et c'est avec un enthousiasme sans mélange de crainte que nous contemplons les montagnes gigantesques qui nous cernent, et dont un soleil brillant
fait admirablement resplendir les cimes neigeuses et les glaciers
étincelants.

Vers quatre heures et demie, nous mouillons à la baie *Swalow*
(baie des Hirondelles), sur la *Terre de la Désolation*. Elle tire son
nom du navire qui la visita pour la première fois, en 1767, sous
le commandement de Carteret. Merveilleusement abritée par de
hautes montagnes, elle est aussi sûre que gracieuse. Tous les
voyageurs se précipitent à terre, l'arme au bras. Nous pénétrons
dans de petits bois aux arbres verts, mais rabougris. Le sol
détrempé par la fonte des neiges est couvert de mousse et de
lichens, et on y enfonce comme sur une plage maritime. Bientôt,
on entend des coups de fusil qui font une véritable hécatombe
d'oies et de canards sauvages.

Au flanc d'un rocher escarpé, roule en grondant une jolie cascade, et, au pied, un petit lac qui reflète les hauteurs voisines
dans le clair saphir de ses eaux. Le soleil disparaît à l'horizon et
fait resplendir d'un dernier rayon la neige des collines et l'azur
des flots. Et là-bas, dans la baie, la *Junon*, — avec son drapeau
français, agité par une légère brise, — nous rappelle la famille
absente et la patrie que notre imagination voit dans de fabuleux

lointains... Rien ne trouble le silence de la Terre de la Désolation que le bruit du petit torrent et le léger mugissement de la mer qui déferle sur les galets. C'est un spectacle imposant, et l'on sent son âme s'ouvrir à de pieuses impressions et son cœur s'épanouir dans des sentiments mystérieux. Comment, en présence de cette silencieuse majesté, ne point voir et adorer l'Infini !...

A neuf heures, un punch est servi en l'honneur d'un officier dont on célèbre la fête. Un petit concert rapidement organisé fait résonner les échos des montagnes, et des lanternes vénitiennes projettent au loin des gerbes de lumière sur ces noires solitudes. Jamais, sans doute, pareille fête n'avait égayé ces parages. La *Junon* porte pour un instant le mouvement, le plaisir et la vie dans la Terre de la Désolation. Le bruit, l'agitation et le bonheur animent un moment le séjour du silence et de la mort !...

Le lendemain, samedi, à cinq heures du matin, nous quittions la baie Swallow. Le spectacle que nous eûmes cette journée ne fut pas moins beau et moins imposant que celui des jours précédents. Des glaciers, des montagnes bizarres, des anses s'enfonçant dans le roc, comme des canaux ou des rivières, etc., etc. Vers dix heures, nous étions devant le cap *Tamar* aux masses informes et enchevêtrées.

UN LABYRINTHE GRANDIOSE

La côte occidentale de la Patagonie, se terminant brusquement comme une muraille gigantesque, est échancrée par des baies profondes et se brise irrégulièrement pour former un grand nombre d'îles et d'îlots, de golfes et de canaux, qui rappellent, jusqu'à un certain point, la configuration des côtes de la Norvège. — Voilà les fameux *Canaux latéraux!* Labyrinthe grandiose de goulets, de passes étroites, de rochers, de bassins, dédale effrayant pour le marin, mais bien séduisant pour le touriste, pour l'amant des splendeurs de la nature, car il est plein de sauvage magnificence, d'écrasante grandeur et vraiment unique sur le globe. La frégate française l'*Astrée* l'a traversé avec succès en 1869, sous le commandement de l'amiral Cloué, mais combien d'autres steamers s'y sont perdus ! C'est ici surtout que l'œil du marin doit être prompt et sûr : les cartes marines sont incomplètes et ne suffisent pas. Ce n'est pas tout que de fixer la route, comme en plein Océan, le capitaine est obligé de rester presque toujours sur la passerelle, afin d'éviter les nombreux écueils dont ces parages sont parsemés. Mais cette tâche difficile ne semble qu'un jeu pour un habile marin comme M. Biard. Aussi nous voilà engagés, sans l'ombre d'une inquiétude, dans le *Canal Smith*, entre la *Terre du roi Guillaume IV* et l'*Archipel de la reine Adélaïde*. Il n'a qu'un mille à un mille et demi de large. Nous remarquons particulièrement la *baie des Glaciers*.

Vers quatre heures, nous voyons une barque se diriger rapidement vers nous. Ceux qui la montent agitent bruyamment des peaux et d'autres objets et nous font force signes, auxquels nos mouchoirs répondent. Voici enfin la curieuse pirogue. Habitants de la Terre-de-Feu, salut !...

Douze individus ! hommes, femmes, enfants... et chiens ; et ceux-ci ne sont pas les moins propres de la troupe. Tout cela s'agite, grouille, rit et crie dans la sale pirogue. Ils y entretiennent du feu constamment allumé et isolé du bois de la barque par une épaisse couche de sable. Ils ne connaissent pas les allumettes, mais ils enflamment, par le frottement de deux pierres ou de deux morceaux de bois, un duvet végétal très léger qu'ils portent avec soin dans un sachet. La frêle embarcation est très grossièrement fabriquée avec une infinité de planches qui la protègent insuffisamment contre l'envahissement de l'eau : aussi voit-on une ou plusieurs femmes toujours et exclusivement occupées à la vider. En nous abordant, ils éclatent en cris de joie bizarres et se démènent avec une folle impétuosité. L'un présente une peau d'autruche, de guanaco, etc., l'autre, une flèche ; celle-ci des coquillages, celle-là des plumes, et ainsi cette petite embarcation devient le théâtre de la scène la plus drolatique et de l'agitation la plus étourdissante et la plus insensée. « *Nayanaya !...Carac, carca !—*

Naya, carac!.... » vocifèrent-ils, et en même temps ils nous lancent leurs marchandises, prenant en échange du pain, du biscuit, de l'eau-de-vie et surtout du tabac, qu'ils paraissent très
bien connaître et passionnément rechercher. Point d'argent, cela
va sans dire, dans ces curieuses transactions. Qu'en feraient ces
sauvages dans des régions désertes, sans aucune relation avec le
monde civilisé. Le marché paraissait fini, quand une vieille
hideuse aperçoit encore une jolie petite peau sur les épaules d'un
enfant de trois ans : elle la lui enlève brusquement et la jette à un
passager pour un paquet de tabac. Dire leur jubilation et leur
bruyante allégresse durant ces transactions est chose impossible. Ils
nous saluent, ils nous tendent les mains, ils rient et crient sans
cesse : *Naya, naya ! Carac, carac !*

Naya !... Carac ! Qu'est-ce que tout cela peut vouloir dire ?
Voilà tous les sons articulés qui sortent de leur bouche ! Ils nous
offrent des peaux de jaguar : *Naya* ! Ils vous demandent du tafia :
Carac !

Et puis nous filons et ils hurlent encore : « *Naya ! naya ! Carac !
carac !* »

Y a-t-il, dans le monde, des sauvages inférieurs aux Fuégiens ?
Je ne le crois pas ; peut-être même n'y en a-t-il pas qui rappellent moins l'homme. Des marins qui ont parcouru tous les pays
et navigué sur toutes les mers, m'ont affirmé qu'il n'existe point
de peuplade aussi arriérée et aussi abjecte. Darwin fait de leur
état moral un épouvantable tableau, et il n'y a là, malheureusement,
rien d'exagéré. Les Canaques, les sauvages de l'Amérique du
Nord, ceux de la Nouvelle-Zélande et tant d'autres sont plus ou
moins intéressants ; ils donnent parfois des preuves curieuses
d'une intelligence naturelle ; leurs barques sont élégantes... Mais
les Pêcherais ont l'air hébété, les allures stupides et les mouvements désordonnés. Leurs barques, généralement, au lieu d'être

creusées dans le tronc d'un arbre avec des formes gracieuses, se composent tout simplement de planches grossièrement reliées les unes aux autres par des lianes ou des nerfs d'animaux. Au lieu de jolies pagaies, ils ont, pour les mettre en mouvement, de grossiers avirons qui ressemblent à des perches et qui consistent en branches d'arbres, à l'extrémité desquelles on a attaché un plus large morceau de bois. On ne rencontre les Fuégiens qu'à partir du cap Forward ; ils vont jusqu'au golfe de *Penas*, c'est-à-dire jusqu'à la sortie des Canaux Latéraux.

Nous fûmes frappés de la rapidité extraordinaire avec laquelle ils se précipitèrent à notre rencontre. Leurs mouvements étaient si brusques et si désordonnés que l'équilibre de la barque était souvent compromis. A chaque instant, nous nous attendions au plaisir de les voir chavirer et nager alors dans l'eau, qui est leur second élément.

Leurs chiens ne sont pas des animaux de luxe : ils s'en servent fort utilement pour prendre du poisson. Ils les jettent dans l'eau, à l'entrée d'une crique, afin que leur agitation violente pousse les poissons vers le rivage.

Eux-mêmes alors se lancent dans la mer, les harponnent avec une adresse merveilleuse, et les lancent aux femmes sur la plage. Il y a beaucoup de poissons dans le détroit et dans les Canaux Latéraux : on les appelle *pékarés*, et ils constituent, avec les moules et les masoquins, la nourriture principale des Fuégiens. Ceux-ci vivent presque toujours sur l'eau ; parfois cependant ils vont chasser à terre avec des flèches habilement décochées. Ces flèches ne sont autre chose que des baguettes très bien empennées et terminées par un morceau de verre ou un caillou ; la corde de l'arc est un boyau tordu et séché. Ils habitent, quand ils sont à terre, des trous grossièrement creusés dans le sol.

Des steamers sont passés par là sans rencontrer un seul de

ces sauvages. Mais ils arrivent par centaines, dit-on, lorsqu'ils ont une chance favorable d'attaquer des embarcations, un petit yacht ou des naufragés.

Ils ont une taille ordinaire, les pommettes saillantes, les lèvres assez fortes, la poitrine proéminente, le nez épaté, les cheveux noirs et en désordre, coupés seulement sur le front. Il ne faut pas les confondre avec les Patagons, dont j'ai déjà parlé. Ceux-ci, je le répète, sont de beaux hommes, vivant par tribus et occupant un territoire immense, où ils trouvent leur subsistance dans la chasse.

Les Fuégiens sont-il anthropophages? C'est une question controversée.

Certant....... et adhuc sub judice lis est.

.   .   .   .

« La faim, c'est le meurtre. »

Les Pêcherais ont-ils quelque idée religieuse et connaissent-ils au moins ou soupçonnent-ils seulement l'existence d'un être suprême? Je l'ignore, mais j'ai remarqué du moins chez eux une grande puissance d'imitation. Aussi ne suis-je pas surpris des lignes suivantes du capitaine Marceau: « Le silence religieux, les décorations de l'autel, le prêtre en habits sacerdotaux, tout les étonnait, mais ils parurent surtout dans l'admiration en entendant chanter le *Veni Creator*, l'*Ave Maris Stella* et les litanies des Saints que l'on adressait au Seigneur pour attirer sur eux la grâce d'une prochaine conversion au catholicisme. Comme ils ont une facilité remarquable à répéter avec précision les mots qu'ils entendent prononcer, ils chantaient avec les assistants: *Ora pro nobis*. Un des missionnaires qui se trouvaient à bord leur montra un grand crucifix et leur apprit à chanter sur le ton de l'*Ora pro nobis* les noms sacrés de Jésus et de Marie. Ils semblaient comprendre qu'il y a quelque chose de surnaturel dans la croix. Plusieurs fois ils tombèrent à genoux devant elle et pendant près d'une heure ils chantèrent, sans se lasser, *Jésous-Maria*. »

Cela prouve que l'on pourrait peut-être les civiliser et les convertir au christianisme. Mais où est le gouvernement qui voudra jamais, dans ce but, faire le moindre sacrifice pour favoriser de pieuses expéditions ? Qu'on le trouve et j'assure que les missionnaires catholiques ne manqueront pas.

Vers cinq heures nous entrons dans la baie de l'*Isthme* pour y passer la nuit. Malgré la pluie nous descendons à terre et nous allumons un grand feu sur le rivage. Sur un tronc d'arbre élevé nous trouvons, cloués, six liteaux portant le nom de divers bateaux avec la date de leur passage.

Quel profond désert, pour que les navires y déposent ainsi leur carte de visite! Nous y avons aussi laissé la nôtre, et les nouveaux explorateurs de ces solitudes sublimes pourront y lire le nom de la *Junon* gravé en caractères gigantesques, sur un arbre du rivage.

Une autre surprise nous attendait. Vers onze heures de la nuit je fus éveillé par un branlebas général.

Hurrah ! hurrah ! s'écriait-on de tous côtés *Hurrah ! hurrah !* Les Fuégiens sont là !

Et tout le monde de se lever, de courir et de s'agiter sur le pont comme pour un combat. Je n'eus garde moi-même de négliger cette occasion de faire plus ample connaissance avec les hôtes sauvages des Canaux Latéraux. C'étaient ceux-là mêmes qui nous avaient accostés à quatre heures; ils nous avaient suivis depuis lors avec un courage étonnant; les malheureux avaient dû parcourir, pour nous rejoindre, plus de quarante milles avec leur petite pirogue. Cette fois, enfin, je puis les voir et les étudier de près. On les fait monter et on les introduit dans le salon de l'arrière. Et les voilà se prélassant tous sur des canapés devant un vrai balthazar. On leur sert en abondance du vin, du pain, des sardines, de la viande. Quelle aubaine! Ils se tiennent presque couchés sur leurs assiettes qu'ils protègent de leur bras étendus. Comme l'animal qui mange, ils craignent l'animal voisin. Quel appétit! mon Dieu, et quelle gloutonnerie! Quelle orgie de sardines! Cinq ou six à la fois! le maître-coq épouvanté regarde les assiettes même avec stupeur. C'est prodigieux! On ne saurait se faire l'idée d'une pareille puissance d'ingurgitation. Et pendant près d'une heure leurs fortes mâchoires fonctionnent avec cette incroyable voracité. On en a habillé un de pied en cap avec des vêtements excellents dont on lui a fait cadeau, il ne se reconnaissait plus.

On ne vit jamais.
Homme plus stupéfait.

Il se regardait tout ébahi et presque effrayé et tous de s'écrier en le contemplant: *Naya, naya! Carac, carac!*

On leur montre une glace; ils la prennent, la tournent, la retournent dans tous les sens. *Naya, carac!* L'un d'eux, en s'y mirant, tire une langue formidablement longue et lui imprime les évolutions les plus drôles. Enfin après mille et une grimaces, ils rendent le miroir avec un petit air de dédain qui semble dire: « Pas si bêtes ! Nous en avons vu bien d'autres. *Naya, naya !* »

Ils semblent plus surpris par les figures des matelots qui apparaissent dans l'ombre, derrière les vitres du salon. A chaque instant, ils regardent de ce côté avec une visible préoccupation ; ils ont l'air peu rassuré. *Naya, naya!...* Prenons garde!...

M. de Saint-Clair se met au piano. Après avoir écouté un moment avec une silencieuse attention, ils commencent à soupirer un petit bourdonnement étrange qui ne manque pas de douceur. Puis à mesure que la musique devient plus animée, ils mettent plus de vivacité dans la voix. Ils s'approchent enfin de l'instrument et, après une courte hésitation, posent sur le clavier leurs lourdes mains et lui font, à coups de poing, crier les plus affreuses cacophonies. Et après cet exploit, ils prennent l'air le plus fièrement triomphant: *Naya naya!* Oui, oui, très bien !

M. de Saint-Clair reprend le piano et, précipitant la mesure, joue une brillante polka. Les Fuégiens n'y tiennent plus, ils sont saisis d'un frénétique enthousiasme. *Naya, naya, Carac, Naya, naya...* hurlent-ils de toute la force de leurs poumons. Et voilà alors les passagers et les Pêcherais qui, poussés par un vent de folie, se donnent la main et se mettent à sauter et à danser des rondeaux insensés.

— Qui sait si ces ballets sauvages n'ont pas une signification autant et plus que les danses européennes ? Peut-être les Fuégiens figurent-ils dans ces pantomines leurs jeux, leurs passions et leurs croyances !...

Un missionnaire anglican s'est établi depuis plusieurs années, paraît-il, à l'extrémité de la Terre-de-Feu, mais il n'a obtenu aucun résultat. Tous ces sauvages vivent donc à peu près comme des animaux sous le rapport religieux et moral. Il y a des peuples, je le répète, dont la sauvagerie est empreinte d'un certain cachet d'intelligence et de grandeur. Il n'en est pas ainsi de celui-ci, l'un des plus bas et des plus dégradés du globe. Qui sait s'il sortira jamais de ce triste état et s'il n'est pas fatalement condamné à croupir toujours dans cette abjection, comme pour porter un éternel défi à la raison et à l'humanité !...

Le lendemain, nous partîmes de bonne heure pour jouir encore des spectacles les plus ravissants. La messe fut célébrée sur la dunette, qu'on avait gracieusement ornée de branches d'arbres et de feuillage. Je ne pus me défendre d'une profonde émotion, en songeant qu'alors pour la première fois sans doute le saint sacrifice était offert dans ce pays désolé.

Le commandant nous fit une bien agréable surprise... Au lieu de ne s'arrêter qu'à la nuit, il mouilla vers deux heures pour nous permettre de faire une excursion sur la terre de Patagonie. *Puerto-Bueno*, où nous jetâmes l'ancre, est un grand et joli bassin. Les montagnes qui l'entourent sont couvertes de forêts presque inextricables. Nous y avons fait cependant des courses dont la fatigue a doublé l'âpre plaisir. Arrêtés sans cesse par des ravins, par des broussailles épaisses et des tourbières tremblantes, nous n'avançons qu'avec une extrême lenteur. Tout à coup au fond d'une vallée, nous apercevons sur un grand espace toute une forêt d'arbres blancs et desséchés. Rien ne saurait rendre la tristesse de ce curieux paysage. Et à côté la nature féconde en contrastes a placé un joli lac aux ondes brillantes et limpides qui portera désormais le nom de *lac d'Aunet* que lui a donné le commandant en l'honneur de sa mère, illustre écrivain et célèbre voyageuse. La vie à côté de la mort ! Que sont ces arbres lugubres ? Y a-t-il longtemps qu'ils présentent cet aspect, et jusques à quand opposeront-ils aux vents de ces déserts leurs troncs blanchis ?... Avant de regagner le bateau on alluma de grands feux sur divers points et pendant longtemps nous aperçûmes, du bord, des tourbillons de flamme et des nuages de fumée.

Le lendemain, lundi, la plupart des passagers s'étaient levés avec l'aurore pour jouir d'un panorama extraordinairement beau Pendant de longues heures nous avons contemplé avec une émotion toujours nouvelle des bassins aux formes variées, des goulets qui font peur, des montagnes qui élèvent vers le ciel leurs faîtes verdoyants ou leurs cimes neigeuses. Quel calme à la fois doux et saisissants ! Quel charme idéal en face de ces paysages, de ces rochers, de ces cascades, de ces sommets aériens dont les pics de glace rayonnent au soleil comme des lames d'acier ou des couronnes de diamants !

Le lendemain, la *Junon* a longtemps marché à travers des blocs de glace, qui s'étaient brisés sans doute en descendant de la montagne. C'étaient tantôt comme de petits rochers flottant et voguant sur l'eau, tantôt des banquises immobiles que des passagers frappaient en vain d'une grêle de plombs.

Et là-bas, au loin, le *Grand Glacier* présentait au regard ébloui de vastes champs de neige que le soleil faisait resplendir du plus vif éclat. Les albatros se riaient de l'habileté de nos chasseurs et de la précision de leurs fusils *express* ; ils s'approchaient hardiment du bord et puis s'échappaient par un vol plein de force et de grâce ; les cormorans évitaient mieux encore peut-être les balles meurtrières, par leurs rapides plongeons dans les flots.

A six heures, nous entrons pour y passer la nuit dans le port *Grappler*, bien abrité, situé sur le promontoire d'Exmouth, en face de l'île *Saumarez*. Au milieu se détache le *Diamant*, îlot gracieux, immense corbeille de fleurs.

Le lendemain, nous traversons des parages excessivement difficiles et dangereux. L'*Indiach Reach*, le *Détroit anglais* et d'autres canaux très étroits, pleins d'îlots et de hauts-fonds. La vigie resta longtemps dans la mâture, tandis que M. Biard commandait toujours personnellement sur la passerelle, avec une sûreté de coup d'œil et une calme hardiesse qui excitait l'admiration générale.

Enfin le soir, vers huit heures, nous sortions des Canaux Latéraux par le golfe Penas pour entrer dans l'Océan Pacifique.

Je n'oublierai jamais cette traversée pittoresque. Elle fut agréable, délicieuse, féconde en émotions et absolument belle.

Nous voguions constamment aux milieu d'écueils excessivement rapprochés et partant très dangereux. Nous avions à franchir un

grand nombre de bassins fermés de tous les côtés par des montagnes et sans la moindre échancrure apparente. On eût dit des
puits gigantesquss, des fjords sans issue et l'on se demandait avec
anxiété où était la sortie. « Par où enfin passerons-nous ? » telle
était l'exclamation générale.

Mais l'œil de M. Biard est là. Se promenant avec un calme
imperturbable sur la passerelle, les yeux fixés tantôt sur la mer,
tantôt sur les cartes, il donne ses ordres sans un moment d'incertitude ou d'hésitation. A chaque instant, des rochers se dressent
à l'arrière comme si le navire eût passé sur eux, tandis que
d'autres rochers se montrent à l'avant et semblent barrer complètement le passage. « *Tribord !... Bâbord !* » s'écrie le commandant, et la *Junon* vire à droite, à gauche, tourne parfois presque
entièrement sur elle-même et avance fièrement presque avec sa
vitesse ordinaire. Elle rase les rochers au milieu desquels elle se
tord et glisse comme un serpent, formant les zigzags les plus
capricieux et les sinuosités les plus étranges. « *Voilà une navigation carabinée !* » s'écriaient les matelots dans l'enthousiasme,
et un juron au gros sel servait éloquemment de conclusion à cette
louange. C'était en effet un spectacle dont rien ne saurait donner
l'idée. Noir labyrinthe, dédale infini, tout le monde n'a point comme
M. Biard, le fil d'Ariane, pour parcourir sans danger tes mystérieux détours !

C'est dans ces périlleuses traversées surtout que l'on aime à
voir un capitaine. C'est alors que sur ses traits l'auréole du marin
brille de tout son éclat ; son regard est plus impérieux que de
coutume, son attitude plus grave et sa voix et ses commandements
ont quelque chose de prestigieux !...

Non ! jamais le souvenir de cette navigation difficile et majestueuse ne s'effacera de mon esprit. Et que dire de ce temps exceptionnellement beau, à peine interrompu par quelques légers grains,

qui nous permit de tout regarder et de tout contempler à l'aise dans cette nature grandiose? On a souvent, dans ces parages, la pluie, les brouillards et de violentes rafales. Et nous en fûmes quittes pour quelques coups de vent. La Providence nous favorisa et nous pûmes voir ainsi, tranquillement, sans fatigue et sans inquiétude, l'un des points les plus pittoresques du globe, l'un des plus beaux panoramas du monde. Pendant cinq jours, nous avons vogué dans ces régions désertes dont notre marche seule troublait le silence solennel, en présence de scènes constamment variées, toujours imposantes, en face de tableaux d'une beauté et d'une poésie pleines de sauvage grandeur. Me sera-t-il jamais donné d'admirer une nature aussi étrange et aussi imposante ?...

Sans doute il est des montagnes plus hautes, des rivages plus gracieux et des mers plus magnifiques. Mais où trouvera-t-on jamais la beauté de la mer et la beauté des montagnes réunies dans une aussi vaste étendue, avec un caractère si frappant de grandeur et merveilleusement confondues dans un ensemble si plein de majesté et d'harmonie ?...

LE CHILI

I

Depuis longtemps nous voguons sur le Pacifique, et, malgré les distractions du bord et les spectacles nouveaux de la mer, nous soupirons cependant avec assez d'ardeur après la vue et la possession de la terre. Enfin, un matin, au sortir de ma cabine, je vois une côte se dessiner vaguement dans les profondeurs de l'horizon. C'était le dimanche 13 octobre.

La vapeur nous emporte avec rapidité et bientôt la vigie signale Valparaiso... Valparaiso, c'est-à-dire vallée du paradis !... Le prestige de ce nom m'avait séduit, il me tardait de voir les beautés de cet *Éden*. Le soleil, qui jetait alors ses rayons les plus éclatants sur la ville, lui donnait un aspect enchanteur qui me semblait justifier une aussi pompeuse dénomination. J'avoue cependant qu'à cet enthousiasme subit succéda bientôt une vraie déception.

Nous entrons dans la baie demi-circulaire de Valparaiso, et

notre regard cherche en vain une végétation absente. Rien qu'une côte stérile et des falaises monotones.

Nous sautons sur un canot et nous voilà dans quelques minutes au débarcadère. Là nous trouvons la place de la *Douane*, gracieuse, bien tenue, et présentant une bruyante activité : aux quatre extrémités, d'assez belles statues représentant les *Arts*, la *Science*, le *Commerce* et l'*Industrie*.

Valparaiso renferme environ 190.000 habitants.

Sur les *cerros* se trouvent les habitations luxueuses de l'aristocratie, de la grande finance et du commerce enrichi. Très jolies et très pittoresques, ces villas perchées sur les collines, nids charmants que les Chiliennes parent de tous les attraits de leur esprit et de leur beauté ! Sur un de ces cerros se détache et apparaît au loin une plate-forme fermée par des murs d'une blancheur immaculée : on dirait un jardin suspendu, une gracieuse promenade... C'est le *Panthéon*, le champ du repos. Des allées ornées de fleurs odorantes embellissent le petit royaume de la mort. Ce que j'ai trouvé de plus lugubre, ce ne sont point les tombes, mais l'horloge qui mesure le temps des âmes appartenant déjà à l'éternité !!!...

Le jour même de notre arrivée, quelques compatriotes nous faisaient une bien agréable surprise. Nous avions à peine posé à terre un pied mal assuré qu'on nous forçait à monter en voiture pour faire l'ascension du cerro Sainte-Hélène, site ravissant, plein de fraîcheur, où nous attendait un lunch frais et délicat. C'est là le rendez-vous favori de la jeunesse de Valparaiso pour des parties de plaisir. Quelques voyageurs veulent se donner l'agrément de redescendre à cheval, et les voilà lancés avec une rapidité effrayante, à travers des sentiers presque impraticables et des *quebradas*, ravins profondément creusés dans les collines. Ce quartier n'est pas le moins curieux de la ville : on y voit de

misérables huttes, d'un côté collées contre le cerro et de l'autre
soutenues par des pieux à moitié vermoulus. Ici de hideux haillons
flottent au gré des vents, étendus sur des cordes ; là s'étalent d'impurs débris, aux exhalaisons nauséabondes. Dans la plupart de ces
bouges, on voit les *Chilenos* et les *Chilenas* chanter nonchalamment des airs que la *viguela* accompagne de ses sons aigres et
monotones. Ces chemins sont d'ailleurs tortueux, pleins de ravins,
de poussière et sémés de plusieurs sortes d'écueils. Aussi n'est-
ce pas sans raison que ces voies tourmentées ont reçu le nom
expressif de *Caminos del Diablo*.

Un chemin de fer de 200 kilomètres environ réunit, depuis 1863,
Valparaiso à Santiago, capitale de la République. La voie est
intéressante : elle passe aussitôt au milieu des campagnes ver-
doyantes, tantôt au milieu des rochers. *Vina del mar*, perdu dans
un bouquet de verdure, *Salta*, au gracieux aspect, *Limanche*,
aux riches vignobles, *Quillota*, cité ancienne et célèbre dans l'histoire du Chili, véritable jardin enchanteur avec ses fleurs et ses
fruits : voilà les principales stations. *Llai-llai*, plein de souvenirs
araucans, est à mi-route. C'est une ville assez agréable :
12.000 habitants. De *Las Vegas*, se détache un embranchement
pour *San-Felippe* et *Santa-Rosa dos Andes*. Ce chemin de fer
qui suit la vallée de l'*Aconcagua*, peut-être la plus fertile du
Chili, doit rejoindre un jour, à travers la *Cordillère*, le réseau des
chemins de fer Argentins pour ne plus laisser que trois ou quatre
jours entre les deux grands ports de l'Atlantique et du Pacifique :
Buenos-Ayres et *Valparaiso*.

Dans toutes les gares on est assailli par les politesses intéressées de gracieuses *senoritas*, qui présentent de magnifiques bou-
quets entourés de dentelle. D'autres vendent des fruits et de la
chicha, espèce d'eau-de-vie très violente et fort en honneur dans
l'Amérique du Sud. Le palais qui résiste au feu de cette boisson

est désormais assuré contre les brûlantes atteintes de l'alcool le plus fort.

C'est à partir de *Quillota* surtout que la voie est originale et pittoresque. La vapeur nous fait escalader les hauteurs de la *Cuerta-Taben*: à tout instant nous franchissons des *quebradas* profondes sur lesquelles on a jeté des ponts remarquables. Celui des *Los Maquis* est sur un précipice immense qui fait peur.

Nous descendons ensuite la montagne avec une grande rapidité entre des gorges accidentées. Aucun point important, aucune ville, aucun village, si ce n'est des stations pour le service des haciendas, — jusqu'à Santiago.

En quittant le chemin de fer, on se trouve en face de la fameuse promenade de l'*Alameda de las Delicias*. Comme elle est imposante, cette longue avenue de 4 kilomètres avec ses deux larges contre-allées, qu'ombrage un double rang de peupliers, avec ses grandes statues et ses monuments commémoratifs, avec ses riantes villas et ses superbes palais ! Que l'on fasse disparaître les rares masures qui la déparent encore, et elle sera alors d'une beauté souveraine et digne d'être classée parmi les plus belles promenades du monde.

La place principale, *Place d'Armes*, offre un joli coup d'œil. C'est là qu'eut lieu, en 1811, la première mêlée de la guerre de l'Indépendance. Au centre, un jardin fleuri et constamment animé par les plus hautes élégances. Une belle fontaine verse, dans une vasque de granit, de larges nappes d'eau qui retombent ensuite dans un beau bassin. On y voit souvent la foule agitée des *aguateros*, remplissant d'eau des barils qu'ils promènent à travers les rues de la ville.

Les rues sont larges et bordées de belles maisons ; beaucoup de trottoirs sont dallés de porphyre.

Voici le *cerro Santa-Lucia*, étrange rocher, naguère encore absolument nu et stérile, dont M. Vicûnâ, bien connu en Europe par ses publications historiques, a fait une promenade d'une bizarrerie achevée. On paye d'abord sa carte d'entrée à un contrôleur assis dans le premier carosse que les Espagnols ont apporté dans le Chili. Puis, par des allées infinies, au milieu de la verdure et des fleurs, au bruit des cascades, on monte, on monte à une hauteur considérable. Cette curieuse colline présente comme par enchantement les tableaux les plus variés et les plus disparates. Canots, bassins, chapelles, ermitages, statues, animaux, canons..., en un mot toutes les curiosités, je crois, ont été entassées là par la fantaisie la plus féconde, sinon par le goût le plus délicat. Et toutes ces *merveilles* ont des noms pompeux qui contrastent parfois avec l'exiguïté des monuments qui les portent. Qui ne s'étonnerait, par exemple, de trouver le nom de Gibraltar orgueilleusement inscrit sur les pierres d'un petit rocher artificiel? Mais rien à dire du moins pour la dénomination gracieuse des grottes qui embellissent cette étrange promenade. Elles sont vraiment *enchantées* ces petites cavernes. On serait tenté de boire l'eau délicieuse qui y murmure, si l'on ne craignait de réveiller les Nymphes de marbre qui décorent ces asiles frais et silencieux. Ce n'est donc pas, en somme, sans un certain intérêt, que l'on promène sa curiosité à travers ce singulier labyrinthe. On trouve, d'ailleurs, au sommet, sous la direction de l'astronome Moësta, un beau *Mirador*, l'observatoire national, qui offre un phénomène peut-être unique au monde. Le cerro monte et descend alternativement dans l'espace de 24 heures sous l'influence des rayons solaires et du rayonnement nocturne ; et cette oscillation est même assez considérable pour qu'il soit nécessaire d'introduire cet élément de calcul dans les formules mathématiques consacrées aux observations régulières. De ce point culminant un panorama magnifique s'offre au regard ébloui. La ville s'étend au loin en étalant gracieusement tous ses charmes ; mais l'œil se détache vite de ces monuments, de ces maisons multicolores, de ces terres et de ces rochers pour embrasser cette belle vallée entrecoupée de bois et de ruisseaux qui produit presque toute la richesse du pays, et surtout pour contempler les Andes, qui s'élèvent en immense amphithéâtre. Au milieu de ces imposantes montagnes se détache l'*Aconcagua*, superbe géant qui semble insulter à la petitesse de tout ce qui l'environne, en dressant fièrement vers le ciel, à une hauteur de 7.000 mètres, ses blancs et splendides sommets. Grandiose spectacle qui vous enveloppe et vous pénètre d'une poésie infinie.

Au nord de la ville, on voit une autre promenade d'un genre tout différent ; c'est le parc militaire ou le parc *Cousino :* le Bois de Boulogne de Santiago. Larges allées, petits sentiers, cascades, mornes, torrents, tout sollicite et ravit le regard du promeneur. D'élégants sièges invitent au repos à l'ombre des canangs odorants des sombres manguiers, des tamariniers et bananiers.

Des lacs surgissent plusieurs îlots, où brillent, comme dans des corbeilles, l'énorme rose de Caracas, la fleur pourpre de l'hibiscus, les calices d'argent des lis, etc... Aussi le parc Cousino est-il un lieu de prédilection pour le high-life de la capitale du Chili, qui va s'y promener fastueusement, aux jours de fête, en voitures de gala. Il présente alors un aspect singulièrement séduisant et animé.

Mais il y a un autre jardin public presque aussi gracieux et qui joint l'utile à l'agréable : je veux parler de la *Quinta Normal*. On y fait toutes sortes de cultures et des expériences propres à promouvoir le goût des sciences agronomiques et l'étude des salutaires innovations. Dans diverses constructions sont renfermés des animaux modèles ; c'est un peu à la fois notre jardin des Plantes et notre jardin d'Acclimatation. Là, on cultive les fleurs, les plantes, les arbrisseaux non seulement du Chili, mais de tous les pays. Très étendue d'ailleurs, — 48 hectares environ, — la *Quinta* renferme une foule d'attractions. Les frais ombrages et mille choses agréables ou instructives en font une promenade délicieuse, que visitent avec un égal plaisir les simples amateurs et les savants naturalistes.

L'honneur de l'organisation et de la direction si intelligente de la *Quinta Normal* appartient à deux de nos compatriotes, MM. Jules Bernard et René Le Feuvre, qui nous firent le plus sympathique et le plus cordial accueil. Ce ne fut pas pour nous un léger plaisir que de nous entretenir avec ces hommes sérieux et pratiques, qui connaissent admirablement leur patrie adoptive et qui savent si bien faire aimer le nom français. Au reste, toute la colonie nous combla de prévenances. Un remerciement particulier à M. Champy, architecte de la municipalité de Santiago. Mille actions de grâces surtout au savant ingénieur M. Chapron, qui construit, dans la rade foraine de Valparaiso, un môle gigantesque, et dont tout le monde adore le talent, la distinction et le caractère.

C'est dans la *Quinta* qu'eut lieu, en 1875, l'Exposition international du Chili, dans un palais construit par un Français, M. Paul Lathoud. Tout jeune encore, celui-ci jouit cependant déjà d'une grande réputation à Santiago : on loue et on admire en lui la science de l'ingénieur et le goût de l'architecte unis dans une alliance harmonieuse. Il venait d'arriver au Chili quand le gouvernement lui confia ce grand travail, qu'il a si bien exécuté. L'architecture en est simple, distinguée et très bien appropriée à un édifice de ce genre. Un arc triomphal formant *loggia* au premier étage, décore l'entrée principale. M. Lathoud, quand il quittera le Chili, y laissera les plus vives amitiés et les meilleurs souvenirs, et le palais de l'Exposition restera comme un témoignage glorieux de sa science et de son art.

Dans ce magnifique édifice, se trouve actuellement un musée national d'Histoire naturelle et des Beaux-Arts. On y voit de fort curieuses collections et une foule d'objets remarquables qui ont figuré au grand Concours International de 1875. Je me suis arrêté surtout devant les curiosités de l'Araucanie et des terres Magellaniques, dont quelques-unes m'étaient connues depuis notre rencontre avec les Pêcherais de la Terre-de-Feu. Très intéressantes aussi les idoles de l'île de Pâques, monolithes immenses représentant les figures les plus bizarres et les plus insensées ! Parmi les monuments publics on distingue particulièrement l'Hôtel de la Monnaie, la *Camara de los Deputados y Senatores*. Devant le palais législatif se trouve un petit monument qui fixe l'œil du passant ; il est surmonté d'une statue de bronze représentant une belle femme voilée de tristesse, qui lève vers le ciel ses bras et ses yeux avec une expression saisissante de douleur et de supplication. C'est la *République du Chili* qui pleure et recommande à la miséricorde divine les deux mille femmes qui périrent dans l'église de la *Campania*, le 8 décembre 1868. On priait tranquillement dans le temple, lorsque tout à coup on sentit le choc d'un tremblement de terre. Les cierges sont renversés, les draperies de la nef prennent feu et les issues latérales, à défaut de la porte principale qui est fermée, sont immédiatement envahies par la multitude folle d'épouvante. Mais trop étroites et bientôt irrémédiablement obstruées, elles ne peuvent donner passage qu'à un petit nombre de personnes, tandis que les autres deviennent la proie des flammes. Ce fut là une bien terrible catastrophe qui eut, on se le rappelle, un retentissement si douloureux jusque dans l'Europe. La plupart des victimes étaient des femmes qui appartenaient aux meilleures familles de la capitale. Le drame emprunta à cette circonstance un caractère plus marqué de désolation et d'horreur, et on ne saurait dire combien il excita de regrets et de larmes ! Aujourd'hui encore, on n'en évoque jamais le lugubre souvenir sans une mélancolique sympathie et une amère tristesse. Aussi ne peut-on voir qu'avec une profonde émotion, sur le théâtre de la catastrophe, ce monument funéraire et cette inscription dont la simplicité majestueuse exprime si bien la désolation de tout un peuple.

A LA MÉMOIRE ÉTERNELLE
DES VICTIMES DÉVORÉES PAR LES FLAMMES
LE 8 DÉCEMBRE 1868
L'AMOUR ET LA DOULEUR A JAMAIS INCONSOLABLES
DE LA CITÉ DE SANTIAGO

Les *temblors !* voilà un péril permanent et de tous les instants au Chili, voilà le sujet de constantes appréhensions et d'éternelles inquiétudes : car ces violentes trépidations du sol y sont très fréquentes. C'est comme une épée de Damoclès perpétuellement suspendue sur la tête des Chilenos.

Il est tristement curieux d'assister à ces scènes d'horreur. On voit alors les gens sortir dans l'état où le *terre-moto* les surprend et se réfugier sur les places publiques. Tous, hommes et femmes, s'agenouillent dans la poussière, se frappent la poitrine et adressent au Ciel, avec la même componction et la même terreur, leurs plaintes et leurs prières. Il n'y a point d'incrédules ni d'impies dans ces terribles moments. « *Ay de mi!* s'écrient-ils, *Misericordia santa Madre de Dios misericordia !!* »

Je dînais un jour chez M. R., à Valparaiso. Voilà que tout à coup la table s'agite légèrement : *Ay de mi !* s'écrient-ils tous en se levant, comme soulevés par un infernal ressort ; les yeux se fixent sur les murs et le plafond, et les oreilles se tendent vers le sol pour tâcher d'y saisir quelque frémissement. « C'est par mégarde que j'ai touché et ébranlé la table, » s'empresse de dire un convive. Mais l'émotion avait été grande, et M. R. avait peine à dissiper une frayeur qu'il avait sans doute intentionnellement exci-tée. J'ai bien compris alors que les Chilenos ne s'habituent jamais tout à fait à un tel péril et que ces catastrophes soudaines ébran-lent étrangement leur énergique impassibilité.

Santiago est traversé par le *Maypocho*, rivière insignifiante en hiver, mais qui, à l'époque de la fonte de la neige sur les *Andes*, devient un torrent impétueux aux funestes débordements. Elle est détonrnée dans les environs de la capitale par de vastes canaux d'irrigation, pour arroser pendant l'été les *potreros* (prairies). On remarque sur ce cours d'eau, à Santiago même, un vieux pont, grossièrement monumental, que les Espagnols bâtirent jadis avec plus de solidité que d'élégance. Ses piliers s'élèvent à une certaine hauteur et sont assez gros pour former au-dessus du pont lui-même, des boutiques et de petits bazars. C'est d'une originalité achevée.

Près de là se trouve le marché principal, où l'on peut se rendre compte des produits du pays et faire de joyeuses études de mœurs. Cette halle immense est flanquée d'une galeries d'échoppes et de petits magasins, qui paraissent légèrement manquer de propreté et de décence. Les campagnards des environs vont y porter chaque jour des légumes et des fruits abrités contre le soleil par une petite tente faite avec une natte et des piquets ; ils étalent sur un tapis leur marchandises : raisins, pommes, oranges, fraises..., et excellentes..., je l'assure. J'y ai remarqué particulièrement du maïs cuit, écrasé et sucré ensuite avec du miel. C'est une nourriture rafraîchissante en grand usage pendant l'été surtout : de vieilles femmes la vendaient avec le *charquican*, viande séchée au soleil, hachée menu et mélangée avec de la graisse, de l'oignon et de l'aji. Ce dernier ingrédient est une espèce de piment qui emporte le palais et qui entre dans presque toutes les préparations culinaires et notamment dans la *casuela*, ragoût de poulet qui orne aussi la table ou le tapis des vieilles revendeuses. Ai-je besoin d'ajouter que l'on trouve partout de la *chicha!* Et il faut voir avec quelle avidité les *hijos del país* ingurgitent cette énergique boisson! C'est bien cette eau-de-vie qui mérite surtout le nom d'*eau-de-feu*.

Dans ces quartiers et dans quelques autres on voit des *ranchos* misérables où grouillent de nombreuses familles dans le dénuement et la malpropreté. C'est là que sévissent d'abord et avec le plus d'intensité les épidémies qui peuvent survenir. Elles sont d'ailleurs fort rares, car la ville jouit d'un climat exceptionnellement sain à cause de son heureuse situation à 600 mètres au-dessus de la mer et du voisinage des grands glaciers de la Cordillère. La ville est d'ailleurs très propre : sillonnée qu'elle est de petits canaux qui emportent tous les débris impurs dans les prairies des campagnes environnantes.

II

Je désirais vivement ne point quitter le Chili sans avoir vu les haciendas, ces immenses propriétés rurales, dont j'avais entendu parler avec tant d'intérêt et de charme. Cet avantage et ce plaisir me furent heureusement donnés, et dans les conditions les plus agréables. Je fis part de mon projet à M. Lathoud, qui se mit aussitôt à ma disposition avec le plus cordial empressement.

Nous voilà donc partis un matin pour l'hacienda de Macûl, une des plus belles du Chili. Elle appartient à madame Cousinô, qui prodigue, à Santiago et partout, les trésors inépuisables de sa fortune et de sa charité.

La voiture avance rapidement avec des cahotements à donner le mal de mer, à travers des sentiers difficiles et poudreux.

Le soleil inonde au loin les campagnes de son éclatante lumière, tandis qu'une légère brise joue avec les feuilles des arbres et l'herbe des prairies. La journée s'annonce agréable et radieuse. Nous traversons ou nous côtoyons tour à tour des champs de blé, des vignes et des pâturages couverts d'animaux. Parfois de belles rangées de peupliers ou de petites forêts rompent la monotonie du paysage; de temps en temps nous voyons passer à cheval des campagnards qui courent bride abattue ; quelques-uns ont leur femmes assises en groupe derrière eux. Celles-ci d'ailleurs chevauchent souvent et avec presque autant d'intrépidité et d'habileté que les hommes.

Nous voici arrivés, après quelques heures de route, à l'hacienda, dont les portes s'ouvrent larges devant mon introducteur, ami de la famille Cousinô. Celle-ci est malheureusement absente pour le moment, mais l'administrador nous fait l'accueil le plus sympathique et le plus empressé. M. Rivadeneira se met donc aussitôt en devoir de nous promener dans la propriété en nous donnant toutes sortes d'explications et de renseignements. Les nombreuses constructions qui entourent le château attirent tout d'abord mon attention. Elles ont diverses destinations : on y renferme le blé, la vendange, les outils; on y fabrique le beurre et le fromage, etc.

Pénétrons ensuite dans le *Corral* : c'est un enclos immense entouré de palissades où se fait le *rodeo* du printemps. On y réunit à cette époque tous les bestiaux qui errent ordinairement en liberté dans les vastes plaines ou sur les montagnes. On marque au fer rouge les veaux, les génisses, les poulains, etc. C'est là une précaution générale et nécessaire pour prévenir les vols. Les propriétés n'étant pas closes, les animaux sont abandonnés à eux-mêmes. On a donc dû chercher et trouver un moyen de prévenir les pertes que cette situation pouvait entraîner : on applique à tous les bestiaux une marque à feu sur la cuisse ou sur l'épaule. Chaque haciendero a la sienne, cachet précieux et inviolable qu'on ne saurait contrefaire et dont la police exige rigoureusement le dépôt. Cela permet à l'haciendero de reprendre

partout où il les rencontre non seulement les bestiaux vivants,
mais encore les cuirs vendus sur les marchés. Lorsqu'un propriétaire vend un de ses animaux, il le fait marquer d'une seconde
empreinte : les deux prouvent que la propriété a été transmise à
un autre.

Parmi le vieux bétail, on choisit quelques animaux pour la
matanza « abattage, » et on les pousse dans les *ramadas* « hangars ». Les *Saladeros* de la Plata, établissements spéciaux et
d'une importance incomparablement supérieure, m'ont déjà fait
connaître la nature de cette écœurante opération. Une partie de
la viande est vendue dans les marchés, une autre est séchée tout
simplement au soleil et expédiée au Nord du Chili, où elle fait la
principale alimentation des mineurs. Elle est d'ailleurs d'un usage
presque général dans le Chili, et beaucoup d'habitants, dans la
campagne surtout, n'en mangent pas d'autre. Quant à la peau et
au suif, on les expédie à l'étranger.

La viniculture constitue là-bas une industrie considérable et
forme une des principales sources de la richesse du pays. Un
brillant avenir lui est réservé, dit M. Ed. Sève, et le jour où l'on
choisira avec plus de soins les expositions, les variétés de cépages
et où l'on emploiera les meilleures méthodes de culture et les
meilleurs procédés de vinification, le Chili pourra faire une certaine concurrence aux vins européens et jouera dans les Amériques
un rôle analogue à celui que remplit actuellement la France dans
le monde entier. Nulle part, je crois, on ne fait mieux sécher les
raisins pour le commerce. On en acheta pour le bord une provision
qui fit longtemps nos délices.

Les vins les plus renommés sont ceux de Conception (*mosto*),
qui ont toute la tonalité et la saveur des vins de Porto ; le *charcoli*
fermenté à l'excès, rappelle les vins d'Italie et de Hongrie. Mais
la boisson la plus populaire est la chicha, qui est livrée le plus

souvent en moût. On en fait de diverses sortes avec du maïs, des pois, des pommes broyées ou enfin des raisin écrasés ; elle est presque toujours aigre et brûlante.

Après avoir un peu étudié la ferme, nous nous préparons à visiter les alentours. Ici, par exemple, il faut des chevaux ; on ne va guère à pied, au Chili, surtout pour parcourir les champs. Bon gré, mal gré, je dois donc me résoudre à me hisser sur un bon coursier, pour satisfaire mon désir de connaître l'hacienda. M. Rivadeneira veut nous accompagner lui-même et prend encore un domestique. Celui-ci va chercher un vigoureux cheval et se met à le couvrir de *pelliones*. Il en avait déjà superposé un assez grand nombre, et il en entassait toujours néanmoins. Aussi regardais-je avec surprise un harnachement si compliqué. Enfin voilà une sorte de pyramide faite de pelliones, retenues sur le cheval par d'immenses courroies de cuir au bord desquelles pendent des étriers d'une forme pittoresque et d'une grandeur monumentale. Tout cela a sa raison d'être. Le guasso est constamment par monts et par vaux. Il a de longues courses à faire dans les sentiers les plus difficiles, sur le bord des précipices, dans les montagnes, dans les forêts. Parfois il lui arrive de passer des jours entiers et même des nuits à cheval. Il doit donc prendre ses précautions pour n'être pas accablé par ce genre de vie. Voilà pourquoi il se fait sur son *fidèle compagnon* une espèce de lit de *pelliones* dans lequel il s'enfonce, tandis que ses pieds sont fourrés dans d'immenses *estribos* de bois qui ressemblent à des sabots. Ainsi hissé sur son cheval, rien ne lui fera perdre son équilibre. Commandez, et il partira fièrement, enfonçant son large sombrero et relevant son superbe poncho, prêt à supporter toute fatigue, à braver tout danger... Il est né écuyer pour ainsi dire ; dès sa première enfance, il a ainsi caressé et monté le cheval ; par nécessité et par goût, il en a fait son compagnon le plus cher et le plus inséparable. Véritable centaure, il ne trouve que là sa force, son adresse, sa joie et sa vie...

Me voilà donc galopant à travers champs avec plus de rapidité que d'assurance : mais je suis si bien protégé contre toute chute ! En avant donc : *All right* ! Nous voilà bien vite à de petits *ranchilos* « hameaux », appartenant à l'hacienda. Il y en a plusieurs comme celui-là sur toute l'étendue de la propriété, et dans chacun d'eux se trouvent quelques familles de *peons* ou de *guassos* (travailleurs paysans). Ils vivent dans de modestes cabanes faites en terre et en bambou, soumis à un régime qui rappelle un peu notre ancienne féodalité. Ce sont presque des serfs qui peuvent sans doute quitter leurs maîtres, parce qu'ils ne sont point dans l'esclavage, mais qui, fatalement, sont obligés de recourir à d'autres pour travailler et souffrir dans les mêmes conditions.

L'agriculture, au Chili, est appelée à un avenir prospère, mais les bras font encore défaut pour tirer parti de tous les éléments productifs du sol. Il faudrait donc beaucoup d'immigrants du côté de l'Europe et moins de défiance et d'égoïsme de la part des *hacienderos*. Le Chili est considéré comme le grenier du Pérou et de l'Amérique Centrale. La production du blé est déjà assez importante et ne cesse de s'accroître. C'est là que s'approvisionnent les colonies anglaises du Pacifique et de l'Australie, et cette exportation ne manquera pas de donner à l'agriculture chilienne un nouvel essor.

Plusieurs canaux d'irrigation traversent la propriété de madame Cousinô et distribuent l'eau en abondance dans les moindres recoins du domaine. Cela remplace fort bien, dit-on, les engrais et amendements employés en Europe : les eaux répandues sur les terres y apportent des matières minérales qui augmentent ce qu'on pourrait appeler la valeur nutritive des produits. Aussi les agriculteurs chiliens ne craignent-ils point d'engager d'immenses

sommes dans des travaux d'irrigation parfois trés remarquables.
— L'hacienda mesure à peu près 500 *cuadras* de plaine, 400
cuadras de colline et 800 de montagne.

Les bestiaux s'élèvent au nombre de 800 têtes environ. Il y a
au moins 60 chevaux dont plusieurs, de course, ne seraient pas
dédaignés sur le *turf* parisien. C'est que le Chili est bien partagé
sous ce rapport. Ses chevaux sont un heureux produit de l'*anda-
lou* et du *pur sang anglais*. Je crois même que la Grande-Bretagne
y a choisi des étalons pour ses colonies d'Australie.

Pourquoi parler des vastes jardins qui entourent le château ?
Ils sont très beaux et j'y ai remarqué avec un singulier plaisir des
vitrages pour primeurs et de belles serres, qui abritent sous leurs
dômes de verres les plantes les plus rares. Mais je n'en finirais
pas si je voulais énumérer toutes ces merveilles agricoles qui
feraient honneur aux installations de nos plus opulents *gentlemen-
farmers*.

La propriété territoriale est loin d'être morcelée et certains
déplorent à tort ou à raison quelle soit concentrée dans si peu de
mains. L'hacienda de Macûl est certes, on le voit, d'une importance considérable ; mais il y en a cependant de plus remarquables
sous le rapport de l'étendue territoriale ; ainsi, on en trouve qui
ont 15 à 20.000 têtes de bétail et 300 chevaux !!!

Nous voilà arrivés à une prairie qui paraît sans fin et où paissent
librement soixante chevaux. Le guasso parcourt du regard cette
vaste plaine et les nombreux animaux qui la peuplent. On dirait
un roi comptant ses sujets. Bientôt il jette son dévolu sur un jeune
poulain indompté. Il part comme un trait, et brandissant son
lazo, il se précipite avec impétuosité au milieu des chevaux
qui courent, hennissent et s'agitent comme un ouragan. Mais
l'animal visé fuit rapidement et déjoue quelque temps ses pour-
suites et ses ruses. La lutte recommence, le cavalier reprend sa

course avec plus d'ardeur et d'impétuosité. D'une main il dirige son coursier, de l'autre il brandit son lazo comme une fronde, avec une vertigineuse rapidité, et le lance enfin avec force sur la tête de l'animal... — Celui-ci échappe encore. Le guasso fait un geste de surprise et de dépit; il frémit d'impatience et de colère: son arme l'a trahi. Il la dispose encore pour le combat et le voilà qui reprend son essor. Cette fois-ci la proie ne lui échappera plus. Il se lance à toute carrière, il court, il vole, il franchit fossés et marécages, il tourne, il retourne, il tourbillonne ; c'est une charge furibonde, insensée... Il lance enfin la corde fatale à plus de dix mètres de distance et le cheval est atteint et entraîné. Tous les autres, comme saisis de vertige, bondissent aux alentours avec une sauvage impétuosité, qui donne le frisson. Mais c'est l'animal captif surtout qui s'agite avec fureur : il pousse des hennissements plaintifs, et par des bonds fougueux et un élan désespéré il tente de s'affranchir de la vigoureuse étreinte. Quels efforts ! quel choc et quelles secousses ! Mais tout est inutile : le guasso est d'une force herculéenne et d'une adresse à nulle autre pareille. Il n'a jamais été désarçonné : c'est là qu'il met son orgueil et sa gloire.

Après ce triomphe si pénible et si brillant, il sourit, il jubile, il crie, il chante, il est radieux, il me lance des regards de satisfaction et d'ivresse, pleins d'une hautaine fierté et presque de dédain, qui semblent me dire : Avez-vous jamais vu de telles merveilles dans votre vieille Europe?...

C'est là, en effet, une fantasia d'une extravangance grandiose, un spectacle émouvant, une scène digne d'un grand pinceau, et le théâtre vaste et solitaire où elle se passe en augmente encore la sauvagerie imposante. J'ai été heureux de le voir de mes yeux et je n'en perdrai jamais le saisissant souvenir.

De retour au château, nous trouvons avec une agréable sur-

prise un vrai petit baltazar. Au plaisir de prolonger ainsi de quelques heures mon séjour à Macûl, se joint celui de connaître le
menu d'un repas chilien. On nous sert successivement de la soupe
à la farine de maïs ou *chouchoca*, de la viande séchée au soleil
(*charquican*), l'*olla*, espèce de rôti de bison assaisonné et entouré
de divers légumes, la *casuela*, ragoût de poulet ; le tout assaisonné
d'un piment excessivement fort. Voilà la partie *nationale* du dîner
à laquelle s'ajoutent divers autres mets exquis connus en Europe.
Il faut enfin prendre congé de M. Rivadeneira ; le crépuscule des
soirées chiliennes commence à voiler le ciel, et il n'est pas prudent
de s'attarder trop en voyage, pendant la nuit, dans ces parages
un peu déserts. Nous reprenons donc le chemin de Santiago,
enchantés de notre visite et emportant de cette agréable journée
et de l'administrateur de l'hacienda de Macûl, les plus douces
impressions et le plus reconnaissant souvenir.

III

Les Espagnols qui colonisèrent le Chili se mêlèrent avec les Indiens conquis. Les deux races se sont unies par de fréquents mariages et c'est ce sang mélangé qui a produit le type chilien. Les Chiliens sont donc en général des *métis*, et ce sont eux qui forment la base de la population. Toutes les familles pourtant se vantent d'avoir conservé à travers les âges une pureté de sang absolue : elles repoussent comme une tache, comme un stigmate, tout soupçon de descendance de la race indienne, de sorte que si les Chiliens haïssent cordialement les Espagnols, ils revendiquent néanmoins le sang pur de leurs ennemis comme un titre d'honneur et d'orgueil. Quelques-unes de ces prétentions peuvent être légitimes, mais la plupart, pour ne pas dire toutes, manquent de fondement. Pourquoi d'ailleurs le Chileno rougirait-il du sang indien qui coule dans ses veines? Mélangé avec le sang espagnol, auquel il a pour ainsi dire communiqué sa force, il a produit un type d'une beauté remarquable et devenu légendaire dans le monde. Accueillants, gracieux, complaisants, les Chilenos gagnent bien vite la sympathie. Et que dire des Chilenas et de leurs qualités impérialement conquérantes? Douces, prévenantes, d'une séduisante aménité, elles ont sur leurs traits l'expression d'une affectueuse bonté et d'une suave mélancolie. Elles portent la *mante*, qui leur couvre la tête et une partie de la figure. Costume simple, mais néanmoins d'un bel effet et mille fois plus séduisant que les plus luxueuses *audaces* des toilettes parisiennes. C'est que rien ne rehausse autant la beauté que le doux charme de la modestie. La *mante* est le seul costume admis dans l'église. Mais, en dehors des temples, elle commence malheureusement à être un peu délaissée pour faire place aux modes françaises dont l'extravagance victorieuse envahit rapidement jusqu'aux extrémités du monde. Rien ne résiste à cette absurde invasion qui nuit tant à l'originalité des pays d'outre-mer.

Nous eûmes la bonne fortune de voir l'élite de la société de Santiago dans une soirée que voulut bien nous donner M. le baron d'Avril, notre ministre plénipotentiaire, aussi intelligent que distingué. Avec la fine fleur de l'aristocratie chilienne se trouvaient plusieurs membres du Parlement et du Cabinet, entre autres M. Al. Fierro, ministre des relations extérieures, qui fit à la *Junon*, à son commandant et à messieurs les passagers les plus gracieux compliments de bienvenue. Nous y avons vu encore quelques-uns des membres les plus notables de la Colonie française. C'est dans cette circonstance que j'ai fait la connaissance de M. Lathoud, l'architecte du palais de l'Exposition, qui devait, pendant tout mon séjour à la capitale, me combler de tant de prévenances.

Les *tertulias* « soirées », sont là-bas très fréquentes et fort aimées. On cause, on joue, on danse, on fait surtout beaucoup de musique : car les Chilenas aiment excessivement à *tocar* et à *cantar*, et elles le font avec grâce et succès.

A peine êtes-vous entré dans un salon, que les senoritas de céans vous adressent cette question : *Sabe usted tocar, Senôr ?* « Savez-vous jouer du piano, monsieur ? » Et puis on ajoute aussitôt : *Senor usted sabe cantar ?* Et ces questions sont posées avec une grâce naïve et un abandon délicieux.

Le *maté* est toujours servi dans ces soirées et l'on fait même circuler plusieurs fois parmi les convives la *masserina* et la *bombilla* « chalumeau ». Celui qui a ses entrées dans un salon chilien y est traité avec politesse exquise et une séduisante cordialité. Lorsqu'on lui a dit : *La casa esta à la disposicion de usted*, il a le droit de croire que ce n'est pas là une vaine formule, et peut se regarder comme un membre de la famille. Mais que l'on se garde bien de donner le nom de *Senoras* aux dames. Toutes, même les matrones de l'âge le plus respectable, se font appeler « *Senoritas* » (demoiselles), et certes elles méritent bien cette élégante appellation ; car elles savent conserver tous leurs attraits dans *l'âge de la bonté* ; sous la neige de la vieillesse, elles gardent avec un parfait naturel ce sourire enchanteur et cette spirituelle distinction qui portent partout le charme et la lumière.

C'est bien à celles qu'ont peut dire avec le poète :

> On regrette le temps passé sans vous connaître ;
> Combien l'on eût joui d'un commerce si doux !
> Il semble que plus tôt on aurait voulu naître
> Pour avoir le bonheur de vieillir avec vous !
>
> Lorsque vers son déclin le soleil nous éclaire,
> L'éclat de ses rayons n'en est point affaibli.
> On est vieux à vingt ans si l'on cesse de plaire,
> Et qui plaît à cent ans meurt sans avoir vieilli..

Il y a dans la société chilienne une affectueuse familiarité et une simplicité gracieuse qui surprennent singulièrement l'étranger. Celui-ci, dès qu'il est admis et apprécié dans un salon, est immédiatement l'objet des plus aimables prévenances. Les senoritas lui parlent avec une tendre confiance et arrivent même très vite à lui offrir des fleurs. Mais s'il tire de ces avances des conclusions trop caressantes pour son amour-propre, il se trompe singulièrement ; tout cela ne prouve qu'une chose : le plaisir que procure la présence du sympathique étranger.

Malgré cette liberté et ces allures de mœurs assez étranges pour nous, la corruption réelle, assure-t-on, n'y est pas plus grande que dans notre pays. Si le Chili est regardé, ainsi que le Pérou, — bien moins que ce dernier cependant, — comme l'Eldorado des plaisirs faciles et des amours effrénés, cela ne viendrait-il pas de ce que ces régions lointaines nous sont connues surtout par les romans insensés de quelques touristes qui les ont visitées dans le seul but d'y chercher des aventures et décrites par l'unique apothéose de leurs exploits?

Si l'on s'en rapportait donc à tant d'ouvrages fantaisistes écrits sur l'Amérique Espagnole, la corruption au Chili serait à un degré inouï. Mais des renseignements très autorisés me permettent d'affirmer que l'on a follement exagéré à cet endroit. Il y a sous le rapport moral, il est vrai, une liberté plus grande en général qu'en Europe ; on ne saurait contester qu'il y ait dans les relations beaucoup d'indépendance et de laisser-aller, mais cet abandon tient aux habitudes américaines et ne produit point ces excès pompeusement dépeints dans les romans passionnés. Pour porter un jugement impartial, il faut tenir compte des us et coutumes des pays. Des choses *indifférentes en elles-mêmes* sont mauvaises ou légitimes selon que l'on est dans telle ou telle contrée: « Vérité en deçà du Rhin, erreur au delà. »

Les senoras et les senoritas fument assez communément. Les prêtres eux-mêmes ont cette habitude. Vous voyez tous ces *Padres* se promener en public dans des nuages de fumée. Et personne ne s'en étonne : c'est là, aux yeux de tous, la chose du monde la plus ordinaire et la plus naturelle. Pourquoi ? Parce que cela se fait, voilà tout.

Telle est la vérité à cet égard. Mais comme on l'exagère facilement ! et combien n'y a-t-il pas de gens qui, voulant à tout prix avoir quelque chose à dire, ne craignent point d'inventer ?... J'ai sous les yeux un livre où je trouve les lignes suivantes : « On fume même à l'église autant qu'à la *fonda* « café », on ne cesse qu'à « l'Élévation. Le cliquetis des briquets frappant sur le silex reten- « tit par tout le temple et la fumée du tabac se mêle de nouveau « à la fumée de l'encens. » Peut-on pousser plus loin l'invention dans le domaine de la fantaisie ?... Cela est absolument faux. J'ai été dans plusieurs églises et j'y ai cherché en vain la confirmation de ce fait ; j'ai interrogé sur ce point beaucoup de personnes d'opinions différentes, qui toutes m'ont répondu négativement. Que penser dès lors de cette charge à effet? Si l'auteur n'a point voulu systématiquement blesser la vérité, il a eu du moins l'imprudente naïveté de croire aux renseignements légers d'un premier venu, à moins qu'il n'ait tout simplement sacrifié au désir de faire de l'étrangeté.

> Il nous faut du nouveau, n'en fût-il plus sur terre.

Non, on ne fume point dans les églises, et aucun peuple n'admet une telle profanation. Le clergé a, en général, assez de science et de vertu. Mgr Valdiviero, archevêque de Santiago, qui vient de mourir, avait résolument réprimé les abus, et son exemple sera suivi, je n'en doute point, par son successeur, Mgr Taforo, éminent théologien, homme politique et grand orateur, dont la présentation a été violemment combattue à cause de ses opinions libérales. Le clergé semble avoir déployé, dans ces circonstances, une animosité fâcheuse et inconvenante, que la Cour romaine a implicitement désapprouvée en ratifiant le choix du gouvernenement.

Mᵍʳ Taforo me rappelle l'immortel évêque d'Orléans. J'étais à Santiago, quand le télégraphe y apporta la nouvelle de la mort de Mᵍʳ Dupanloup. Je ne saurais dire toute la douloureuse impression qu'elle produisit. Les journaux furent unanimes à l'enregistrer avec les plus sympathiques regrets : plusieurs même publièrent, à cette occasion, la biographie du grand prélat et des extraits de ses ouvrages. L'évêque d'Orléans, déjà si connu dans le Nouveau Monde comme dans tout l'univers civilisé, venait d'ajouter un nouveau et brillant fleuron à sa couronne d'écrivain et de polémiste par ses admirables Lettres contre *le Centenaire de Voltaire*. Dès leur apparition, on les avait traduites et dévorées dans toute l'Amérique du Sud. Là, comme ici, et comme dans tout le monde chrétien, le nom de Mᵍʳ Dupanloup restera à jamais lié à la victoire récente de la France catholique contre les adorateurs de Voltaire et à tant d'autres triomphes qui lui assurent la reconnaissance et l'admiration constantes de l'Église et de la société.

J'ai trouvé quelques-uns de ses ouvrages et notamment sa *Haute Éducation intellectuelle* dans plusieurs bibliothèques. J'ai même rencontré une dame qui se guidait exclusivement pour son travail intellectuel, d'après les admirables conseils du grand prélat aux dames du monde, sur les études qui leur conviennent. — Et beaucoup de femmes à Santiago se montrent aussi intelligentes et aussi studieuses. Que l'on examine les grandes œuvres de charité organisées par les senoras de l'aristocratie, et l'on verra si elles sont bien inférieures pour l'éducation et la générosité des sentiments aux femmes les plus élevées de la haute société européenne.

Les Filles de Saint-Vincent-de-Paul, qui possèdent là-bas de splendides établissements, m'ont appris sous ce rapport d'admirables choses qui me rappellent les Alexandrine, les Eugénie de la Ferronnays, les comtesse Adelstan, les Eugénie de Guérin et tant d'autres apparitions radieuses que la Providence nous envoie afin de faire toujours resplendir à travers les vanités et les hontes de notre époque, la vertu, la dignité et l'immortelle noblesse de la femme. Et alors je me suis convaincu que la capitale du Chili n'a rien à envier aux meilleures villes de France, pour l'organisation et le succès des œuvres de charité. Et presque tout l'honneur, j'aime à le redire, en revient aux dames chrétiennes, qui, là comme partout, sont la gloire de la Religion et de la Patrie.

Plusieurs fois j'ai trouvé dans les journaux des poésies signées de noms féminins ; tout enfin m'a prouvé qu'il y a au Chili, aussi bien qu'ailleurs, des dames du monde qui placent leur bonheur et leur joie, non dans les plaisirs et les frivolités de la vie, mais dans les nobles occupations intellectuelles, l'accomplissement intelligent du devoir et la pratique de la charité.

Aussi n'ai-je nulle peine à comprendre ce cri de satisfaction, trop enthousiaste peut-être, mais bien légitime d'un publiciste de Santiago : « Le Chili a bien des choses à envier aux autres « nations, mais il n'en est aucune à laquelle ses femmes doivent « demander des leçons de dignité, de charité et de vertu. Le sen- « timent religieux, l'amour de l'Église, les sentiments de respect « et de soumission développés par une solide éducation : voilà ce « qui a surtout contribué à conserver à nos compagnes cette cul- « ture morale et cette vertu qui sont la gloire la plus précieuse « de notre patrie. »

Le gouvernement du Chili regarde avec raison l'instruction comme la garantie de l'avenir du pays. Aussi l'organisation de l'enseignement y est-il l'objet d'une louable sollicitude. L'instruction primaire est distribuée par les écoles nationales, municipales, particulières ou conventuelles ; elle est gratuite, même dans beaucoup d'établissements particuliers. Des écoles du soir sont ouvertes aux adultes dans les grandes villes.

L'enseignement secondaire, sans avoir l'importance qu'il a de ce côté-ci de l'Atlantique, n'est pas néanmoins tout à fait négligé non plus et jouit d'une pleine liberté ; aussi voit-on, à côté des lycées nationaux et des écoles supérieures subventionnées par l'État, une foule d'établissements particuliers. Parmi ces derniers brille d'un plus vif éclat le collège des *Picpussiens* ou Religieux des Sacrés-Cœurs de Jésus et de Marie.

Leur considération, leur succès, leur prospérité, tout cela, ils ne le doivent qu'à eux-mêmes, à leur science et à leurs efforts. Libres à l'égard du pouvoir et de tous, ils puisent dans cette indépendance plus de force et d'influence.

C'est à Valparaiso qu'est leur maison-résidence. Là encore ils ont un assez grand collège, ainsi qu'une école gratuite qui donne l'instruction à plus de trois cents élèves sous la direction du P. Marcien Darteil, qu'entoure une immense popularité. Aussi, pleine de reconnaissance pour trente-deux ans de services obscurs et d'infatigables labeurs, la municipalité de cette ville vient-elle de lui décerner avec la plus grande solennité une médaille très riche et ornée de vignettes allégoriques avec ces mots : *Au R. P. Marcien Darteil, pour son dévouement en faveur de l'instruction du peuple, la municipalité de Valparaiso reconnaissante.* En la personne du P. Marcien tous les religieux des Sacrés-Cœurs ont reçu un honneur qu'ils méritent à bien des titres. Le Chili leur doit beaucoup de reconnaissance. C'est d'eux qu'une grande partie de la haute société chilienne a reçu le bienfait d'une éducation aussi solide que brillante.

C'est à ces religieux surtout que l'on doit la propagation et le
maintien du flambeau de la foi dans ces contrées, ainsi qu'un grand
nombre d'œuvres très propres à entretenir et à développer la piété.
Telle est, par exemple, l'association pour l'*Adoration perpétuelle*.
A Valparaiso et dans la capitale, tout parle d'eux, tout proclame
leur zèle et leur sainte influence. Je ne dis pas assez : presque tout
le Pacifique est la conquête spirituelle de la congrégation des
Sacrés-Cœurs. Ses religieux et ses religieuses ont, dans les principales villes du Pérou, du Chili, de l'Équateur, des établissements
modèles. Nous les trouverons tout à l'heure à Coquimbo et à
Lima. On les voit encore à Aréquipa, aux villes de Quito, de
Cuença, de Riobamba et de Guayaquil (Équateur). Aux îles
Tahiti, Sandwich, Gambier et dans bien d'autres, ils répandent
largement les trésors de l'instruction et de la morale évangélique.
Et je sais que les propositions les plus flatteuses leur sont faites
souvent encore. Heureux les pays qui reçoivent de tels ouvriers !
Les esprits et les cœurs sont bien cultivés et produisent des fruits
abondants. Très aimés aussi les Lazaristes dans le Chili, comme
partout où ils s'établissent. Ils sont, ainsi que les admirables sœurs
de Saint-Vincent, mêlés à tout ce qui se fait, dans l'ordre spirituel,
de noble et de grand.

La tranquillité publique a fortement favorisé et activé le mouvement qui a été imprimé aux intelligences. Mais l'originalité
manque en général aux écrivains chiliens, qui prennent trop souvent pour modèles les auteurs rationalistes et antichrétiens, de
l'Europe. Il en est de même des romanciers, qui imitent ou tra-
duisent les plus tristes productions de notre littérature contempo-
raine. L'Université nationale est loin de donner une doctrine
saine aux intelligences qui lui sont confiées. Un vent violent d'indifférence ou d'hostilité religieuse propage plus ou moins dans
tous les coins du monde ces idées fausses et funestes dont la

vieille Europe *savoure* maintenant le complet épanouissement.

L'instruction des demoiselles était si négligée au Chili, il y a quelque quarante ans, que madame la supérieure générale de Picpus pouvait écrire en 1854 : « Vingt-quatre de nos sœurs se sont embarquées le 12 juin 1854 sur le *Pétropolis*, faisant voile pour Valparaiso. Dans ce moment cent onze jeunes filles de la classe aisée, sans compter plus de trois cents enfants pauvres, reçoivent dans notre établissement l'instruction chrétienne qui, avant l'arrivée de nos religieuses, *manquait totalement dans le pays.* » Mais quels progrès depuis ! Les vénérables sœurs des Sacrés-Cœurs ont maintenant dans ces parages de nombreuses et magnifiques maisons d'éducation... Qui étonnerai-je en disant, — car on connaît les miracles que font les congrégations religieuses pour les œuvres populaires et charitables, — qu'elles ont des écoles gratuites fréquentées par un grand nombre de jeunes filles pauvres ? Et qui sait combien de fois on donne le pain du corps en même temps que celui de l'esprit et de l'âme à ces intéressantes déshéritées de la fortune !

Les senoritas riches du Chili reçoivent généralement une éducation aussi distinguée que les demoiselles de la haute société en France. Histoire, géographie, sciences élémentaires, langues vivantes, rien n'est négligé. Naguère, une jeune créole écrivait à une religieuse de Paris : « Jamais nous ne saurions dire les bons exemples et le dévouement de cette vénérable supérieure et de toutes ces saintes sœurs qui travaillent avec enthousiasme pour nous guider et nous enseigner le véritable chemin de l'instruction et de la vertu. Nous sommes encore bien inférieures à toutes vos élèves de France, par conséquent nous ne pouvons être jamais au niveau de ces demoiselles, mais au moins nous avons la prétention de les imiter. »

Délicieusement modeste et naïve, cette petite *Chinela !* Elle et

beaucoup de ses compagnes n'ont rien à envier aux demoiselles
les plus instruites de notre pays.

Ce que j'ai dit des matrones de Santiago donne une assez haute
idée de l'état intellectuel et moral des dames chiliennes en général.
Tout me fait espérer que le présent sera surpassé encore par
l'avenir ; car les senirotas de cette génération reçoivent une éducation de plus en plus parfaite, qui les trempera pour les devoirs
et les luttes de la vie et fera d'elles des femmes fortes capables
de former des hommes.

Honneur donc à ces admirables institutrices de l'intelligence et
du cœur des femmes ! Semblables à ces cours d'eau dont les
ondes tranquilles et cachées vont porter partout la fécondité et la
fraîcheur, ces saintes dames répandent dans la société entière les
incomparables trésors de l'instruction et de la vertu. Et ainsi,
dans le laborieux silence du cloître, elles travaillent, bien mieux
que tant de bruyants personnages du monde politique, à la prospérité et à l'honneur de la *patria chilena* : car élever la femme,
c'est élever d'une manière indirecte, mais réelle et efficace, la
société elle-même, dont elle est l'âme et l'harmonie.

La République est une et indivisible, — seize provinces et
deux territoires (Magellan et *Juan Fernandez*). — Elle est à 600
kilomètres et en face de Valparaiso, cette île fameuse, théâtre
de ces douloureux exploits de Robinson, qui ont fait couler tant
de larmes enfantines. *Mas-a-Tierra*, — c'est aussi son nom, —
est resté longtemps la Cayenne du Chili. Le célèbre général
Freyres, successeur de O'Higgins, y fut déporté. Mais depuis
longtemps on n'y voit plus que par intervalles des Nemrods
passionnés qui vont y faire de folles parties de chasse.

On sait que le Chili n'a qu'une autorité factice sur les *Araucans*
ou *Aucos*, c'est-à-dire libres, avec lesquels il est toujours *en paix
armée*. L'espagnol Ercilla a, dans un poème célèbre, immor-

talisé la valeur de ces guerriers, qui l'avait prodigieusement frappé. Très curieux, ce dernier tronçon de l'Amérique libre ! Il recule tous les jours devant les armes de ses ennemis, mais jusqu'à ce que l'âme du dernier Araucan se soit envolée, il défendra fièrement son autonomie et sa liberté. Qui n'a pas entendu parler de leur récent souverain, le fameux Antoine-Orélie Ier, autrefois avoué à Périgueux sous le nom de Tounens. Après avoir perdu sa couronne, il était revenu en France, et n'en prenait pas moins au sérieux sa souveraineté *honoraire*. M. Pertuiset en sait quelque chose. Cependant la France n'a-t-elle pas été aussi injuste que légère en bafouant cet homme courageux, ce *conquistador* résolu qui, en dépit de ces exentricités, avait formé de nobles projets pour sa patrie ? Peu de temps avant sa mort, il a publié, à Bordeaux, un opuscule qui porte un singulier cachet de foi et de sincérité ; on m'a affirmé d'ailleurs, à Santiago, que le gouvernement le redoutait réellement, parce qu'il reconnaissait son talent et son énergie.

Comme en France, le congrès national du Chili se compose de deux chambres : *Camara* de los *Deputados* et *Camara* de los *Senadores*, nommés directement par le peuple, ceux-ci pour six ans, ceux-là pour trois. Le Président a un droit de *veto* suspensif seulement pendant un an.

La religion catholique est la religion de l'État, et c'est au nom de Dieu que le Président ouvre chaque séance. « En el nombre de Dios, se abre la sesion. » — Anibal Pinto, au pouvoir depuis 1876, a prêté solennellement entre les mains du président du Sénat, en présence des deux Chambres réunies, et la main sur l'Évangile, le serment suivant que je n'ai pas besoin de traduire : « Yo, Anibal Pinto juro, per Dios Nûestro Senor y estos Evangelios que desempenàre fielmente el cargo de Presidente de la Republica ; que observare y protegere la religion catholica, apostolica, romana ; que conservere la integridad de independencia de la Republica y que guardere y harè guardar la Constitucion y las leyes. Asi Dios me ayude y sea en mi defensa y sino, me lo demande. »

Les Chiliens se distinguent par une tournure d'esprit sérieuse et pratique qui n'exclut pas cependant un vif attrait pour les plaisirs, la danse, le théâtre et la musique. Aussi se prétendent-ils les Anglais de l'Amérique méridionale, comme le Liménien croit ressembler au Parisien et le Buenos-Ayrien au Polonais. Mais s'ils ont le calme et la persévérance britanniques, ils ont la bonté accueillante et la vivacité françaises. Leurs prétentions anglomanes ne les empêchent pas de se modeler sur nous sous le rapport intellectuel et moral. C'est à nous qu'ils ressemblent par leurs modes, leurs goûts et leurs tendances.

Le sentiment national a une énergie et une vivacité très ardentes. Le Chileno est essentiellement patriote ; son patriotisme est un peu trop vantard et exalté peut-être, mais enfin il est plein de sincérité et de force. Il suffit, pour s'en convaincre, de lire l'histoire de ce pays. Ce fut lui qui eut l'honneur de faire entendre le premier cri de liberté, et depuis qu'il a secoué le joug espagnol, il a constamment défendu avec héroïsme son indépendance et sa dignité. Lorsque la *Ville-de-Madrid* se présenta inopinément en 1866 devant Valparaiso pour faire des propositions injurieuses, on lui fit cette réponse, qui provoqua dans tout le pays un élan admirable : « La République fortifiée par la justice de sa cause soutenue par l'héroïsme de ses enfants, prenant Dieu pour juge et le monde civilisé pour témoin de la lutte, défendra son honneur et ses privilèges jusqu'à la dernière extrémité, et fera la guerre par tous les moyens qu'autorise le droit des gens quelque extrêmes et douloureux qu'ils soient. »

On a dit, et non sans quelque raison, que la nature protège

le Chili contre la guerre civile et contre l'invasion étrangère. Resserré, en effet, comme il l'est, entre la mer et les Andes, il offre au vaincu peu de ressources pour se dérober ou prolonger la lutte. Aussi à la crise première et inévitable de la guerre de l'Indépendance, a-t-il vu succéder bientôt une ère d'activité régulière et de tranquillité féconde. La stabilité de ses institutions en a fait une nation sage et prospère, naturellement portée vers le développement de ses richesses matérielles et de sa puissance morale. Mais ces avantages, le Chili les doit surtout, je crois, au patriotisme ardent de ses trois millions de citoyens. — Je visitais un jour une maison d'éducation : « Voilà un étranger, dit-on aux élèves, qui vient du beau pays de France, après avoir vu l'Espagne, les possessions portugaises de l'Atlantique, le Brésil, l'Urugay et la République Argentine. Devinez quel est le pays qui lui convient le plus. » *El Chili!* Tel fut le cri poussé avec une frénétique ardeur par quatre à cinq cents voix, qui se mirent à chanter aussitôt, dans un enthousiasme spontané, leur superbe hymne national :

« Relève, ô Chili, ton front radieux ; — tu as conquis ton nom dans le combat. — Toujours noble, constant, généreux tu te montras aux fils du Cid. — Si le canon étranger osait jamais — envahir notre sol béni, — nous lèverions notre épée — et nous saurions vaincre ou mourir. »

Et ils chantèrent ainsi tous les couplets de l'hymne guerrier avec un magnifique entrain. J'étais ému de cette démonstration saisissante et je me disais, en présence d'un tel élan, qu'un pays doit avoir de grands citoyens et de nobles héros, quand il a des jeunes gens et des enfants si enthousiastes et si ardents.

Heureux les peuples qui croient à Dieu et à la liberté !

LE PÉROU

I

De Valparaiso au Callao, la traversée est ordinairement d'une tranquillité parfaite et d'un calme idéal. Rien de plus enchanteur que les régions de l'Océan Pacifique, qui, là, justifie admirablement son doux nom. Vastes et splendides solitudes qui s'animent sous les caresses de la brise! Presque toujours le ciel est pur, l'horizon limpide et la mer d'un bleu éclatant. Mais c'est surtout pendant la nuit, quand le soleil s'est royalement couché, enveloppé de son manteau de pourpre, qu'il est beau de la contempler. Je n'ai jamais vu une phosphorescence aussi brillante que dans ces parages. Que de fois ne me suis-je pas surpris des heures entières mollement appuyé sur le bastingage de la dunette, absorbé dans la contemplation de cet océan de lait ou de feu ! Tantôt des jets de lumière s'élancent du fond des flots, tantôt les lames s'étendent au loin jusqu'aux limites de l'horizon, semblables à une immense étoffe d'argent. C'était parfois autour de la *Junon* un cercle de lumière si éblouissant que l'officier de quart en était dérangé pour la surveillance. Et puis quel ciel ravissant! Voyez scintiller ces étoiles au milieu desquelles se détachent, en signes flamboyants, les bras de la radieuse *Croix du Sud!*

Rien n'égale la magnificence de ces nuits tropicales et je ne songe jamais sans émotion aux heures délicieuses que j'ai passées dans cette solitude immense où l'âme, dit Montaigne, a de quoi se rassasier en toute liberté. — Là, perdu dans l'immensité, je ne me lassais point de contempler ces merveilles du ciel et ces flots qui jetaient aux loin leurs flammes avec leur murmure poétique et harmonieux, tandis que mon imagination s'abandonnait complaisamment à des rêveries profondes comme l'infini qui m'entourait.

Les chants homériques personnifient les aspects de la mer dans les trois Néréïdes: la Bleue, la Lactée, la Verdoyante... Le poète antique en a oublié une quatrième: la *Rouge*. Je l'ai vue, celle-là, bien des fois dans ma traversée du Chili au Pérou. Nous nous sommes souvent trouvés en présence d'une *mer de sang*. — De tous les côtés, alors, les flots de l'océan se déroulaient jusqu'aux extrémités de l'horizon comme les sillons d'une vaste plaine rouge et sanguinolente. Puis, tout à coup, ils passaient à une teinte verte ou noirâtre pour reprendre encore, bientôt après, leurs sinistres couleurs. Spectacle d'un effet sombre et imposant! Cette mer, dans un ciel parfois voilé, rappelait les visions les plus fantastiques.

D'où vient ce phénomène? Les hypothèses les plus diverses ont été faites à ce sujet. Sont-ce des volcans sous-marins qui lancent des matières embrasées? Cette coloration n'est-elle pas due plutôt à des suspensions d'animalcules ou de végétaux? C'est

La côte est généralement nue et stérile.

cette dernière hypothèse qui est la plus vraisemblable. M. Collot
fit prendre, en effet, un peu de cette eau, qu'il examina avec beaucoup d'attention. A l'aide d'une loupe il y observa une foule de
matières et d'animalcules colorants. C'est par le même phénomène
d'ailleurs que l'on explique la mer de Phosphore et la mer de Lait.
Et voilà les merveilleux effets produits par ces microscopiques
habitants de l'abîme !

Entre les deux grands ports du Pacifique méridional, la côte est
généralement nue et stérile. A part quelques rares oasis, c'est un
désert, et la lumière éclatante du soleil tropicale qui l'inonde ne
sert qu'à mieux caractériser cette désolante nudité. Il y a dix-huit
Intermedios (ports intermédiaires) dont les principaux sont :
Coquimbo, *Caldera*, *Antofogasta*, *Cobija*, l'unique port de la
Bolivie d'où s'exporte une grande quantité de quinquina et de
minerai de cuivre, *Iquiqua*, *Arica* et *Pisco*, dans le Pérou.

Nous avons visité *Coquimbo* et la *Serena*, deux villes d'une propreté remarquable, reliées par un chemin de fer. Assez jolie cette
dernière, mais absolument sans mouvement. J'en ai parcouru les
rues principales et la grande place sans entendre d'autre bruit
que le murmure des frais canaux qui embellissent la petite cité et
de temps en temps les sons aigus de quelque viguela ou de quelque
piano. — C'est le siège d'un évêché. — Les religieuses françaises
des Sacrés-Cœurs y ont un petit couvent et une école gratuite.
Nos compatriotes sont au nombre de cent environ dans cette
ville ; le hasard nous en fit rencontrer un dans cette rapide excursion : c'était un Provençal aux cheveux blancs, mais encore vert.
Il nous serra la main avec une cordialité sincère, et la mélancolie
qui voilait son regard nous fit penser qu'il avait sujet de regretter
son pays.

Voyez là-bas, à l'extrémité de l'horizon ces îles informes. C'est
la richesse du Pérou : on a deviné que je veux parler des fameuses

îles *Chinchas*, qui ont fourni jusqu'ici tant de guano. — En face de *Pisco* et à 20 kilomètres seulement de la côte, — 14° degré de latitude. Depuis 1841 jusqu'en 1871, en trente ans, elles ont rapporté au Pérou près d'un milliard. Tout le monde connaît cet engrais, qui n'est autre chose que les détritus accumulés pendant des siècles sur les rochers des bords de la mer et des îles avoisinantes par des bandes innombrables d'oiseaux. Comme ils seraient fiers les pélicans, les cormorans, les mouettes et autres volatiles qui habitent ces parages, s'ils connaissaient l'importance des services qu'ils rendent à leur patrie !...

Le mode de chargement est des plus simples : les navires vont s'amarrer contre la roche et les travailleurs, surveillés par des agents du fisc, déversent le guano par des manches interminables en toile forte qui descendent du haut de la falaise dans la cale des bâtiments jaugés à l'avance. Les navires s'y trouvent parfois en grand nombre : aussi chacun d'eux reçoit-il à son arrivée un numéro d'ordre indiquant son tour de chargement, — et le tour se fait parfois très longtemps attendre. — J'ai vu au Callao la *Maris-Stella* de Bordeaux, qui allait chercher là son fret pour revenir en France ; mais le capitaine en était médiocrement charmé et craignait fort d'être retenu deux ou trois mois dans cet odorant séjour. Que l'on ajoute à cela les *parfums* dont cette matière imprègne tout le navire, et l'on comprendra qu'un tel chargement n'ait rien de séduisant.

Quant à l'exploitation du guano, le gouvernement à suivi divers systèmes : tantôt il s'en est réservé le monopole exclusif, tantôt il a cédé ses droits à des particuliers pour se faire avancer des fonds. On connaît les emprunts de 1870 et de 1872, qui hypothéquaient l'exploitation de cet engrais pour l'époque où cesserait le contrat Dreyfus, de Paris. Mais bientôt après, le cabinet de Lima signa un nouveau contrat avec une autre maison, — de

Londres, — en dépit de ses engagements antérieurs. — Et ainsi on entend se mêler et s'entrecroiser avec violence les réclamations des deux consignataires et des porteurs de bons.

Etrange imbroglio auquel on ne comprend qu'une chose : c'est que ces expédients révèlent des désordres dans l'administration et des spéculations au moins harsardées, et qu'ils nuisent singulièrement au crédit et à la considération du gouvernement péruvien. Heureux encore si tant de richesses matérielles, — prodigieuses, mais non inépuisables, — ne l'endorment pas dans une fatale sécurité et, tout en dorant le présent, ne compromettent pas gravement l'avenir !

Le 30 septembre au soir, nous arrivons à la rade du Callao par le canal du Bouqueron, peu fréquenté parce qu'il est réputé très dangereux. C'est au point que les assureurs refusaient autrefois de garantir les navires qui devaient le franchir. D'un côté nous avons la côte péruvienne, de l'autre l'île *San-Lorenzo*, immense lambeau détaché du continent par le grand terremoto de 1746. Pourquoi lui a-t-on donné le nom du martyr de Valérien ? Est-ce à cause de la stérilité qui semble augmenter chaque jour, sous les feux d'un soleil torride ?... Tout dormait lorsque l'ancre fut jetée dans le port. Un magnifique clair de lune nous permet cependant d'apercevoir les maisons blanches du Callao. Et dans le lointain brillent les dômes et les clochers des églises de Lima, et enfin, à l'extrémité de l'horizon, se détache la blanche crête des Andes, comme un phare gigantesque allumé par les mains de Dieu.

La rade du Callao est vaste, sûre et bien abritée, mais malsaine. Les détritus accumulés dans les eaux qui fermentent sous l'action de la chaleur, les gaz sulfureux qui s'échappent de son fond volcanique, engendrent parfois des miasmes pestilentiels et répandent de nauséabondes odeurs.

Une compagnie française y a construit un port remarquable.

Des murs gigantesques ont été élevés dans l'eau avec des sacs à moitié remplis de chaux hydraulique... Les sacs se sont ajustés en s'affaissant et la chaux, qui a durci, a formé ainsi des murs aussi solides que curieux. Le môle, un des ouvrages les plus considérables qui aient été exécutés sous la vice-royauté de don Antonio Amat, présente une activité extraordinaire. Des grues et les palans ne cessent jamais leurs horribles grincements et des wagons emportent constamment des stocks de marchandises vers les magasins de la Douane.

Des oiseaux divers voltigent toujours dans la rade, qu'anime surtout le mouvement incessant de canots à vapeur, de remorqueurs, de chalans, de chaloupes et d'embarcations de toute sorte. — De tous côtés on aperçoit des navires, des paquebots, des vaisseaux militaires... C'est comme une forêt de mâtures qui se dresse vers le ciel.

On aperçoit encore, sur la plage, les débris de quelques navires détruits par les Espagnols au fameux siège de 1866. — Non loin de là se détache comme une grande masse le fort de Castillo, célèbre par l'héroïque défense du colonel Rodil, à la fin de la guerre de l'Indépendance. Avec mille soldats, il tint longtemps en échec une armée de six à sept mille hommes. Il sortit de la forteresse épuisé, vaincu, — le 23 janvier 1826, — mais avec une brillante auréole de gloire, et admiré même de ses vainqueurs. Les fortifications ont coûté à l'Espagne des sommes folles, ce qui faisait dire à Philippe III : « Elles doivent être prodigieusement hautes, et comment ne les aperçois-je pas, avec un télescope, de mon palais de Madrid ? »

La ville est très insignifiante ; mais quel mouvement commercial ? Plus des deux tiers des transactions de la République passent par ce port, l'un des plus fréquentés du globe et peut-être le premier de l'Amérique du Sud.

Il n'y a qu'une faible distance du Callao à Lima ; la route cependant était autrefois pleine de périls, et Dieu sait combien de voyageurs ont été dévalisés ou tués par des bandes de *salteadores*. Mais, depuis 1856, un chemin de fer — le premier qui ait été construit au Pérou, — relie le port à la capitale. — Vingt minutes de trajet, et deux trains par heure : car il y a deux lignes, l'une anglaise, et l'autre américaine.

Nous voici à Lima, cette ville enchanteresse dont le nom sonne comme une mélodie : cité brillante par le lustre actuel qui l'éclaire, mais surtout par l'éclat que reflète en elle la gloire du passé. Vue du Callao ou d'une certaine distance, l'ancienne *Ciudad-dos-Reyes* offre un beau coup d'œil. On voit s'élever dans les airs des dômes et des clochers majestueux à la manière mauresque, qui donnent à cette ville un caractère particulier d'originalité et de splendeur. Des arcs de triomphe, de beaux palais, de grands couvents et des églises, aussi riches que nombreuses, attestent à chaque pas sa grandeur et sa magnificence passées. Une belle avenue, l'Alameda, plantée d'une rangée d'arbres majestueux, sert de promenade publique.

La *plaza Mayor*, ou place du Gouvernement, est assez belle et imposante. La cathédrale, l'archevêché et le palais national en forment deux côtés, les autres sont occupés par de magnifiques galeries, où rayonnent les plus originales et les plus luxueuses fantaisies. Au milieu, une grande fontaine en bronze, au sommet de laquelle brille la Renommée prête à prendre son essor. La plaza Mayor est le Palais-Royal de Paris, le rendez-vous habituel des étrangers et des oisifs. On y jouit, au reste, d'un panorama moral aussi étrange qu'instructif. Voyez cette foule immense, bruyante : des gens de toutes les couleurs, de tous les nations, de toutes les conditions, de tous les costumes. Les Indiens, les Nègres, les Mulâtres, les Cholos, les Chinois, enfin tous les spécimens des diverses races du globe s'y trouvent dans un pêle-mêle étonnant. On dirait une tour de Babel. Ce mélange de couleurs, de mœurs et de costumes éblouit le regard comme les tableaux variés d'un kaléïdoscope et donne à Lima une physionomie pittoresque et gracieuse, qui rappelle celle de Constantinople. — Ajoutez encore à cela le contingent d'originalité qu'apportent les moines de tous ordres avec leurs costumes divers, depuis la robe blanche du dominicain jusqu'au manteau noir orné de la croix écarlate de l'*hermano de la Buena-Morte*, et enfin représentez-vous les senoritas qui, fort gracieuses sous leur mante, jettent sur toute cette scène le rayon le plus poétique et le plus coloré.

Devant les maisons se projettent ordinairement des balcons en bois garnis de châssis de verre qui les ferment complètement. Étranges et jolies galeries tout inondées d'air et de lumière, observatoires gracieux et commodes où les Liméniennes passent une partie de la journée à regarder les passants.

Voici tout près de la *plaza Mayor*, l'artère principale de la ville, *calle de los Mercadores* « la rue des marchands », réellement belle avec les grands magasins qui la bordent. Quels diamants, quels bijoux ! admirez cet amoncellement de soieries chatoyantes, de bibelots éclatants et ces délicieuses merveilles de l'élégance et du goût. Fatales pommes du paradis, éblouissantes séductions pour les Èves qui passent ! Ce sont des étalages ravissants, dignes de ces splendides magasins de Paris dont les exhibitions luxueuses tiennent de la féerie. Heureux les Français possesseurs de ces magnifiques galeries ! Ils ont gagné et ils gagnent encore des sommes folles ; car les Liméniennes aiment prodigieusement le luxe et tout ce qui vient de la France. Les maisons tenues par les indigènes ont beaucoup moins de vogue que celles de nos compatriotes.

Au reste, ce n'est pas seulement dans le domaine commercial

que se fait sentir notre influence. Nous sommes réellement aimés
là-bas. Les Péruviens s'appellent eux-mêmes avec orgueil les
Français de l'Amérique du Sud. Ce fut un Français, M. Jarié, qui,
il y a quelque dix ans, organisa l'École des Arts-et-Métiers. Avec
deux millions il éleva un bâtiment superbe rempli de machines et
d'appareils venus de Paris. Cours de dessin, de mécanique, d'as-
tronomie, etc., rien n'y manque pour l'instruction des jeunes
Péruviens. C'est encore à un Français, M. Radier-Fœdéré, juris-
consulte distingué, que l'Université de Lima doit l'organisation de
sa Faculté des sciences politiques et administratives.

La France est l'Athènes de cette Ionie transatlantique.

Nos compatriotes sont au nombre de dix mille environ dans la
capitale du Pérou. Ils ont une chambre spéciale de Commerce, un
cercle et une Société de bienfaisance avec un hospice particulier
que dirigent avec un dévouement intelligent les sœurs de Saint-
Joseph. — Le lendemain de la fête des Morts, le Comité directeur
de la Société fit célébrer à l'église de la *Guadalupe* un service
religieux en l'honneur des Français morts au Pérou. J'assistai,
avec la plupart des voyageurs, le commandant et les officiers de
la *Junon*, à cette touchante cérémonie, où j'entendis des mélodies funèbres d'un effet saisissant. Le nonce du pape, évêque
d'Héliopolis, voulut bien l'honorer de sa présence, et Mgr Rocca
y prononça une allocution française pleine de délicatesse et de
cœur.

Les Chinois constituent une des physionomies particulières de
Lima. Très curieuse les longues tresses d'ébène au milieu d'une
population déjà si bariolée ! — Ils sont plus de quinze mille dans
la capitale du Pérou, les Célestes. Ils occupent des rues entières
et des quartiers importants, où ils vendent, avec l'habileté commerciale qui les distingue, les produits de leur pays, le thé, les
épices, les tapis et ces mille objets de luxe de plus en plus

recherchés. On se croirait transporté dans quelque ville du Céleste-Empire. J'aimais surtout à les voir compter, gravement assis devant leurs comptoirs, avec ces marques dont on se sert dans le jeu du billard. C'est un plaisir que de les voir remuer ces petits morceaux de bois, les faire courir de droite à gauche, les réunir, les séparer, les bouleverser. Ils font de cette manière, et en un clin d'œil, les calculs les plus compliqués.

Le jardin ou Parc de la *Exposicion* rappelle la *Quinta normal* de Santiago. Le palais est bâti sur de grandes proportions avec assez de goût. Tout autour se déroulent au loin des parterres arrosés d'eau vive, des bosquets formés d'arbres extrêmement variés, des plates-bandes où s'épanouit la flore de tous les pays du monde. Diverses constructions sont réservées aux animaux et dans de belles serres on admire des plantes dont la délicatesse ne résisterait point à l'ardeur du soleil. Plusieurs bassins réfléchissent dans leurs eaux transparentes les palétuviers, les amancaës et mille autres fleurs dont j'ai su et oublié les noms.

Non loin de la ville se trouve le cirque célèbre *Del Acho*. Très passionnés les Péruviens pour les courses de taureaux ! Ils ont imaginé à cet endroit un raffinement sinistre de volupté inconnu, je crois, des Espagnols. Ils ont des combats de nuit. On met entre les cornes de ces pauvres animaux des torches enflammées qui les jettent dans une épouvantable fureur. Aussi faut-il alors des *picadors* d'une force et d'une adresse inouïes. Spectacle bien propre, on le comprend, à produire l'effet le plus fantastique et à procurer à la multitude la dangereuse volupté des violentes émotions !

Les édifices religieux sont bâtis dans les différents genres de Renaissance, mais avec un mélange plus ou moins accentué du style mauresque. Les églises ont, presque toutes, deux clochers reliés par une façade souvent badigeonnée avec les plus criantes couleurs. A quelque distance elles produisent un bel effet, mais vues de près elles perdent beaucoup de leur grandiose. Des figures fantastiques, construites en stuc, sans style et sans goût, les ornent ou plutôt les déparent de tous côtés. Pour une belle statue, on en trouvera cent qui sont plus qu'insignifiantes et affectent des poses ridicules et insensées. Il y a des exceptions cependant : la façade de l'église de *la Merced* est assez remarquable : on dirait un fouillis de dentelles avec les ornementations pittoresques et gracieuses qui la couvrent.

La cathédrale mérite sa renommée. La façade, magnifiquement sculptée et ornée de fines colonnes corinthiennes et de plusieurs statues, est flanquée aux deux extrémités de deux tours d'ordre toscan de douze mètres de large sur cinquante de hauteur. Elle a un développement de plus de cent cinquante mètres. Plusieurs marches en marbre blanc conduisent à la plate-forme qui donne accès à l'église. La porte principale, qui a cinq mètres sur dix, est appelée la porte du Pardon. L'ensemble présente un aspect très imposant.

Dans l'intérieur, le chœur fait l'effet d'une église enchâssée dans la cathédrale ; il est beaucoup trop grand : car dès qu'on a franchi le seuil de la porte, on se heurte contre les premières boiseries. Le maître-autel, entouré de deux balcons, est élevé de dix marches en marbre blanc au pied desquelles reposent, dit-on, les restes de Pizarre. A côté de peintures détestables, il y a quelques tableaux de maîtres, entre autres la *Sainte Véronique* de Murillo. On y admire encore un orgue splendide, une grande quantité d'ornements en or, des colonnes en argent massif et des boiseries sculptées, vraies merveilles de dessin et d'exécution.

Les cérémonies se font dans toutes les églises de Lima avec une imposante splendeur. J'ai assisté notamment, dans l'église de l'Immaculé-Conception, à une pieuse réunion de l'*Hermandad* de Notre-Dame de Lourdes. Des milliers de lumières brillaient de tous côtés, jetant leurs flèches d'or sur d'innombrables vases précieux. Des guirlandes de fleurs festonnaient le long des murs, et des anges placés de distance en distance portaient des banderolles où on lisait en lettres flamboyantes les paroles de la Vierge à l'immortelle bergère. Et à la droite du maître-autel, au milieu des lumières et des fleurs se détachait la grotte mystérieuse, de cinq mètres de hauteur, où apparaissait resplendissante la Mère de Dieu, ayant à ses pieds Bernadette plongée dans le ravissement de l'extase. *Las hijas de Nuestra Senora de Lourdes* s'étaient surpassées en accumulant devant ce groupe adorable toutes sortes d'ornementations et de richesses. De petites filles, — anges vivants, — ravissantes dans leurs robes de neige et sous leurs diadèmes de fleurs, entouraient l'autel de la Vierge.

Pendant la sainte communion, donnée par le nonce du Saint-Père, deux prêtres le suivaient, balançant toujours l'encensoir. Et toute la cérémonie durant, des flots d'harmonie et des chants délicieux! Un orateur éminent fit entendre à ces dames de charité quelques paroles éloquentes contre les excès du luxe.

Le luxe! Là-bas aussi, comme en France et peut-être davantage, il règne en souverain. Les journaux, ceux mêmes qui se piquent de religion et de gravité, contiennent des articles souvent mondains, qui rappellent le délicieux carnet d'*Étincelle* et les ravissantes bluettes de *Stella*.

Lima possède de magnifiques hôpitaux confiés aux soins des admirables Filles de la Charité. Ceux de Saint-Jacques et *del Dos de Mayo* offrent un luxueux confort. Dans ce dernier, je trouvai un cadavre dont le suaire m'intrigua beaucoup. C'était une robe de religieux couleur grise dans laquelle il avait été cousu. Je demandai des explications à ce sujet, on me répondit que beaucoup de moribonds à Lima ont coutume d'acheter un habit de Franciscain, pour mieux capter la bienveillante protection du portier du Paradis. C'est ce qu'ils appellent *faire hériter leur âme*. On m'a raconté sur cette étrange superstition des faits singulièrement divertissants.

Il y a à Lima un grand nombre de couvents plus ou moins remarquables, parmi lesquels je citerai celui de San-Francisco. C'est un des plus anciens qui aient été construits par les moines espagnols. Il a beaucoup perdu maintenant de ses fabuleuses richesses. Il est lambrissé de carreaux de faïence, qui forment des arabesques. J'ai passé des heures bien douces dans le dédale de ses sombres cloîtres, de ses immenses galeries et dans ses jardins pleins de fleurs, d'orangers, de manguiers et de tant d'autres arbres tropicaux qui jettent aux alentours leurs ombrages et leurs parfums. Dans beaucoup de ces monastères dorment des chefs-d'œuvre d'art, de magnifiques pages de Zurbaran, de Murillo et d'autres grands maîtres. Peut-être serait-il possible, à un amateur un peu riche, de faire là des acquisitions infiniment précieuses. J'ai visité bien d'autres couvents plus ou moins intéressants aussi, mais dont je n'ai pas le temps de parler. L'âme se complaît dans le sentiment mélancolique qu'ils inspirent et revient avec plaisir sur un passé qui, avec bien des abus, lui rappelle beaucoup de foi et de grandeur.

Non loin de Lima se trouve la ville d'*Ancon*, très célèbre par les *huacas* ou antiquités indiennes qu'on découvre dans ses nécropoles. Quelques passagers de la *Junon* y ont fait des fouilles fort intéressantes. D'ailleurs ces reliques d'un autre âge abondent au Pérou. Il y en a des collections très remarquables chez de riches Liméniens. Rien ne saurait donner l'idée de ces merveilles infiniment variées. Ce sont des momies, des objets de céramique, de terre cuite, des vases aux formes bizarres, des étoffes avec des dessins fantastiques, des ciselures sur métal, sur bois, des dessins en repoussé. Tout cela est excessivement curieux et d'un prodigieux intérêt au point de vue de l'art et des études sur une civilisation fort remarquable, aujourd'hui totalement disparue. Mais on doit nécessairement renvoyer le lecteur à des ouvrages spéciaux, pour des détails plus complets, qui ne sauraient trouver place dans un simple récit de voyage. J'ai sous les yeux un bel ouvrage sur ce sujet. C'est *Pérou et Bolivie*, de Ch. Wiener, un jeune savant, qui a été chargé, en 1877, d'une mission scientifique par le gouvernement français. Si je suis obligé de faire mes réserves à l'endroit de ses opinions religieuses, je reconnais volontiers que son travail est d'une lecture attachante et d'une érudition profonde.

Une merveille qu'il faut absolument voir au Pérou, c'est le ferro-carril central transadino de la *Oroya*. Il atteint une altitude de près de 5.000 mètres, c'est-à-dire la hauteur du Mont-Blanc. Et il n'est pas encore terminé ! Il doit relier le Pérou au Brésil septentrional par l'amazone et ses affluents. C'est une des entreprises les plus gigantesques du monde, et elle suffit largement à la gloire de l'ingénieur français, M. Malinowski, qui voulut bien nous faire lui-même les honneurs de son étonnant chef-d'œuvre. La voie commence surtout à devenir imposante quand elle attaque la Cordillière. Ce sont des zigzags insensés. A tout moment des précipices affreux au fond desquels mugissent des torrents. Parfois on aperçoit des ruines sombres et des terrasses curieusement étagées sur la montagne et datant des Incas. Le sauvage le dispute constamment au grandiose. Ce sont des paysages affreusement tourmentés qui ne cesse d'exciter la curiosité. Le ferro-carril développe avec mille contours ses anneaux gigantesques pour escalader les Andes, tantôt s'accrochant audacieusement aux flancs des rochers, tantôt s'enfonçant dans d'interminables tunnels. C'est vraiment une succesion de rêves fantastiques. Quand on songe que ces montagnes étaient naguère si solitaires, si inaccessibles et que tout voyageur peut maintenant les parcourir aussi facilement que les plaines peuplées de l'Europe, on reste écrasé d'étonnement et d'admiration. Où donc s'arrêtera le progrès matériel ? où devront se réfugier les amants passionnés de la solitude et du silence ?

II

On dit que le dernier des Incas, ayant un jour reçu un livre en présent, le porta à son oreille pour voir s'il parlait. Il est bien loin, ce temps !

Depuis quelques années surtout on remarque un grand mouvement intellectuel qui s'accentue chaque jour davantage. Les sages réformes de don Manuel Pardo, le prédéceseur du président actuel, ont excessivement contribué à ce réveil et à cette féconde impulsion. Je ne crois pas çependant que les Péruviens fassent jamais avancer beaucoup les sciences, les lettres et les arts.

Dans les pays tropicaux, on travaille moins qu'on ne dort ; les peuples jeunes n'étudient guère : ils rêvent et ils chantent. Il y a néanmoins à Lima, et généralement dans les grandes villes, de brillantes exceptions. *La Patria* et d'autres journaux publiés à la capitale sont très sérieux et fort bien rédigés. J'y ai trouvé des articles solides et intéressants, qui n'auraient pas été déplacés dans les feuilles les plus estimées de France. Beaucoup de Péruviens sont très lettrés et parlent couramment le Français et l'Anglais. Invité un soir chez M. Saillart, consul de France, au Callao, je trouvai en arrivant dans son salon un grand nombre de senoras et de senoritas. Comme elles me parlaient en espagnol, j'avouai humblement mon ignorance de cette langue. « Eh bien ! alors ! gazouillent en chœur toutes ces fraîches voix, nous allons parler en français. »

Et voilà aussitôt toute cette jeunesse qui se met à babiller avec un merveilleux entrain. C'est une cascade délicieusement bruyante de questions, de réponses, de nouvelles, de gracieuses frivolités et de ces mille jolis riens dont lès femmes ont le secret. Mais quelle diction pure et même quelle élégance ! — J'étais fier et heureux de voir l'influence de ma patrie se traduire ainsi d'une manière si noble et si délicate. — Elles-mêmes, d'ailleurs, semblaient fort aises d'étaler leur instruction et elles ne se récriminèrent pas du tout quand je leur dis : « Je ne m'étonne pas, mesdames, de votre connaissance du français : c'est la langue universelle de la distinction et de l'esprit ! »

Les Péruviens ont de grandes dispositions naturelles pour les arts. Ils ont eu parmi eux des artistes qui se sont fait un nom en Europe. Dès la fin du seizième siècle, un descendant des Incas, don Francisco Tito Yupangui, s'était acquis de la réputation comme statuaire. Miguel de Santiago, né au Pérou, voyait ses œuvres admises à Rome ; André Morales, Vela, le Morlaque et bien d'autres encore se sont acquis une juste célébrité. D'ailleurs les Espagnols ont importé dans ces heureuses régions des quantités incroyables de tableaux. Aujourd'hui encore les murs de certaines églises en sont presque entièrement recouverts, les galeries des cloîtres en fourmillent et plusieurs maisons partiticulières possèdent des collections excessivement précieuses.

Le musée de Lima, fondé en 1836, renferme des tableaux et une série de portraits qui représentent tous les vice-rois, les gouverneurs à partir de Pizarre, marquis de Las Atavillas, jusqu'à don José La Mar, Bolivar et San-Martin. On y admire aussi beaucoup de produits géologiques et d'antiquités indiennes.

Mais voici un musée plus important qui appartient à un particulier, don Manuel Ortez de Zeballos. Il y a deux cents ans que la collection a été commencée par un de ses ancêtres, qui la forma d'abord avec des tableaux achetés aux couvents et aux églises. Constamment augmentée depuis, elle s'est enrichie des collections du marquis de Lara et de celles de grandes familles espagnoles et italiennes.

Le Dominicain y rayonne avec son *Extase de saint François* et la *Mort de saint Jérôme*. On y marche à travers les Raphaël, les Michel-Ange, Titien, Rembrandt, Van Dych, Le Poussin, Rubens, Le Tintoret, Murillo, Velasquez. — Voici un beau Zurbaran : *Louis de Grenade devant son modèle saint Jean Chrysostome.*

La reine Isabelle a voulu l'acheter à tout prix en 1867. Elle envoya un messager spécial à don Zeballos, qui refusa inexorablement les offres royales. Plus loin un petit salon, une manière de boudoir, puis un oratoire ravissant. Il y a encore là un grand nombre de toiles religieuses et un amour de petit autel sculpté et doré, de Benvenuto Cellini.

Quelle magnifique collection! Pourquoi m'étendrais-je autrement à en faire des descriptions insuffisantes et des éloges inutiles?... Mais toutes ces peintures sont-elles réellement authentiques? J'ai entendu de véritables connaisseurs affirmer qu'il y en a certainement un *très grand* nombre. Don Zeballos, naturellement, ne manque pas de soutenir que toutes sont bien des artistes auxquels on les attribue. Je suis très incompétent sur cette question générale, mais il est du moins un tableau en particulier au sujet duquel je me permets de trouver étrange la prétention du riche Liménien. C'est la *Communion de saint Jérôme*. Le tableau du Vatican ne serait donc qu'une simple reproduction, et tous les artistes, tous les savants qui, depuis le seixième siècle, l'ont toujours regardé comme l'œuvre originale du grand peintre italien, se seraient trompés ?

Voilà qui est tout à fait invraisemblable, et comment expliquer l'origine d'un telle erreur ?

La *Communion de saint Jérôme* passa en France en 1797 avec tant d'autres richesses artistiques, en vertu du traité de Tolentino. On l'estima alors à Paris cinq cent mille francs. Elle fut rendue plus tard, — aux traités de Vienne, — avec d'autres tableaux, entre autres la *Transfiguration* de Raphaël [1].

Il est certain que les grands peintres d'Italie, d'Espagne, etc., ont travaillé pour le Pérou et d'autres pays de l'Amérique Latine, mais ce n'est pas là qu'ils envoyaient leurs capitales, et, au surplus, il ne devaient pas mettre toujours le dernier soin dans l'exécution de commandes aussi lointaines.

Mais si la *Communion de saint Jérôme* et tels autres tableaux de don Zeballos ne sont pas d'une incontestable authenticité, il lui en reste assez de réellement originaux pour donner à son musée une immense valeur. Y a-t-il en Europe beaucoup de collections particulières qui puissent lui être comparées ? Don Manuel est plus qu'un amateur. C'est, — en peinture, — un pur connaisseur et un fin dilettante. Avec la plus gracieuse courtoisie, il nous a fait les honneurs de sa galerie, et tout en nous promenant au milieu de ses merveilles artistiques, il n'a cessé de nous intéresser par une foule de curieuses explications et de piquants détails.

---

[1] Voyez Valentini, *le Vatican illustré*, XVIe vol.

Il est à regretter seulement que la salle principale, qui renferme tant de chefs-d'œuvre, soit aussi insignifiante. Elle est construite en bois, au milieu de la cour. Il y a là un défaut d'harmonie shocking, et un vrai danger. Si, d'aventure, un incendie s'y allumait, tout serait en un instant la proie des flammes. N'y a-t-il pas là de quoi faire frémir de terreur les amoureux fanatiques de l'art, comme Paul de Saint-Victor, qui s'écriait un jour : « Une vertu se retire du monde lorsqu'il se perd un chef-d'œuvre ; une influence féconde, un enseignement inépuisable part avec lui. Qu'on se souvienne de la sensation que produisit, il y a quelques années, la perte du *Martyre de saint Pierre* du Titien, brûlé dans une église de Venise ! » Sans s'élever à ces considérations transcendantes, on est péniblement impressionné par la vue de cette salle presque délabrée et on songe au mot gracieux de Sainte-Beuve, qui disait un jour : « Fi d'une maison pleine de chefs-d'œuvre, mais dont les vitres sont mal lavées ! Je veux qu'on regarde en passant mes tableaux, mes livres et le portrait de mes amours. » Mais cela n'enlève rien au mérite essentiel et à la valeur intrinsèque des collections de M. Zeballos. Peut-être même ne pourrait-il avoir une installation plus luxueuse qu'en sacrifiant quelques-uns de ses tableaux. Or, il ne veut pas en céder un seul ; il a refusé les propositions de la reine Isabelle ; il vient de repousser encore celle du gouvernement chilien, qui lui offrait, paraît-il, quinze millions de son musée ! Il a fièrement répondu qu'il ne se croit pas le droit de sacrifier le noble héritage qu'il tient de ses ancêtres et qui est l'honneur de sa famille.

Honneur à un blason si délicat ! Rien ne le dore et ne l'embellit comme cette fierté et cette passion de l'art.

Ce n'a pas été une de mes moindres émotions, dans la capitale du Pérou, que de visiter le sanctuaire de sainte Rose de Lima. J'ai vu la maison où elle est née, la cellule où elle est morte, j'ai

baisé ses reliques ; mais je ne m'étends point autrement ici sur ce
cher souvenir, car je veux lui consacrer incessamment un opuscule spécial, afin de payer plus dignement à la sublime patronne
de toutes les Amériques, ma dette de reconnaissance et d'amour.

Une des plus attrayantes curiosités de Lima est le cimetière. Là,
ainsi que dans certaines villes de l'Espagne et dans les pays hispano-américains, au lieu d'enterrer les morts comme en France,
on les niche dans une espèce de columbarium en plein air. Dans
de larges murailles, on pratique des ouvertures dans lesquelles
on place les cercueils : on dirait les alvéoles d'une ruche gigantesque. Et ces murs dominent une série de jardins, au milieu desquels poussent des arbres et des fleurs. On se croirait dans une
petite cité. Voilà ce qu'on appelle *Panthéon.* Pourquoi ce nom
pompeux?... On y admire de superbes mausolées, la plupart en
marbre : ils viennent généralement d'ailleurs de l'Italie, ce pays
classique de la sculpture et des arts. Descendez dans un de ces
caveaux et vous y trouverez — comme dans le reste du cimetière,
— les cercueils renfermés dans des niches creusées dans la profondeur des murailles. Cela rappelle beaucoup les Catacombes de
Rome. Beaucoup de ces éternels endormis sont représentés là par
des statues plus ou moins remarquables. Impossible de trouver des
œuvres plus vivantes. Parfois, on croit voir remuer les lèvres et
les yeux de ces blancs fantômes sculptés dans un bloc de marbre
par un ciseau inspiré. Avec quelle expression ils prient et ils
pleurent suivant l'adage latin: *Flent lapides !* Et les croix qui les
ombragent « se montrent toujours au-dessus de la mort, comme
on aperçoit encore à la surface de l'Océan le mât d'un navire qui
a fait naufrage. »

Voici un monument de toute beauté, dominant la cité funéraire
comme un phare sur les bords de la mer. C'est la Patria Peruana
qui l'a élevé à un de ses plus grands citoyens, dont je ne puis plus

lire le nom sur mon carnet. Ses qualités et ses talents sont sym-
bolisés par quatre grandes figures : *Sciencia — Prudentia —
Fuerza — Firmeza.*

Très imposant aussi le mausolée de *Ramon Castilla*, qui, pendant sa présidence de la République, s'acquit le glorieux titre de
Libertador del Indio y del Negro. Ici un héros de l'Indépendance,
là un martyr *del 2 de mayo*, au bombardement du Callao, en 1864.
Plus loin, un patriote modèle de toutes les vertus civiques.
Saluons ce magistrat célèbre, ce poète fameux ce philosophe
immortel !...

Le musée de la mort renferme l'histoire vivante des peuples.
Que de figures, que de statues ! Combien de choses ne raconte-
raient-elles pas, si elles descendaient un moment de leurs socles !
C'est ainsi qu'au pèlerinage pieux et sentimental s'ajoute, dans
l'enceinte funèbre, une excursion historique du plus puissant intérêt : car les plus grands hommes du Pérou reposent là sous des
monuments plus ou moins riches, qui contiennent parfois des inscriptions très instructives.

Les devises mortuaires sont ordinairement simples et délicieusement consolantes : elles répandent comme un arome de regrets
et un parfum d'espérance.

Voici un nom français bien sympathique et bien glorieux :
de Lesseps. Un frère de l'immortel créateur du canal de Suez a
été consul général de France au Pérou. Son caractère aussi
élevé que bienveillant lui avait acquis une considération et une
estime universelles. Aussi son souvenir vit-il toujours là-bas, et
beaucoup de Péruviens et de Français m'en ont parlé avec un
respect attendri. Il est mort à Lima, le 18 mai 1868, et sa place
au Panthéon est marquée par un petit monument que lui ont
élevé ses deux frères Ferdinand et Charles-Aimé de Lesseps.

Le soir de la Toussaint, j'assistai à la procession funèbre au cimetière. Je m'en étais fait malheureusement une idée bien fausse. Je pensais que ce jour-là un nuage de tristesse devait descendre sur toute la cité. Erreur ! Je n'y trouvai rien de sombre et de lugubre, si ce n'est les tintements lents et sonores des cloches qui pleuraient l'absence éternelle des morts. Les cœurs paraissaient... légers et les fronts radieux. Au lieu d'un pèlerinage triste et pieusement receuilli, je ne vis qu'une promenade joyeuse à travers la soie et les diamants. Les voitures fringantes qui roulent dans un mouvement continuel de va-et-vient, les chevaux qui piaffent, les élégantes qui parcourent le cimetière d'un air distrait, les toilettes des senoritas qui promènent leur rieuse nonchalance, tout donne au champ des morts la physionomie la plus mondaine. Grande affluence de visiteurs ! Mais que veulent-ils ? Les uns voir, les autres être vus. Puis le soleil lui-même semble conspirer avec la jennesse frivole, pour amoindrir encore le caractère triste de la cérémonie. En France, il a disparu aux derniers jours d'octobre, pour ne plus jeter que des rayons pâles et intermittents. « La neige » des feuilles d'automne inspire la tristesse et la froide bise appelle la prière, tout en emportant la floraison agonisante. Mais à Lima, alors, comme toujours, le printemps règne, le soleil luit d'un éclat aussi radieux, et ses chaudes caresses contribuent à égayer la promenade du Panthéon. Et pourtant cette brillante lumière sur les tombeaux ne devrait-elle pas inspirer une toute autre impression ? La nature en souriant avec cet éclat, ne semble-t-elle pas se jouer cruellement des hommes et de leur néant, et pourquoi ce constraste n'augmente-t-il pas plutôt leurs tristesses et leurs regrets ?...

On aimait beaucoup chez nous, à la fin du dix-huitième siècle, le pèlerinage de l'abbaye de Longchamps : on allait y entendre une cantatrice célèbre, Mlle Lemaure, qui y avait fait profession.

La curiosité, bien plus que le sentiment religieux y attirait le Tout-Paris mondain, surtout pour l'office des Ténèbres, à la semaine sainte. Les femmes y couraient, couvertes de pierreries, rivalisant de coquetterie et de luxe. Elles réservaient pour cette circonstance les inventions les plus fraîches et les plus hardies de la mode. Je me suis rappelé ce souvenir historique en voyant la manière dont se célèbre à Lima la fête des Trépassés. On voit ce jour-là tout le high-life et la bourgeoisie arriver au Panthéon en voitures de gala, faisant assaut d'éclat et de luxe. C'est là, dans le royaume de la mort, que les *leaders* les plus encensées de la beauté et de l'élégance, vont étaler leurs toilettes d'apparat les plus riches et les plus parfumées. C'est le *steeple-chase* de la coquetterie et de la vanité.

Elles se dispersent dans les allées ombreuses marchant d'un pas accorte et gracieux, jetant deçà delà quelques soupirs et quelques pleurs funéraires.

Les Chinois sont venus aussi en grand nombre pour ajouter encore au pittoresque de la cérémonie. Sont-ils donc curieux ces Enfants du Ciel ! Ils s'arrêtent devant leurs tombes et après quelques instants de recueillement, allument des papiers de toute sorte, qu'ils lancent ensuite dans les airs. Singulière coutume d'honorer les morts ! Etrange contraste dans un cimetière catholique !

An milieu de la multitude circulent constamment des prêtres liméniens récitant, quand on les en charge. des *De Profundis* sur les tombes. La pensée qui inspire ces prières est touchante, mais la manière dont on les fait ne l'est guère.

Enfin, à l'entrée du cimetière se tiennent des marchands, criant constamment d'une voix traînante et nasillarde, pour offrir aux amateurs des liqueurs et des gâteaux.

Telle est la procession du soir de la Toussaint au Panthéon.

Promenade d'une étrange originalité, tout aussi édifiante que le fameux pèlerinage de Longchamps !

Mais il n'en est pas ainsi le lendemain. Si une jeunesse dissipée a changé le caractère primitif de la procession du soir de la Toussaint, les pèlerinages particuliers de la fête des Morts sont pleins de gravité et de grandeur. J'y revins encore ce jour-là et ce que je vis alors effaça un peu ma douloureuse impression de la veille. La nécropole avait vraiment un aspect imposant. On apercevait guère que des habits de deuil et on n'y entendait que les soupirs de la douleur et les murmures de la prière. Partout enfin, je respirais le céleste parfum du recueillement et de la piété.

Comme j'errais pensif à travers les cyprès, je fus arrêté par les sanglots d'une dame agenouillée sur une tombe. Elle y déposait une couronne de roses blanches, où je lus ce seul mot : *Delphina !* « De grâce, senor Padre, s'écria-t-elle en me jetant un regard désolé, veuillez dire une prière sur les cendres de ma fille ! » Volontiers j'accédai à son désir et je tâchai ensuite de faire pénétrer quelque consolation dans son âme. « Y a-t-il longtemps que vous avez perdu votre enfant ? lui demandai-je. — Ah ! Senor, il y a deux ans, mais il me semble que c'était hier. » — Et alors elle se livra à des épanchements qui semblaient lui causer une amère joie. « Delphine, continua-t-elle, était mon orgueil et mon espérance. Je lui fis donner une éducation supérieure à sa fortune, et comme sa beauté était idéalement radieuse, je la croyais digne d'aspirer à un trône... C'est ma vaniteuse ambition qui l'a perdue. Uu jeune homme honorable, mais d'une classe pauvre, vint un jour me demander la main de ma Delphina, *tan pura, tan candida, tan linda !*... Delphine l'aimait, de ce premier amour tout céleste qui décide de la destinée des femmes. Je le repoussai cependant d'une manière inexorable, le jugeant trop inférieur à une créature si divine. Il s'éloigna, mais ma fille, blessée au plus profond du cœur, commença à languir, à perdre ses belles couleurs. Plus de soins à sa toilette, plus de roses dans ses cheveux! Tout lui devint indifférent, et elle ne tarda pas à perdre l'appétit et la santé. Un jour que nous entrions dans l'*Iglesia Matriz*, nous rencontrâmes un jeune couple qui venait de recevoir la bénédiction nuptiale. Delphine regarde l'époux... C'était son bien-aimé! Elle s'évanouit en jetant un soupir... Quinze jours après, elle était morte !...

Je comprends la réponse du poëte :

Les jeunes filles sont les fleurs dont Dieu embellit son paradis.

III

La ville de Lima tend à s'européaniser toujours davantage.
Cependant, c'est une de celles de l'Amérique du Sud qui ont conservé le plus d'originalité et de pittoresque. C'est, au reste, une
merveilleuse galerie ethnographique, et à ce point de vue elle
est peut-être sans rivale au monde. On y trouve des spécimens de
presque toute les races qui peuplent l'univers. Voici les nègres
d'Afrique et les mulâtres, formés de la race noire et de la race
blanche. Puis l'Indien, le fils de l'Amérique, composant la race
originelle dans laquelle se fondent les deux autres en la modifiant,
comme les familles romaine et franque se sont fondues dans la
race autochtone qui occupait jadis le sol gaulois. Il y en a bien
peu qui aient conservé la pureté du sang originel. Cette race s'est

mêlée tantôt avec le blanc, tantôt avec le noir et a produit le *Cholo* et le *Zambo*. Ces deux variétés réunies ont donné le *Chino-Cholo*. La fusion de ces éléments a produit des nuances infinies dans la couleur de la peau. Enfin, à côté de ces maîtres de l'Amérique, se trouve récemment arrivé un autre peuple : les Chinois. Ceux-ci s'implantent de plus en plus sur le sol péruvien et s'y marient par conséquent. C'est ordinairement sur la *Chino-Chola* qu'ils fixent leur choix.

Spectacle curieux et instructif que celui que présentent ces diverses races ainsi rassemblées, avec toutes leurs variétés, sur un petit coin du monde ! On dirait un musée gigantesque, et je doute qu'un anthropologiste pût en trouver un de plus intéressant et de plus complet.

Les Indiens purs, sans mélange, sont rares. L'Espagne conquérante les a accablés sous le poids du travail et de la persécution. D'une gravité mélancolique, ils semblent regretter toujours leur passé. Ils rêvent, dans un farniente absolu ; assez accueillants d'ailleurs, dit-on, pour les voyageurs qui vont frapper à la porte de leurs carbets (huttes) ! J'ai vu des touristes qui faisaient grand éloge des guides indiens qui les avaient accompagnés à travers les Andes. Ils sont, par exemple, d'une sobriété remarquable. Ils marchent trois, quatre jours à travers la montagne sans manger autre chose que du biscuit. Parfois même ils se contentent de sucer une feuille qu'on appelle *coca*, très excitante et à laquelle on attribue les plus merveilleuses qualités. Leur suprême bonheur est de boire de la chicha ; ils en boivent..., ils en boiraient toujours. Cette liqueur est pour eux ce que le macaroni est pour les Napolitains.

Véritables Ilotes sous la domination espagnole, ils furent affranchis par la révolution coloniale. Ils étaient restés soumis néanmoins à une contribution directe et personnelle (30 fr. environ),

qui les obligeait à un certain travail. Mais ils ont été libérés encore
de cette taxe en 1855, et rien, depuis cette époque, ne peut plus
les faire sortir de leur hideuse paresse. Ils doivent cette faveur à
un ancien président de la République. Don *Ramon Castilla*, qui
détruisit cet impôt par le même décret qui octroyait aux nègres la
liberté. Rien, depuis, ne les force plus à travailler ; la terre généreuse produit spontanément assez de bananes pour leur nourriture,
et le plus petit haillon leur suffit pour se couvrir. Si de temps en
temps ils se résolvent à faire quelque travail, c'est pour se procurer de la chicha. On en voit parfois, — ainsi que des nègres, —
étendus ivres-morts sur un trottoir, dans un coin de rue. On dit
qu'aux premiers temps de la conquête, ils étaient forcés de porter
annuellement, au receveur des finances, un cornet rempli de ces
petites bêtes que le latin appelle *pediculi*. Étrange impôt !... Je ne
sais si jamais il a existé, mais beaucoup pourraient le payer
encore... Ce qu'il y a de touchant dans le caractère de ces malheureux, c'est leur amour des ancêtres. Nul, plus qu'eux, n'a le
culte du souvenir et la vénération du passé. Ceux qui ont le bonheur de visiter le *Cuzco*, — la Rome du Pérou, — se décou-
vrent humblement d'aussi loin qu'ils peuvent l'apercevoir comme
les Musulmans s'inclinent devant la Mecque. Ils n'oublient pas
qu'ils étaient autrefois les seuls habitants de ce pays, et le nom
seul des Incas fait battre encore leurs cœurs et couler leurs larmes.
Les femmes, dit-on, portent toujours un morceau d'étoffe noire à
leurs bas blancs, en souvenir de leur dernier Inca, Atahualpa,
perfidement assassiné par les Espagnols.

Au Pérou, comme partout, les nègres sont indolents et vicieux.
Affranchis en 1855 par le président Castilla, ils mettent leur
orgueil à ne rien faire. Leur liberté, — chose éminemment juste
d'ailleurs, — porta un tort considérable à l'agriculture du pays,
en lui enlevant ses plus rudes ouvriers.

C'est alors que l'ont fut obligé de faire appel aux Chinois. Ceux-ci sont raccolés par de vils spéculateurs, que l'on appelle dans l'Empire du Milieu : *Vendeurs de cochons*. Ils se donnent à un maître pour huit ans, moyennant une certaine somme, abdiquent entre ses mains toute leur liberté pour ce laps de temps et deviennent ainsi de véritables esclaves à terme. Triste servitude ! plus cruelle encore peut-être que l'esclavage ancien des noirs. Dans celui-ci, en effet, le planteur avait intérêt à protéger et à prolonger des existences qui constituaient un vrai capital. Mais les Coolis chinois n'ont pas même cette suprême garantie contre le despotisme des hacienderos. Celui qui les a engagés pour huit ans les surmène sans pitié, pendant tout ce temps, afin de retirer de leur travail la plus grande somme de bénéfices possible. — Comme les nègres du Brésil, ils sont toujours surveillés par un feitor qui les mène militairement, le fouet et quelquefois le revolver à la main. Aussi meurent-ils en grand nombre, ces nouveaux esclaves jaunes. Des deux cent mille Chinois qui ont été transportés dans ces conditions au Pérou, quinze mille *libérés* à peine y vivent actuellement. La douloureuse éloquence de ces chiffres ne suffit-elle pas à condamner ce système comme inhumain et indigne d'un peuple civilisé? Il est vaguement question de créer des inspecteurs pour réprimer les abus d'autorité, mais on dit tout haut que ces inspecteurs n'inspecteront rien du tout et que les hacienderos trouveront avec eux de faciles accommodements.

Les fils de Han, qui arrivent au terme de leur contrat, se vengent de leur infortune passée par un rare bonheur commercial. L'aptitude des Célestes pour le négoce et l'industrie est inouïe et vraiment universelle : tout travail leur semble naturel. Déjà *John Chinamam* est partout à Lima : domestique, maraîcher, boulanger, épicier, brocanteur, marchand d'objets de luxe et de fantaisie, même médecin... M. D., chez qui j'ai passé trois ou quatre jours, en a un qui est un fier cuisinier et un valet de chambre émérite. Je lui ai même trouvé une délicatesse excessive . Quand j'ai voulu, en le quittant, glisser quelques pièce s dans sa main : « Oh! non, s'est-il récrié avec une énergie froissée , je suis souverainement payé par le seul plaisir d'avoir servi un sen or tel que vous. » Propres à tout enfin ces curieux *Asiaticos !* Ils vont jusqu'à détrôner les *blanchisseuses !...* Qui dirait que ces rudes travailleurs ont des doigts de fée ! Ils excellent à repasser une chemise, un jupon, à plisser une collerette et à donner à tout ce linge intime l'éclat de la neige. Partout on voit réussir ces tenaces Fils du Milieu, qui triomphent des indigènes et des Européens eux-mêmes. Comment s'en étonner ? Ils travaillent à moins, se contentent de moins, vendent moins cher et sont plus assidus à leur tâche. Aussi, après les avoir regardés avec dédain, finit-on par les rechercher. La simplicité primitive de leurs goûts, leur assure, dans le monde du travail et du commerce, une écras ante supériorité : la lutte est impossible. Aussi y a-t-il là, dans le domaine économique, une terrible épée de Damoclès suspendue sur le Pérou.

Nous avons en Europe la question Romaine, la question d'Orient, sans compter les autres. Au Pérou, aux États-Unis et dans tous les pays, fort nombreux, où les Fils du Ciel s'envolent en masse, il y a, ou il y aura, la question Chinoise. Renfermés dans leurs habitudes primitives, ils ne font aucune dépense et sont, par conséquent, très redoutables dans leur « concurrence vitale ». Aussi les accuse-t-on, avec une juste amertume, d'avilir les salaires. Chacun cependant n'est-il pas libre de vendre son travail au prix qu'il lui plaît?... La grande République Nord-Américaine a pratiquement nié ce principe en essayant d'expulser les Célestes de son territoire, au mépris d'un traité international. La question Chinoise, un moment endormie dans ce pays, vient de se réveiller par une de ces explosions où éclate la barbarie des civilisés. A Deawer, capitale du territoire minier du Colorado, il y a eu une véritable chasse aux ouvriers jaunes. Ceux-ci ont vu leurs maisons pillées, incendiées et beaucoup d'entre eux ont été tués ou blessés. Fait à noter : dans cette émeute criminelle, ce sont les noirs qui se sont particulièrement distingués; c'est que, du haut de leur fraîche grandeur, ils regardent dédaigneusement les malheureux qui les ont remplacés dans le servage et l'opprobre, montrant une fois de plus que beaucoup, parmi eux, sont indignes de la liberté.

Les mêmes désordres ne se produiront-ils pas au Pérou? — On peut le prédire, je crois, sans trop craindre de prophétiser à faux. Criante injustice, j'en conviens, que cette persécution contre les fils de Han! Mais comment s'empêcher pourtant de regretter l'impossibilité presque absolue où l'on est de lutter contre eux dans certaines branches du commerce et les désastreuses conséquences qui en découlent? Il est certaines industries dont ils évincent fatalement les nombreuses familles qui en vivent. Sans doute ils ont le droit de subsister de leur travail, comme tous les étrangers qui vont s'asseoir au foyer américain. Mais il restera toujours contre eux cette prévention qu'ils ne vivent pas de la vie commune, qu'ils ne s'assimilent pas à la population, qu'ils n'en supportent pas les charges et qu'ils forment une caste absorbante sans retour pour la prospérité publique.

Si cette race tenace et vigoureuse, qui forme le tiers de la population du globe, joignait à sa patience et à son habileté commerciale plus d'élévation morale et de force intellectuelle, plus d'ardeur et d'idéal, elle conquerrait le monde!...

Les costumes les plus divers des religieux de tous ordres viennent augmenter encore le charme étrange et pittoresque de cette population si mélangée. Dans notre société, si profondément modifiée par la Révolution, on ne saurait se faire une idée de l'influence que le moine exerce au Pérou et dans bien d'autres contrées latino-américaines. Le cloître est constamment mêlé au monde. Les moines ne se privent guère des réjouissances publiques.

Mais ce qui contribue beaucoup à conserver leur popularité traditionnelle, c'est leur charité. Il y a des couvents qui possèdent encore d'immenses revenus, et Dieu sait combien de pauvres vivent à leur ombre !

Les créoles péruviens, les descendants des consquistadores espagnols ont un cachet essentiellement distingué. La beauté de ce type est plus célèbre encore que celle des chiliens. Bienveillante, aimable, nonchalante, la population de Lima, — comme celle du Pérou en général, — n'a aucun souci du lendemain. La capitale est une Capoue qui fait d'innombrables victimes, c'est la ville du luxe et du plaisir ; elle attire, elle fascine et elle retient. Aussi le besoin effréné de plaisir donne-t-il à cette ville un mouvement commercial prodigieux pour une cité de 200.000 âmes et la capitale de quatre millions d'individus. Tout au surplus, conspire pour enchaîner l'étranger : la gracieuse amabilité de la population, les charmes pittoresques du pays et un climat délicieux. Le ciel est toujours pur et admirablement limpide.

Située dans la « zone sérénissime » du Pérou, la capitale ne connaît point de pluie. Seulement il tombe parfois le matin une légère rosée, qui rafraîchit l'atmosphère et éteint la poussière des chemins. On comprend que les bains froids soient nécessaires pour fouetter le sang sous ce ciel doux et débilitant. Les familles riches en prennent chaque jour dans de gracieux bassins qui s'élèvent au milieu des jardins à l'ombre de grands arbres et de jolis rideaux. C'est là un détail important de la vie liménienne. Aussi s'aborde-t-on souvent en se disant : « L'eau de votre bain était-elle fraîche ce matin ? »

Sous ce ciel perpétuellement serein, les photographies atteignent une perfection exquise. On s'arrête, comme pour des tableaux, devant celles qui rayonnent dans les vastes magasins de notre compatriote *Courret*. Il y a là-bas une étrange coutume à cet égard. Les photographes possèdent ou s'arrogent le droit de vendre au public les portraits de tous leurs clients, de sorte qu'on peut se procurer à Lima *le facies* des reines de l'élégance et de la beauté.

La population est profondément catholique, et ses sentiments chrétiens se manifestent parfois d'une manière touchante : ainsi, par exemple, qu'un jeune homme ou qu'une jeune fille viennent à comparaître devant les tribunaux, le juge ne manquera pas de lui demander : « Pourquoi n'avez-vous point consulté cette autre mère qui vous a été donnée à votre baptême ? Pourquoi n'avez-vous pas consulté votre marraine ? »

Mais il y a en même temps, surtout dans les basses classes, beaucoup d'ignorance et de superstition. Un matin je fus réveillé à Lima par un bruit étrange. C'était un mélange tout à fait curieux de cris, de clameurs joyeuses et de chants plaintifs, accompagnés d'une *viguela* et d'autres instruments primitifs. Je courus à la fenêtre : je vis alors une procession désordonnée de cholos, de nègres, de mulâtres. Hommes, femmes, enfants, tout chantait, sautait et fumait. Un homme vigoureux portait triomphalement sur ses épaules une statue attachée à un fauteuil et décorée de grandes ailes en papier et de toutes sortes de fleurs... Que pouvait signifier cette singulière promenade ? Intrigué et poussé par une invincible curiosité, je vais demander des explications à mon hôte. « Vous ne connaissez donc pas, me dit-il, l'habitude des Indiens et des nègres dans ce pays ? Ce que vous avez vu n'est point une statue : c'est un petit enfant que l'on va enterrer... C'est un *angelito* qui est monté au ciel ; aussi ses parents fêtent-ils sa mort. Cette nuit a été pour eux une nuit de joie et de plaisir, une *noche buena !* et ils l'ont célébrée à leur manière, c'est-à-dire en s'enivrant... » J'en savais assez. Je sors précipitamment pour rejoindre l'étrange cortège. Le voilà !... Il entre dans une maison ; on dépose l'*angelito* sur une table et on s'agenouille pour l'invoquer. — Puis on se met à chanter et à... vider quelques verres de *chicha*, et on repart. Et ainsi par trois fois, ces curieux pèlerins s'arrêtent chez des parents et des amis pour leur montrer leur *angelito* et leur faire célébrer, *inter pocula*, son bonheur céleste. Enfin ils arrivent au Panthéon et, après y avoir enseveli le petit enfant, ils vont dans une *fonda* voisine couronner les tristes réjouissances de cette fête.

Sous le rapport politique, le Pérou est un vrai volcan. L'anarchie semble constituer l'état naturel des Hispano-Américains. Est-ce la conséquence d'une liberté prématurément conquise ? Peut-être ; mais, cependant, l'origine du mal est plus complexe et plus lointaine. Ne serait-il pas dû davantage à l'isolement et à l'abaissement dans lesquels la cupide Espagne a tenu ses colonies ? Les plaies ont été moins faites que révélées par l'Indépendance. Il faudra encore bien du temps sans doute à ces peuples, d'ailleurs si mêlés, pour se former aux mœurs politiques des pays véritablement libres. Il y a parfois des périodes d'un calme parfait qui semble annoncer la fin des révolutions, mais la tranquillité n'est qu'apparente, et au fond le volcan bouillonne toujours. On peut bien appliquer aux Péruviens, et en général à tous les Hispanos-Américains, ce mot que Charles-Quint disait des Castillans : « Parecen sabios, y no lo son. » Ils paraissent sages, mais ils ne le sont pas.

Les divers gouvernements qui se succédent à Lima se jettent, à l'envi, la responsabilité de la catastrophe vers laquelle court aveuglément la République sous le rapport financier et social.

Les *pronunciamentos* ne sont pas rares. Et ce peuple si cordial, si accueillant, si doux, commet, dans les effervescences révolutionnaires, des actes de cruauté épouvantables. Que de sinistres souvenirs de l'histoire du Pérou se pressent sous ma plume! Il me suffira d'en rappeler un des plus récents.

C'était en 1872, sous la présidence de *Balta*. Il y avait, à cette époque, trois hommes remarquables dans les plus hautes régions gouvernementales, les frères *Gutierrez*. Un jour, ils rêvent de s'élever au souverain pouvoir. Le premier va, le 22 juillet, à la tête d'un bataillon, s'emparer du président de la République, qui ne peut, dans cette agression inopinée, opposer aucune résistance. Cependant son frère, D. Sylvestre, colonel, avec son régiment et quatre pièces d'artillerie, proclame la révolution aux cris de : *Vive le général Gutierrez! Mort à l'ambitieux Pardo! Mort au traître Balta!* C'est ainsi que commença cette fameuse dictature de Gutierrez, si éphémère et si tragique.

Les représentants de la nation prirent une attitude superbe. Ils protestèrent énergiquement contre ce crime de lèse-patrie et mirent hors la loi les auteurs, instigateurs et complices de la révolution.

Pardo fut assez heureux pour échapper aux assassins et s'enfuit sur la frégate l'*Indépendance*.

Cependant l'armée se désorganise; l'opinion publique s'élève contre le nouvel état de choses et réclame bruyamment le retour à la légalité. Le 26 juillet, à midi, D. Sylvestre Gutierrez allait prendre le train du Callao, lorsqu'on fit retentir autour de lui les cris de : Vive Pardo! A mort les Gutierrez! Et aussitôt quatre coups de revolver tuèrent le frère du *tyran*. Le peuple enivré court aux armes et repousse les troupes gouvernementales qui parcourent les rues. Alors D. Marciliano et Thomas Gutierrez, éperdus, se livrent à tous les transports de la fureur, et vont assassiner le président constitutionnel, Balta. Puis ils se déguisent, et, à l'entrée de la nuit, sortent furtivement de Lima pour aller s'embarquer au Callao. Mais ils ne tardent pas à être reconnus et ils sont cruellement massacrés par la foule frémissante. Les trois Gutierrez s'étaient attiré une haine immense par leurs abus d'autorité et leur méprisante hauteur. Aussi y eut-il, à la mort des dictateurs, un long soupir de soulagement. On s'acharna même sur les cadavres de ces nouveaux Gracques. On les suspendit aux tours de la cathédrale ; puis on les jeta dans un feu de joie, et on vit alors une multitude en délire danser autour de la *hoguera* et manger de la chair humaine !...

C'est sur le théâtre même de ces horreurs, à la plaza Mayor que j'ai appris les détails de ce drame. Le jeune senor qui me le racontait en avait gardé un ineffaçable souvenir. J'avais le frisson quand je l'entendais me reconstituer, avec sa parole chaude et imagée, ce terrible épisode et tant d'autres pages dramatiques des annales révolutionnaires de ce pays.

La beauté des Chiliennes est justement célèbre ; celle des Liméniennes l'est davantage encore. Elles rayonnent doucement sous la mante noire, ce costume d'une si touchante et si gracieuse austérité. Quelquefois un flot de dentelles la fleurit d'une exquise poésie, mais le plus souvent, elle n'a d'autre ornement que la grâce de ses plis. Ce vêtement a un délicieux cachet de mystère et de charme ; il est idéalement simple et cependant idéalement joli parce que la pudeur qu'il symbolise est le plus radieux fleuron de la couronne de beauté que Dieu a placé sur le front de la femme. Parfois les senoritas en font un vrai *domino* ; elles s'en enveloppent entièrement le visage, ne laissant voir qu'un œil : habitude étrange et, on le comprend, féconde en méprises piquantes. N'est-ce pas de là qu'est né ce dicton péruvien :

Lima Paradiso de mujeres y purgatorio de hombres ?

Les Liméniennes paraissent nées ponr être des reines : la majesté de leur port et la distinction de leur démarche leur donnent une grâce tout à fait orientale ; on dirait des déesses :

Incessu patuit dea.

Elles rappelleraient les créations de Beato Angelico, si je ne sais quelle tritesse ne voilait ordïnairement leurs regards. Elles représentent mieux peut-être, avec leur grâce nuageuse la *Mélancolie* d'Albert Durer. La flamme pénétrante de l'âme rayonne sur leur visage pour l'animer d'une idéale expression. Elles sont enfin, prétendent beaucoup d'écrivains, les femmes les plus belles du monde.

Voilà bien le type des Liméniennes en général. Nature en même temps grave et légére, pieuse, ardente et frivole. Passionnées pour le mal comme pour le bien, si d'aventure elles s'égarent, elles ne se lancent pas à demi dans le plaisir : en un instant elles gaspillent tous les trésors de leurs bourses et de leurs cœurs. Mais un rien les arrête, les transforme et les jette dans la voie du repentir et de la conversion.

Étonnant mystère que le cœur de l'homme ! Mais celui de la femme ! ! ! Stahl n'a t-il pas raison de s'écrier : « De tout ce qui a été dit des femmes, il ne résulte rien, sinon que, tant qu'il en existera une, il y aura quelque chose à dire sous le soleil ? »

Quand à l'influence des Péruviennes, on peut bien appliquer, je crois, au Pérou ce qui a été dit de la France : « L'empire des femmes y est beaucoup trop grand et l'empire de la femme trop restreint. » Quelle nuance entre les deux idées ou plutôt quel abîme et quelle profondeur ! Grand sujet de méditation pour les dilettanti du sentiment et de la pensée !...

On prétend que Clément IX, lorsqu'on commença à introduire

la cause de la béatification de sainte Rose, s'étonna beaucoup.
« Sainte et Liménienne ! » se serait écrié le pape : « Sainte et
Liménienne ! J'y croirai quand il pleuvra des roses ! » Combien
n'y en a-t-il pas qui s'écrient aussi en modifiant légèrement ces
paroles : « Liménienne et vertueuse ! J'y croirai quand il pleuvra des fleurs ! » C'est là un jugement trop général pour qu'il
soit vrai. Non, les Péruviennes ne méritent pas une appréciation
aussi sévère, et il y en a beaucoup qui sont réellement honnêtes
et religieuses. Pendant mon séjour à Lima, j'ai lu dans un de
ses principaux journaux une protestation superbe des mères de
famille de *Quito* contre des impiétés scandaleuses qui venaient de
se commettre à Guayaquil. C'étaient de belles et fortes âmes que
celles qui poussaient ce cri de patriotique douleur : « Nous femmes
faibles, mais mères et filles sincèrement chrétiennes, en présence
de si tristes scandales, nous ne pouvons nous résigner à gémir
en silence : nous venons donc exprimer publiquement notre pitié
et notre indignation profonde à l'égard de ces sectaires qui provoquent la discorde religieuse... Pour réparer, autant qu'il est en
nous, de pareilles infamies, nous faisons le serment de mettre en
œuvre toute l'influence de la femme catholique, afin d'affermir de
plus en plus nos saintes croyances, de réformer les mœurs et de
coopérer ainsi dans la mesure de nos forces au bonheur de notre
patrie ; car elle ne sera jamais tranquille et prospère, si ses
enfants sont des impies et des blasphémateurs. »

Ce qu'ont fait les dames de Quito, celles de Lima le feraient dans
des circonstances semblables. Au Pérou, comme partout, s'il y a
des cœurs légers, il y a aussi des caractères forts, des âmes fortement trempées qui savent, avec un inaltérable courage, garder
leur honneur et leur dignité. A côté des *Perricholes*, il ne manque
pas de *Lucrèces*.

Les Liméniennes passionnées pour les plaisirs mondains ne

dédaignent pas non plus les nobles jouissances de l'intelligence. Il y en a beaucoup qui sont très instruites et qui ont le droit de dire avec Constance de Salm :

> On attire par la figure,
> Mais on retient par l'esprit,
> Et l'esprit est une parure
> Que jamais le temps ne flétrit.

Elles font aussi de la musique. Les valses, les polkas et les nouveautés musicales qui font fureur à Paris, ne tardent pas à franchir l'Atlantique. C'est ainsi que j'ai entendu cent fois jouer sur le piano cette suave composition de Badarzewska : la *Prière d'une Vierge*. Il y a cependant au Pérou une certaine musique vraiment originale. Les Indiens avaient des *yaravis*, — romances monotones et mélancoliques. — On les chantait avec l'accompagnement de la quêna, espèce de flûte à six trous, qui rendait des sons très plaintifs. Les Péruviens modernes ont encore ces romances plus ou moins modifiées. On en a fait des morceaux de piano. Les paroles en sont ordinairement simples et naïves, respirant la candeur et l'amour. Et la mélodie rend fort bien ces tendres pensées. Inutile d'y chercher ce déluge de notes et ces acrobaties vocales qui caractérisent tant de compositions, sans toujours les distinguer. Mais on y trouve ordinairement un charme très pénétrant.

Voici un de ces yaravis que j'extrais d'un ouvrage péruvien :

« Quand une tourterelle amoureuse a perdu son époux, anxieuse et frémissante elle part, tourne et s'envole.

« Pensive, sans repos, elle erre dans les bois, cherchant à travers les plantes et les saules l'objet de ses désirs.

« Le cœur brisé de désespoir, elle pleure ne se souciant plus des fontaines, des fleuves, des golfes ou des mers.

« Ainsi je vis, hélas ! depuis le fatal moment où je t'ai perdu,
ô enchantement radieux, doux charme de mes jours !

« Je pleure et mes larmes sont sans consolation, car ma peine
est extrême, et je ne respire que douleur, tristesse et angoisses.

« Mes souvenirs m'oppressent, lorsque mon cœur, en retrouvant
ton visage adoré, te voit toujours comme un marbre glacé, comme
une fleur morte.

« Que si je vais pleurer dans la vaste campagne, ma douleur
augmente : arbres, monts, vallées, prairies, tout me parle de
toi.

« Dans ma solitude, je t'aperçois m'apportant douces consolations, tendres affections, suaves caresses.

« Dans mes songes, tu troubles mon repos et tu me jettes dans
l'agitation et la terreur.

« Mes souvenirs font mon tourment, mais ils plaisent à mon
cœur, qui toujours souffre, pleure et appelle.

« Ma douleur émeut l'univers, et, voyant dans moi l'amante la
plus fidèle, tous les hommes et les oiseaux eux-mêmes s'associent
à ma tristesse.

« Tant que je vivrai, je suivrai ton ombre errante, sans craindre
ni l'eau ni le feu. Non, rien jamais ne comprimera les élans de
mon éternel amour ! »

Ces pensées, on le voit, sont un peu décousues, mais n'est-ce
pas, au fond, quelque chose de délicieux, et quels artifices de
langage sauraient atteindre cette vigueur et ce charme parfumé ?
J'ai entendu chanter de ces yaravis par de jeunes senoritas. Ce
genre de musique naïvement expressive leur va à merveille. En
passant par leurs lèvres, ces romances semblent leur emprunter
une harmonie plus suave, un emperlement plus mélodieux.

Avant de quitter le Pérou, le commandant, les officiers et
les passagers de la *Junon* voulurent donner une fête à bord,

pour reconnaître l'accueil si bienveillant et si généreux qui nous avait été fait au Callao et à Lima. Le bateau fut en un moment métamorphosé, comme par la baguette d'une fée, en un véritable parterre. Le feuillage et les fleurs couvraient la dunette et le pont, et lorsque tout cela fut éclairé par les lanternes vénitiennes, la *Junon* présentait un aspect ravissant. Tout un essaim, de nobles senoras et senoritas s'étaient rendues à l'invitation de M. Biard, ainsi qu'un cercle masculin extra-élégant. Je citerai au hasard, de ma mémoire : M. de Vorges, Mme et Melle de Vorges, M. le comte de Persan, M. d'Alvim, ministre du Brésil, avec Mme et Melle d'Alvim, M. Combanaire, M. Malinewski, etc., etc.

Après un magnifique lunch, les divertissements commencèrent. La conversation, la musique et d'autres distractions conduisirent par delà minuit cette douce fête d'adieux.

Dans quel état se trouve maintenant ce beau, ce sympathique pays ! La guerre qu'il vient de soutenir avec le Chili l'a presque anéanti, et on n'en connaît pas encore les dernières conséquences. La lutte éclata quelque temps après notre départ.

Le premier acte du drame se joue entre le Chili et la Bolivie. Sur les limites de ces deux républiques, mais en territoire bolivien, dans le désert d'*Atacama*, une compagnie chilienne exploitait des mines de salpêtre en même temps qu'un chemin de fer servait à transporter les produits des mines au port bolivien d'Antofogasta. Le gouvernement bolivien imposa la compagnie chilienne d'une certaine taxe, par quintal de nitrate. Le Chili prenant fait et cause pour ses nationaux, somma sa voisine de rapporter son décret, et, sur son refus, envoya des vaisseaux bloquer les ports boliviens.

C'est ici qu'intervient le Pérou. Il fait soudain irruption sur la scène, en montrant un traité soigneusement caché jusque-là Par ce traité, le Pérou et la Bolivie se garantissent mutuellement

leur indépendance, leur souveraineté et l'intégrité de leurs territoires, moyennant la défense commune contre toute agression exté-
rieure. Aussi le cabinet de Lima offre-t-il sa médiation aux deux
républiques sœurs. La Bolivie accepte l'arbitrage, mais le Chili le
refuse, et, craignant d'être prévenu par son adversaire, déclare
la guerre au Pérou.

Telles sont les causes connues et immédiates de la guerre.
Mais il en existe d'autres secrètes, profondes et lointaines. Il y a
rivalité entre les Péruviens et les Chiliens. Ceux-ci se distinguent
de leurs voisins par leur amour de l'ordre, du travail et du progrès. Ils n'ont point d'ailleurs ce climat débilitant qui amollit
leurs ennemis. Froid, laborieux, réfléchi, le Chili se trouve donc
dans les meilleures conditions matérielles et morales pour excercer
une influence prépondérante sur les pays que baignent les mers,
du Sud. Je crois rendre tout à fait ma pensée en disant que cette
nation joue ou cherche à jouer dans l'Amérique Méridionale le
rôle que joue la Prusse dans l'Allemagne. Ses voisins lui lancent
des accusations qui rappellent absolument les reproches que l'Autriche et ses alliés allemands ont, de tout temps, adressés au gouvernement de Berlin. Écoutez l'apostrophe que lui jetait, dans le
Parlement, le président du Pérou, le 1er mai 1879 : « Le Chili a
besoin de richesses, car il se trouve dans des conditions bien
difficiles, et comme il ne les a pas dans son trésor épuisé, il veut
s'emparer de vive force de ce qui appartient à ses voisins. Voilà
les résultats de la justice qu'il proclame et de la civilisation dont
il fait parade. Aussi la véritable cause de la guerre qu'il a déclarée
au Pérou, c'est son ambition et son désir de s'annexer le littoral
bolivien qui renferme de grandes richesses en guano, en nitrate
et en minerai. Il y a longtemps qu'il le désire, et il ne néglige
aucun moyen, pas même les moyens illicites, pour arriver à son
but. »

Tels sont les griefs retentissants que le Pérou formule contre le Chili. Je ne sais s'ils sont tout à fait fondés, mais il est sûr que cette dernière nation paraît avoir beaucoup d'ambition et commence à être redoutée des autres républiques sœurs.

L'issue de cette lutte ne pouvait être douteuse. Les Chiliens sont forts, entreprenants, froids, pratiques. Ils devaient triompher des Péruviens amollis par leur doux climat, pleins de générosité et de *furia*, mais versatiles et imprévoyants. Le peuple chilien est celui de l'Amérique du Sud, qui paraît le plus mûr pour le self-government. Du reste il y a beaucoup plus de crédit au point de vue financier chez les nations étrangères. Cela me rappelle une appréciation aussi juste que pittoresque d'un journal allemand qui disait naguère : « Le Chili est pauvre, a peu de dettes et les paye. Le Pérou, malgré sa richesse proverbiale, est pauvre aussi, a beaucoup de dettes qu'il promet de payer et qu'il ne paye pas. La Bolivie est pauvre aussi, a beaucoup de dettes, ne promet rien et ne paye rien. »

Malgré tout leur héroïsme, les Péruviens ont été vaincus. Tous leurs principaux vaisseaux de guerre ont été, de bonne heure, capturés par les ennemis. Il y en a un surtout que l'on a pleuré. C'est le *Huascar*, splendide monitor blindé, et d'une grande rapidité. Il a sa légende, le *Huascar* ! Son commandant, Pierola, ancien ministre des finances, un homme d'avenir, se révolta contre le gouvernement et alla sur son vaisseau soulever la côte. Comme les Anglais se mêlent toujours de ce qui ne les regarde pas, leurs frégates, le *Shah* et l'*Amélyste*, en station dans les mers du Sud, s'arrogèrent le droit de lui courir sus. Mais le jeune capitaine, avec des forces très inférieures, soutint vaillamment le choc à *Ilo*, leur fit même subir des pertes sérieuses et leur échappa avec une merveilleuse habileté. Puis il se refugia à Cobija, où il fit sa soumission au cabinet de Lima.

Le *Huascar* ne s'est pas moins distingué dans la guerre chilo-péruvienne. Le 8 octobre 1879, il rencontre la flotte chilienne, composée de six magnifiques cuirassés. Il se défend héroïquement, mais que peut-il contre de si terribles ennemis ? Placé entre deux ou plutôt six feux, il est pris, mais après avoir fait subir à ses ennemis de rudes pertes. Le commandant du malheureux bateau, l'amiral Miguel Grau, a été tué dès les premiers coups de canon, et tous les officiers ont eu le même sort avec la plus grande partie de l'équipage. La nouvelle de ce désastre provoque à Lima une explosion de douloureuse admiration et de patriotique enthousiasme. Une souscription nationale est immédiatement organisée ; les dames péruviennes donnent spontanément leurs bijoux et autres objets précieux, et l'archevêque de Lima met le trésor de la cathédrale à la disposition du gouvernement. Et le Sénat, se rappelant peut-être l'hommage célèbre qu'on rendit chez nous au premier grenadier de France, vote aussitôt le décret suivant, en l'honneur du glorieux commandant du *Huascar* : « A l'appel, à bord de la flotte nationale, le nom de Miguel Grau en sa qualité de vice-amiral sera prononcé et le chef le plus ancien répondra : « Présent au séjour des héros !... »

Quel frémissement de patriotisme dans cette résolution saisissante ! On salue des hommes et des peuples qui n'ont d'interressant qne leur chute, comme on salue les morts qui passent. Comment ne pas saluer un peuple si sympathique, qui sait si bien se défendre et mourir ?

Voilà maintenant le Pérou à la merci de ses vainqueurs ! La capitale elle-même est aux mains des Chiliens et un simulacre de gouvernement sans autorité et sans argent cherche à conclure un traité de paix. Une lettre qui m'arrive de ce pays à la dernière heure (décembre 81), m'apprend qu'il n'y a plus de sécurité pour les étrangers dans les rues de Lima, et que des bandes sinistres répandent dans l'intérieur la terreur et le deuil. L'anarchie enfin règne partout. N'y aura-t-il point d'intervention dans l'intérêt d'une généreuse nation et de l'humanité ?... Peut-être, mais quelle intervention ?... On murmure, — est-ce croyable ? — que le Pérou pourrait être acheté et devenir une colonie des États-Unis !...

Je ne puis songer sans amertume à une si douloureuse situation. Qu'elle doit être triste maintenant cette ville de Lima que j'ai vue si gaie, si belle, si radieuse ! Que sont devenus tels et tels Péruviens dont il m'avait été donné d'apprécier le noble caractère ? Et nos compatriotes si nombreux et la plupart si honorables et si dignes d'intérêt ! Qu'est devenu leur commerce ? Où sont leurs joies, leur fortune, leurs luxueuses fêtes, leurs espérances ?... Mais où est tout ce qui passe ?...

O soleils disparus derrière l'horizon !

PANAMA

I

Partis du Callao, le 7 octobre, nous arrivions à Panama, huit
jours après.

L'atmosphère est d'une humidité extrêmement chaude, mais
une légère brise nous apporte les parfums mélangés des forêts
immenses qui couvrent les côtes, comme un océan de feuillage.

Plage très plate. Les navires doivent jeter l'ancre à trois ou
quatre milles de Panama.

Cette ville est bâtie à l'extrémité de roches qui s'avancent au
loin, et que la mer découvre à chaque marée. Aussi n'y a-t-il
que les barques d'un très faible tirant d'eau qui puissent atteindre
tout à fait le rivage. Et encore doivent-elles, pendant le reflux,
s'arrêter à une certaine distance, ce qui oblige les voyageurs à
se *transborder* sur le dos d'un nègre.

Il y a beaucoup de requins dans les eaux de la rade. Malheur à celui qui s'y aventure sans précautions, pour prendre des bains ! Grande imprudence encore et parfois fatale que de tenir ses mains en dehors de l'embarcation, pour les promener nonchalamment sur les flots.

Panama est un port franc : on n'exige qu'une copie du manifeste, dans le but de réunir les éléments statistiques du transit. L'Amérique du Sud et du Centre et le Mexique font, par cette voie, des expéditions considérables en indigo, café, cacao, quinquina, tabac, nacre, cochenille, etc.

Elle a encore grand air, la cité déchue, avec ses fortifications désarmées et ses ruines imposantes de couvents et de forteresses. Il n'y a pas un siècle, c'était une des villes les plus riches et les plus animées du monde ; c'était le lieu de passage des aventuriers se rendant au Pacifique, et l'entrepôt obligé des galions du Pérou. La cathédrale a un bel aspect : ses hautes tours, qui servent de phares pour l'entrée du port, sont très pittoresquement plaquées de coquilles de l'aronomère-perle. Ces écailles produisent l'effet le plus original et le plus éblouissant, quand le soleil lance, sur leurs surfaces luisantes, ses rayons d'or.

Voici, sur la principale place, un hôtel monumental, tenu par un de nos compatriotes, M. Georges Læw. Construit à l'américaine, il a l'air d'un caravansérail. Au rez-de-chaussée est une immense salle, où la foule bruyante entre en toute liberté. Parfois on y voit, sous les bancs, des nègres aussi immobiles que la femme de Loth changée en statue.

C'est là d'ailleurs le *Lesché* et la *Bourse* de Panama. Tous les messieurs de la ville, tous les étrangers de passage s'y donnent rendez-vous pour y traiter les affaires les plus importantes et y passer, dans le cailletage, leurs longues heures de loisir.

Voici d'un côté, le temple du Hasard : la roulette ; de l'autre, le temple de Plutus : la banque. Prodigieusement riche, M. Erh-

mann, le roi de la finance panaménienne ! Il ne dédaigne pourtant
pas de vendre des cigares et du tabac, divers objets de luxe et
des antiquités indiennes.

Voici une étrange curiosité : le *chincha*, si je me rappelle bien
le nom. C'est une miniature de tête... humaine. Voulez-vous
savoir comment on fait ces trophées ? — On coupe la tête d'un
Indien qui vient de mourir. On brise ensuite la boîte osseuse et on
fait sortir par le cou les aiguilles et la cervelle ; puis on lave la
cavité du crâne jusqu'à ce qu'elle soit bien nettoyée. On plonge
alors la tête dans l'eau bouillante pendant quelques minutes : ce qui
fait disparaître tout l'épiderme. On a soin, pendant cette opération, de ne point toucher à la chevelure, car elle tomberait aussitôt. Mais quand elle est refroidie, elle demeure plus solidement
fixée à la tête que jamais. On arrache les yeux : si ce sont ceux
d'un chef, on les mange ; dans tout autre cas, on les jette. On coud
la bouche et les paupières, pour qu'elles conservent leur forme.
Puis on remplit une espèce de four, creusé dans la terre, de
pierres que rougit bientôt le feu, et que l'on arrose d'eau pour
provoquer des nuages de fumée et de vapeur. C'est à l'ouverture
de ce trou enflammé qu'il faut placer la base de la tête, qui se
ratatine sous l'action du feu. On passe souvent la main imbibée
d'huile sur la peau afin de prévenir l'altération des traits. L'opération dure, paraît-il, plus de vingt heures.

On obtient ainsi une petite tête, grosse à peine comme le poing,
et qui a conservé absolument, dans tous ses détails, les formes primitives. Quand on voit les amateurs la prendre par les cheveux,
brrr ! on sent froid dans le dos. Je ne suis pas fanatique de ces
reliques. Elles sont assez chères d'ailleurs : 150 à 200 francs...
chaque *physionomie*.

Sur divers points de la ville, on voit des ruines remarquables.
Celles du Collège des Jésuites surtout ont un superbe cachet. Ces

murs lézardés et noircis imprègnent le touriste de je ne sais quel parfum de mystère, et ressuscitent à son esprit tout un passé d'éclat et de grandeur. Les flots de la mer qui le battent sans cesse, les herbes serrées qui remplissent le *patio*, les plantes grimpantes qui tapissent les murailles, les corniches qui tombent des croisées et des portes, tout cela est bien fait pour inspirer la mélancolie et la tristesse.

A côté se trouve, assez bien conservé, le monastère de la Conception. On y a établi l'hôpital des Étrangers, que dirigent les Filles de la Charité. Ce n'est pas sans intérêt que j'ai entendu, de la bouche de l'intelligente supérieure, le récit de leur établissement à Panama.

Le 13 février 1875, vingt-six religieuses expulsées du Mexique passaient à Panama pour se rendre à Guatemala. Elles y trouvèrent un grand ami de l'Ordre, M. Henri Palacios, — maintenant consul aux États-Unis, — très distingué par l'intelligence et le caractère. Celui-ci ne leur dissimula pas qu'on ne les admettrait point dans l'État de Guatemala. Aussi, sur ses conseils, dix d'entre elles seulement s'aventurèrent à partir pour ce pays et à tenter la fortune ; dix autres se rendirent à l'Équateur, où elles furent admirablement accueillies, et les six autres restèrent à Panama. M. Palacios fit les plus actives démarches pour faire donner à ces saintes religieuses la direction de l'hôpital civil ou celle de l'hôpital des Étrangers. Mais tous ses efforts restèrent longtemps sans succès. Craignant alors de perdre à jamais le trésor que la Providence envoyait aux « Panamos », il les aida à ouvrir une maison d'éducation, grâce à la haute influence et au précieux concours de Mgr Barra, de MM. Henrique, Lewis, de M. Poylo, — un Français, — et d'autres hommes d'intelligence et de cœur.

Les débuts furent très pénibles, pleins de fatigues, de privations et d'ennuis ; mais les grandes difficultés cependant ne tardèrent pas

Ruines du collège des Jésuites à Panama.

à être vaincues, et aujourd'hui les sœurs de Saint-Vincent donnent *gratuitement* l'instruction à plus de cent-cinquante enfants.

Quelque temps après, d'ailleurs, on leur proposa spontanément l'hôpital des Étrangers. Elles l'acceptèrent par dévouement : il n'y avait que des dettes et des ruines. Mais bientôt leur intelligence et leur zèle l'eurent transformé.

La France, l'Angleterre et l'Italie sont les puissances européennes dont les vaisseaux visitent le plus souvent les rivages de la Colombie. Aussi payent-elles chacune une subvention annuelle à l'hôpital des Étrangers de Panama : la première donne 600 francs ; la deuxième, 500, et la troisième, 400. Les étrangers de la ville font une souscription qui rapporte environ 7.000 francs. Que l'on ajoute à cela le prix de la pension que payent quelques malades, et l'on aura toutes les ressources ordinaires de l'établissement. Mais cela ne suffit pas toujours, et quelle ingénieuse sagacité ne doivent pas déployer ces saintes religieuses, pour nourrir et soigner tant de malheureux ! Elles trouvent heureusement un puissant concours chez les dames de la Confrérie du Sacré-Cœur, qui, par intervalles, organisent des loteries en leur faveur.

La construction du canal interocéanique augmentera sans doute leur contingent de malades, et Dieu sait quels services seront rendus aux pauvres ouvriers par ces admirables femmes, ces anges de la terre dont la vue seule, loin de la patrie surtout, est une consolation et une espérance.

A l'extrémité de la ville se trouve un petit hôtel délicieux ; il appartient encore à un Français, M. Clément. Ravissant *buen-retiro*, caché dans la verdure ! Tous ceux qui passent à Panama vont se rafraîchir dans ses bains, se promener dans ses bosquets fleuris et se bercer dans ses hamacs, ces perfides charmeurs...

La nuit est le jour des pays intertropicaux. Pour les voir et les connaître, il faut les parcourir pendant le jour, mais pour en

jouir, il faut s'y promener la nuit. Me trouvant une fois, par la
température excessivement chaude et orageuse, dans l'impossibilité de m'emdormir, j'allai, avec quelques officiers, faire une petite
course maritime. Nous sautons sur un canot que mènent d'abord
vigoureusement quelques matelots. Mais bientôt leurs bras se
fatiguent et ils ne *nagent* plus que par intervalles, nous laissant
aller à peu près à la dérive. Que craindre au demeurant ? La mer
est d'une tranquillité admirable. Une fraîche brise traverse à
chaque instant l'espace, nous appportant d'énervantes senteurs.
Nul bruit hostile à la rêverie, mais seulement le murmure des
flots, les frémissements lointains des arbres du rivage et tous ces
concerts divins que la nuit fait monter jusqu'aux cieux. Notre
barque sillonne silencieusement la baie, faisant jaillir des flots de
lumière. Grand et mystérieux attrait encore que cette phosphorescence de la mer ! Les Arabes du Golfe Persique croient que ces
vagues enflammées sont les feux de l'enfer, brillant à travers les
rochers du fond et la masse transparente des eaux...

Notre promenade et nos rêves duraient depuis plus de deux
heures, lorsque nous vîmes l'aurore poindre à l'horizon et les
étoiles disparaître, comme des perles tombant dans l'abîme.
Nous étions alors près du Vieux Panama, cette antique cité si
riche et si populeuse, que fonda, en 1518, Pedro Arias Davila,
le bourreau du jeune et noble Balboa. Il fut évêque de cette
ville, l'auteur célèbre de l'*Histoire de la Conquête de la Nou-
velle-Grenade*, Don Lucas Fernandez de Piedrahita. Mais la
puissante métropole fut détruite en 1671, par Morgan, un des
plus heureux flibustiers qui aient épouvanté le Nouveau-Monde.
Le bandit anglais, après avoir emporté la ville d'assaut, la livra
au pillage général de ses soldats et y mit ensuite le feu. Il tortura
plusieurs Espagnols pour les forcer à lui révéler les endroits
où ils avaient caché leurs trésors et commit toute sorte d'excès.

Après quatre semaines de séjour, il abandonna la ville déserte, traînant après lui plus de six cents prisonniers de tout sexe et de tout âge, dont il eut la barbarie d'exiger une rançon considérable, que la plupart étaient hors d'état de payer.

On voit encore, dans ces lieux pleins de sombres souvenirs, les ruines de l'église de las Monjas (Nonnes) et de la Tour de Garde. Quelques morceaux de décombres marquent aussi l'emplacement de l'ancienne cathédrale. C'est tout ce qui reste de l'ancienne cité, que la forêt vierge couvre, depuis deux siècles, de sa végétation triomphante.

Voici une autre excursion, bien intéressante aussi, et délicieuse, sans aucun mélange de tristesse : c'est celle de *Taboga*. Elle sourit à quelques milles de Panama, cette île pleine de verdure et de fraîcheur ! Quelle suave température, quelles douces exhalaisons ! C'est là que le savant docteur Companyo, ancien médecin principal de la Compagnie maritime de Suez, veut établir une maison de convalescence, un sanitarium destiné à recevoir temporairement, pendant la construction du canal interocéanique, les employés et les malades d'une certaine catégorie qui auraient besoin de soins ou de repos. On ne saurait trouver, dans ces parages, une oasis plus fraîche et plus parfumée.

Les habitants et surtout les senoras et les senoritas y sont d'une gaieté folle.

On dit que les négresses de la rivière de Gambie, afin de se livrer plus attentivement à leurs travaux, ont coutume de se remplir la bouche d'eau pour éviter la médisance et les discours inutiles. Celles de Taboga sont loin de ce luxe édifiant de précautions. Quelle garrulité, grand Dieu !

> C'est véritablement la tour de Babylone,
> Car chacun y babille et tout le long de l'aune.

Pourquoi parler, — je n'en finirais pas, — de tant d'autres courses que nous avons faites aux environs de Panama ? Partout on trouve en abondance le bananier, le cocotier, l'ananas et tant d'autres arbres inconnus en Europe.

C'est un fruit bien friand que l'ananas. Quelle délicieuse saveur ! Il a l'avantage de réunir, à lui seul, le goût et le parfum de la fraise, de la framboise, de la pêche et de la pomme.

La banane est beaucoup moins fine, n'en déplaise aux Orientaux, qui prétendent que c'est le fruit défendu du Paradis terrestre. Mais c'est le plus utile de la zone équatoriale, car il forme la base de la nourriture des régions chaudes, et sa culture a presque l'importance de la culture des graminées et des farineuses dans les zones tempérées. — Goût trop sucré et désagréablement doux. On sert la banane, sur les tables les plus délicates, avec les sucreries et autres mets de dessert. On peut la couper en morceaux et la faire frire dans la graisse ; son goût alors est à peu près celui de la pomme dans les beignets. Parfois on fait dessécher les bananes au soleil, et ainsi elles se conservent et peuvent se transporter aussi bien que les figues sèches, dont elles rappellent au reste la saveur.

Le cocotier est plus utile encore. En tête de tous les manuscrits indous sur des sujets philosophiques, on voit un personnage couché lisant dans un livre ouvert, à l'ombre d'un cocotier. Charmant symbole des ressources variées que le premier des arbres fruitiers fournit à l'homme. Celui-ci s'en sert pour se nourrir, se vêtir, construire et couvrir sa demeure et fabriquer la plupart des objets qui lui sont nécessaires. Quand on possède quelques cocotiers, on peut se dispenser à peu près de tout travail manuel et se livrer sans souci à l'étude de la philosophie. Mais il est encore plus facile et plus commode de ne se livrer à rien du tout, et c'est ce que font généralement les nègres du pays Panameno.

Voici un arbre étrange et bien romantique: le mancenillier. Le fruit est un poison, comme tous les genres de végétaux de la famille des euphorbiacées, mais on n'en meurt pas aussi facilement que le prétendent les légendes. Au reste, le contre-poison n'est pas loin : un bain de mer et quelques gorgées d'eau salée détruisent l'effet de la pomme mancenille. — Ne vous laissez jamais surprendre par le sommeil sous son ombre perfide : car il tombe de ses feuilles une rosée qui peut rendre aveugle. Autrefois les Indiens, avant de connaître les armes à feu, empoisonnaient leurs flèches en les trempant dans le suc de cet arbre.

Quelles richesses dans ces forêts de la Colombie! On y trouve encore en abondance les bois les plus recherchés pour la teinture et l'ébénisterie, les baumes, les résines, le caoutchouc. Ce qui manque à cette région privilégiée, ce sont les travailleurs et les voies de communication. Mais le Congrès de Bogota a récemment voté la construction de plusieurs lignes de chemins de fer. Lorsqu'elles seront achevées, et lorsque surtout le canal interocéanique sera livré à la navigation du globe, on verra s'ouvrir, pour la Colombie, si merveilleusement placée pour le commerce des Deux-Mondes, une ère nouvelle de prospérité et de grandeur.

Quelques jours après notre arrivée, on célébrait l'anniversaire de la proclamation de l'indépendance néo-grenadine. La ville retentit tout le jour du bruit des canons et des pétards. Sur la place Santa-Anna, grande revue militaire! Rien de plus amusant que les soldats panaméniens affublés de vieux uniformes de diverses armes françaises, achetés au rabais. Cette exhibition seule vaut le voyage.

L'État souverain du Panama fait partie de la Confédération Colombienne, qui comprend: Antioquia, Bolivar, Boyaco, Cauca, Condimarca, Magdalena, Panama, Santander, Tolima. Ces États sont indépendants dans leur gouvernement intérieur ; chacun d'eux a son président, sa législature et sa haute cour de justice.

Le gouvernement fédéral, qui réside à Bogota, se compose d'un président élu par la nation pour deux ans et d'un Congrès, élu par les États pour la même durée, et divisé en un Sénat, de vingt-sept membres et une Chambre des représentants de soixante-six.

Les guerres civiles sont assez fréquentés dans la Colombie, et la ville de Panama surtout se distingue par sa turbulence. Les bâtiments militaires, en station dans la rade, sont quelquefois obligés de débarquer des troupes pour assurer la protection du chemin de fer international qui relie les deux Océans.

Le *Transcontinental* a 80 kilomètres de longueur : c'est une promenade féerique dans le silence de la forêt vierge. Promenade bien chère : 150 francs rien que l'aller, autant pour le retour. La Compagnie, du reste, je m'empresse de le dire à sa louange, est de la plus gracieuse générosité pour les touristes et les explorateurs.

Rien de plus imposant que la vierge solitude de ces bois immenses ! C'est une véritable mer d'arbres et de lianes impénétrables au regard, et où l'indigène lui-même ne peut se frayer un passage qu'avec son *macheté*. Pas un point de cet immense espace qui ne soit recouvert par la végétation. Les herbes elles-mêmes sont aussi hautes que les arbustes de nos pays, et on voit leurs cimes fleuries onduler et frémir, comme les flots de l'Océan, au souffle du vent. Masses diverses, herbes rampantes, lianes légères, tout cela se mêle, se confond, dans l'immensité verdoyante. Quelle richesse de formes, quelle fougue de végétation, quelle magnificence de couleurs ! Rien, en Europe, ne saurait donner une idée de ce chaos infini de verdure.

Parfois, on aperçoit des arbres qui élèvent bien au-dessus des autres leur tête superbe. On dit que certains de ces colosses se dressent à plus de cent mètres dans la région des nuages.

Chemin de fer de Panama.

Es como el paraïso, c'est comme le paradis! s'écriait naïvement un Indien, en s'adressant à Humboldt, dont il était le guide et qu'il voyait contempler, tout ému, une forêt américaine.

Combien de fois n'ai-je pas été tenté de pousser le même cri d'extase dans ces profondeurs ombreuses où la Providence a réuni tant de sereines majestés et de sombres grandeurs ! Quelles délices de tremper son âme et son corps à cette vie grande et large de la nature ! Il y a tel de ces arbres géants qui vous cause une impression si forte que l'esprit n'en perd plus le souvenir. On comprend alors les larmes de Humboldt, qui, au moment de sa mort, se plaisait encore à contempler la photographie d'un colosse de végétation du Venezuela, dont l'aspect imposant avait vivement frappé son imagination : « Voyez ce que je suis maintenant, disait-il alors d'une voix résignée, et lui, ce bel arbre, il est ce que je l'ai vu, il y a soixante ans ; nul de ses grands rameaux n'a fléchi ; c'est bien lui tout entier, comme je l'ai contemplé avec Bonpland, lorsque nous étions jeunes, forts, pleins d'allégresse, et quand le premier élan de notre enthousiasme embellissait nos plus sérieuses études. »

Parfois, on trouve à côté de la voie ferrée, comme des pelouses vertes, toutes remplies de brillantes fleurs. Malheur au touriste qui se risque sur ce tapis d'herbage ! Il s'enfonce dans la vase dissimulée par une végétation luxuriante, et la terre fangeuse sur laquelle il pose le pied peut l'enliser, comme le sable de la mer. C'est à San-Pueblo que l'on franchit le *Rio-Chagres*, destiné à jouer un grand rôle dans le futur canal. A Gatun, une foule de négresses entourent le train, pour vendre des fruits et des fleurs. Délicieusement belle et originale la *flor del Espiritu Santo:* sur sa corolle parfumée les anthères et le pistil semblent former une souriante petite colombe.

C'est à *Mameï* que se fait le croisement des trains allant de

Panama à Colon et vice-versâ. Toutes ces stations, — sans compter celles que je ne nomme pas, — sont de pauvres bourgs, qui n'ont rien d'intéressant que la végétation splendide qui les enveloppe.

Aucune barrière sur tout le parcours du chemin de fer ! Aussi les troupeaux de bœufs se promènent-ils sur la ligne en toute liberté. Mais aussitôt que la locomotive fait entendre son puissant sifflet, on voit le bétail *intelligent* se ranger immédiatement le long de la voie et regarder placidement passer le convoi. Parfois pourtant, des retardataires sont surpris par le train et lancés, tout sanglants, dans l'espace, par un grand treillage en forme de charrue qu'on appelle cage à bœufs.

Colon-Aspinwal, — sur l'Atlantique, — est un misérable village où 4.000 habitants vivent pêle-mêle dans une saleté et une licence effrayantes. Quelle affreuse nuit j'ai passée là ! Vacarme incessant au dehors et combat rageur au dedans. Je n'ai fait absolument que lutter contre les moustiques. Quelles *môvèses* bêtes, dirait Prud'homme. Dans certaines féeries on voit le nez gigantesque d'un malheureux sur lequel les mouches se donnent le luxe d'un bal. Ce n'est pas seulement sur le nez, mais sur tout le corps que les moustiques se procurent ce plaisir. C'est une torture insupportable que de sentir à tout instant leurs cuisantes acupunctures. Aussi me sens-je assez incliné à partager l'avis d'un touriste spirituel, qui m'assurait, en guise de consolation, qu'une nuit passée avec ces insectes, compte pour une année de purgatoire.

C'est à Colon que j'ai vu le type le plus complet de laideur que j'ai jamais rencontré. Représentez-vous une vieille négresse tout habillée de blanc : une mouche dans un vase de lait! Le menton en casse-noisettes, les yeux hagards, les cheveux blancs et en désordre, riant d'un rire idiotement strident et se mouchant avec fureur dans ses doigts, elle courait les hôtels pour vendre des fleurs. C'est le comble… de l'amour de l'antithèse. Je ne sais dans quelle contrée de la France vivait, à la fin du dix-huitième siècle, une fille si hideuse que les habitants du pays où elle habitait, lui firent une pension pour qu'elle sortît de leur territoire. La vieille bouquetière d'Aspinwal mériterait bien, de la part de ses compatriotes, une pareille *faveur*. Mais, eux-mêmes sont si laids…!

II

L'isthme de Panama n'a point un climat aussi brûlant et aussi
funeste que pourrait le faire supposer la proximité de l'Équateur.
On n'y a jamais vu le choléra, ni la fièvre jaune. La fièvre paludéenne n'y est pas rare; le ciel, comme dans toutes les régions
intertropicales, est lourd et plus ou moins débilitant, mais enfin
le pays, si l'on excepte les plaines basses du Chagres et les marais
pestilentiels de l'Atlantique, est généralement assez sain et ne
mérite point, somme toute, sa sinistre réputation. D'où vient
donc cette triste renommée qui s'est répandue dans le monde
entier? Le commencement des travaux du canal interocéanique
donne à cette question une grande importance et un regain d'actualité, et, pour éviter toute erreur, j'en prends la solution dans
Panama et Darien d'Armand Reclus, qui a fait, dans l'isthme

américain, les explorations les plus sérieuses et les plus com-
plètes.

« Le triste renom de Panama, dit-il, date de l'époque où le
chemin de fer n'était pas encore établi. Débarqués, après mille
difficultés dans le port de Chagres, où souvent des canots chargés
de passagers furent roulés en essayant de franchir la barre, les
émigrés avaient à remonter pendant cinq mortelles journées, les
sinuosités du fleuve Chagres. Entassés dans des pirogues étroites,
où aucune toile ne les préservait du soleil et de la pluie, ils arri-
vaient déjà bien las à la Gorgona et, pour atteindre Panama, il
leur fallait encore vingt heures de marche à pied ou à dos de
mulet sur un sol détrempé, à travers des terrains argileux si
glissants que le voyage y est un supplice, sur des pistes trans-
formées en fondrières au passage du moindre torrent, de la plus
petite ravine. Le soir, point de repas réconfortant ; la nuit, point
de gîte ; sans changer de vêtements, mouillés parfois depuis le
départ du matin, on se couchait sur une terre souvent couverte
de flaques d'eau. Dans de semblables conditions, le plus vigoureux organisme s'affaiblit, le corps s'adapte à l'absorption des
effluves paludéens. Des cas foudroyants de fièvre pernicieuse se
déclaraient, qui portaient l'effroi parmi les survivants. Enfin, circonstance aggravante, la plupart de ces mineurs étaient des aventuriers, écumés n'importe où, des hommes déjà profondément
minés par les excès.

« Des périls d'une autre nature augmentaient encore la terreur
que le climat de l'isthme inspirait. La route était infestée de brigands qui pillaient les caravanes de retour, et avec moins de
peine que par le travail des mines, se faisaient une part dans l'or
de la Californie. Cet état de choses dura jusqu'à ce qu'un homme
de vingt ans à peine, l'Américain Ran-Runnels, eût fondé à Panama
un comité de surveillance. A la tête de ses hardis compagnons, il

fouilla les profondeurs de la forêt, lynchant sans miséricorde les bandits qu'il surprenait dans leurs repaires. En quelques mois ce nouvel Hercule nettoya vaillamment les écuries d'Augias.

« Que penser alors des légendes qui ont couru le monde sur la mortalité qui aurait sévi parmi les travailleurs employés à la construction du chemin de fer de Colon à Panama ?

« N'a-t-on pas dit jadis, ne dit-on pas toujours que chaque traverse de la voie s'appuie sur un cadavre de terrassier chinois ? N'a-t-on pas dit, ne dit-on pas encore, que trente chefs de gare sont morts à la queue-leu-leu dans la station de Gatun ? Et combien d'autres histoires sinistres ?

« A cela comment répondrons-nous ?

« Par les annales mêmes de la compagnie du « Panama trans-continental ». D'après ses comptes rendus, il n'y a eu que 293 décès d'hommes blancs pendant tout le temps de la construction : je dis bien : deux cent quatre-ving-treize ; or, on a vu jusqu'à 6.000 à 7.000 ouvriers à la fois sur les chantiers.

« Il est vrai, que lors des premiers travaux, quand on était encore à piqueter, à construire la ligne au travers des marais de Mindi et de Gatun, les maladies sévissaient rageusement sur la petite troupe des pionniers : ceux-ci, pour la plupart, étaient des Irlandais, les Européens, qui, dit-on, résistent le plus mal à l'ardent climat des tropiques. A ce moment de l'entreprise il était impossible de soigner et de choyer les ouvriers, de les disputer à la maladie, et les malades à la mort. Entassés sur deux vieilles coques de navire, les hommes n'avaient pas même la ressource de se réfugier dans l'entrepont, tant la chaleur y était étouffante : forcés de rester sur le tillac, quelque temps qu'il fît, et sans moustiquaires, tant les rangs des dormeurs étaient serrés, ils restaient en proie aux moustiques et à l'excitation fiévreuse qui suit leurs piqûres.

« Une fois sortis des marais de Mindi et de Gatun, et lorsque, en 1852, après le passage du premier train de Colon à Gatun, la situation de la Compagnie, précaire jusque-là, désespérée même, s'améliora du tout au tout, les « gros bonnets » du Transcontinental purent s'occuper de la santé de leurs hommes : sur l'île de Manzanillo s'élevèrent quelques maisons de bois, et Colon fut fondé ; triste cité, à vrai dire, mais ses magasins renfermaient les approvisionnements nécessaires. Le service médical s'organisa ; sur les divers chantiers échelonnés le long de la voie, on construisit des hangars temporaires, où les terrassiers passèrent leur nuit à couvert de la pluie, et leurs loisirs à l'abri du soleil. A partir de ce jour, la mortalité relative ne fut pas plus forte que dans toute autre entreprise demandant de grands déblayements du sol sous un climat tropical. Les Irlandais employés jusqu'alors concurremment avec les mulâtres de Carthagène furent remplacés par des nègres des Antilles, des Américains du Nord, des Européens autres que les Celtes d'Erin, et ces nouvelles escouades montrèrent plus de force de résistance contre les fièvres paludéennes. D'ailleurs la nature des travaux à exécuter devenait peu à peu moins dangereuse : il ne s'agissait plus de porter des charges, d'enfoncer des pilotis, de faire des terrassements, le corps à moitié enfoui dans la boue du marais, tandis que le soleil grillait la tête et les épaules ; on n'avait plus qu'à remuer un terrain ferme, bien sec et solide.

« On a surtout parlé des hécatombes de Chinois. Voici là-dessus la vérité.

« Pour combler les vides continuels que le mirage, souvent trompeur, de la Californie faisait dans les rangs des travailleurs, la Compagnie engagea mille fils du Ciel. Les précautions furent prises pour assurer tout le bien-être chinois qu'il était possible de leur procurer ; mais à peine eurent-ils donné le premier coup de pioche qu'il se déclara parmi eux une effrayante épidémie de suicide. Tous les matins on les trouvait pendus aux arbres par douzaines autour de leur campement.

« Une fois même, *sic tradunt*, quelques-uns d'entre eux s'assirent sur le bord du grand Océan Pacifique, à marée basse; puis sans une plainte, sans un mot, sans un mouvement, sans un murmure, ils attendirent le flot montant, et que, d'esclaves, la mort les fît hommes libres...

« Ce fait, grandiosement tragique, serait digne de passer à nos derniers descendants. Malheureusement pour la légende, ces Chinois travaillaient dans les terrassements du centre de l'isthme sur le versant de l'Atlantique, loin de l'Océan, et d'un océan *sans marées*. Quoi qu'il en soit, cette dangereuse manie fit tant de victimes dans leurs rangs, qu'il fallut les rembarquer au plus vite : ils partirent alors, eux aussi, pour les champs fortunés du Sacramento. »

Mon voyage sur le « Transcontinental » m'a permis, avec des études sérieuses, de me rendre compte du tracé que suivra le canal interocéanique dont M. Ferdinand de Lesseps a déjà commencé les travaux. Le futur bosphore, en effet, doit longer à peu près la ligne du chemin de fer.

Elle est bien ancienne, l'idée de cette communication maritime. Il existe dans la bibliothèque de Nuremberg un globe terrestre, portant la date de 1522, sur lequel on voit, clairement tracée à travers l'isthme de Panama, une ligne attestant que Johannes Schœner, son auteur, croyait qu'il y avait là un détroit, ou, que s'il n'en existait pas, un jour viendrait où le génie humain en ouvrirait un.

Parmi les lettres de Fernand Cortez à Charles-Quint, que M. Vallée vient de réunir dans un livre plein d'intérêt, il y en a une qui m'a particulièrement frappé: le capitaine espagnol y parle d'un détroit qui devait exister à travers l'isthme américain.

« Sire, disait le conquérant du Mexique, toujours à la recherche de ce qui peut concourir à votre gloire et à votre avantage, j'ai vu qu'il était de mon devoir, après toutes les précautions prises dans l'intérieur pour soumettre les uns, pacifier les autres, établir partout l'ordre, l'union et la paix, d'équiper des bâtiments pour découvrir et reconnaître l'étendue de la côte entre le Panuco et la Floride, et trouver, s'il est possible, un détroit dans la mer du Nord qui conduise à l'archipel découvert par Magellan et qui doit en être assez proche ; si Dieu me permettait de réussir dans une pareille entreprise, le commerce de l'épicerie se ferait bien plus promptement et à moins de frais ; les vaisseaux construits dans ce but ne courraient plus de risques, puisqu'ils ne parcourraient plus que des côtes soumises à votre domination. Ils trouveraient sans cesse au besoin les moyens de mouiller, dans des ports sûrs, de se radouber, de faire de l'eau, etc.

« Quoique je sois ruiné et considérablement endetté par les dépenses que m'ont occasionnées l'équipement des autres vaisseaux, les armées de terre, les provisions de toute espèce, la fonte de l'artillerie, et par mille autres frais qui se renouvellent tous les jours ; quoique tous les objets essentiels soient à un prix excessif, malgré la richesse du pays, et que les impôts ne soient pas, à beaucoup près, capables de balancer les dépenses, j'oublie mes intérêts personnels, j'emprunte de l'argent, et je dépenserai 10.000 piastres d'or pour faire partir trois carabels et deux brigantins destinés à la découverte de ce détroit. Il suffit que je puisse rendre de nouveaux services à Votre Majesté, pour que toute autre considération cesse et que je m'y livre tout entier ; si on découvre le détroit, je vous rendrai là le service le plus signalé et le plus utile ; si on ne le rencontre point, on découvrira du moins de vastes et riches contrées qui produiront de grands avantages à Votre Ma-

jesté en étendant votre domination ; Il résultera des découvertes sur
cet objet qu'on s'occupera plus utilement, quand on sera assuré
qu'il n'existe point de détroit, de la navigation la moins dispen-
dieuse pour se rendre aux îles qui produisent les épices ; mais
j'espère que l'entreprise de la flotte sera couronnée du plus grand
succès, que le détroit sera reconnu, parce que rien ne peut se
refuser aux efforts, aux soins et au zèle avec lesquels je désire y
contribuer... »

Il appartenait à **M.** de Lesseps de justifier encore une fois sa
devise grandiose : *Aperire terram gentibus*, et de faire une réalité
des rêves des siècles.

C'est en 1875 que l'idée d'ouvrir un canal interocéanique a
commencé à préoccuper sérieusement la science. A cette époque,
le Congrès international de Géographie, tenu à Paris, en fut saisi
et jeta les bases des récentes explorations dans l'isthme américain.
Au mois de mai 1879, se réunit encore une assemblée scientifique composée des ingénieurs les plus éminents de tous les pays,
sous la présidence du célèbre général Türr. Elles étaient au nombre
de cent, ces personnalités illustres, et, après quinze jours de travaux et d'études à l'*américaine*, elles adoptèrent, à une immense majo-
rité, la ligne de Panama si consciencieusement étudiée par Bonaparte Wyse et Armand Reclus. Ce fut à l'issue de ce congrès que,
pour la première fois, on proposa à **M.** de Lesseps de se mettre à
la tête de cette gigantesque entreprise. Il accepta, et bienôt après
la Société d'Études lui céda les droits qu'elle avait obtenus de la
Colombie. Je n'ai ni le droit ni la prétention de traiter le côté
technique de cette entreprise admirable, qui, tout en couronnant
la gloire du *Grand Français*, va compléter le circuit des grandes
routes maritimes et développer le commerce et la fortune du
monde. D'ailleurs, — à ce point de vue du moins, — que dire
de nouveau ? Cette question du fameux canal équatorial est,

depuis longtemps, la *great attraction* du monde savant et du monde financier. Tout le monde lit le *Bulletin du canal inter-océanique*, et que peut-on ajouter à ce qu'ont si bien dit, dans des ouvrages spéciaux, MM. de Bizemont, Louis Companyo, Navette-Delorme et surtout Armand Reclus?

Mais, volontiers, je parlerai un peu de cette œuvre, au point de vue politique, diplomatique et commercial.

On sait quelle opposition M. de Lesseps a rencontrée de la part des Nord-Américains ou du moins d'un grand parti américain. Les États-Unis ont dressé devant lui comme une menaçante barrière, la célèbre doctrine de Monroë, qui date de plus d'un demi-siècle. C'était en 1823, Ferdinand VII, qui avait été rétabli sur le trône d'Espagne, fit appel à la Sainte-Alliance afin que les souverains qui lui avaient rendu son sceptre lui rendissent aussi ses colonies. L'Angleterre refusa de s'associer à cette intervention; Canning, alors chef du Foreing-Office, alla déclarer qu'il reconnaîtrait l'indépendance des colonies révoltées, si les alliés voulaient les combattre. C'est à cette occasion que le président des États-Unis, Monroë, fit au congrès cette fameuse déclaration qui porte son nom et qui est devenue comme l'Évangile des Yankees. «...Nous déclarons aux puissances européennes, disait le message présidentiel, que nous considérerons toute tentative de leur part, pour étendre leur système de gouvernement à une partie quelconque de cet hémisphère, comme dangereuse pour notre paix et notre sécurité... Relativement aux gouvernements qui ont déclaré et maintenu leur indépendance, nous ne pourrions voir aucune ingérence pour les opprimer ou pour *dominer en aucune façon* leurs destinées autrement que comme la manifestation de dispositions peu amicales envers les États-Unis. »

La doctrine Monroë, même dans sa forme la plus restreinte, n'a jamais été admise par le droit international. Mais enfin, s'il est permis, s'il est juste de la reconnaître dans certaines lmites, c'est étrangement en dénaturer le sens que de prétendre en faire un obstacle à l'exécution d'une entreprise privée comme celle qui a fait l'objet d'un contrat entre M. de Lesseps et le gouvernement libre et indépendant des États-Unis de la Colombie. Ainsi interprétée, la doctrine Monroë serait une véritable muraille de Chine, interdisant aux Européens l'accès de ce continent pour le confisquer au profit de l'Union et ne laisser qu'une indépendance nominale à ses divers gouvernements, réduits en réalité à l'état de vassaux de la République Nord-Américaine. C'est bien ainsi pourtant que tendent un grand nombre, sinon la majeure partie des hommes d'État qui font aux États-Unis l'opinion publique.

Ils veulent empêcher la construction du canal ou du moins prétendent en avoir la direction et le contrôle. Pendant de longs mois, la presse américaine a répété à satiété qu'il fallait s'opposer au projet de M. de Lesseps, à tout prix et par tous les moyens et affirmer avec plus de force que jamais la doctrine Monroë. — Le capitaine Burnside s'écriait un jour à la Chambre des représentants :

«... Dans ce moment, nous devons avoir présent à l'esprit le fait que la doctrine Monroë, non seulement déclare que les gouvernements américains ne sauraient être considérés comme sujets, à être colonisés par une puissance européenne quelconque, mais encore que nous ne saurions voir aucune ingérence européenne de nature à supprimer les gouvernements indépendants d'Amérique, ou, pour citer les termes exacts, à *dominer leur destinée de toute autre manière*, autrement que comme une disposition non amicale envers les États-Unis. La construction d'un canal interocéanique par des capitalistes européens sous la protection d'un gouvernement européen, *ou par l'autorité d'une charte européenne*, donnerait à ce gouvernement le pouvoir de dominer la

destinée des États à travers lesquels passerait le canal, que ce
fût Panama, le Honduras ou le Nicaragua ; et de plus, il serait
dangereux pour la paix et la sécurité des États-Unis... Il devrait
être ouvert à notre marine de commerce en temps de paix, — et
à notre marine de guerre en temps de guerre, — en dehors de
toute juridiction européenne. Autrement, il constituerait un droit
d'ingérence dans nos affaires nationales qui exciterait justement
le ressentiment de notre peuple, et que les citoyens des États-Unis
ne supporteraient jamais. L'hypothèse de la construction d'un tel
canal par un des gouvernements par le territoire desquels il
devrait passer n'est pas même à discuter ; car aucun de ces gouvernements ne pourrait se procurer l'argent nécessaire : mais s'il
le pouvait faire, le devoir des États-Unis serait de n'en pas moins
exiger péremptoirement le contrôle. Le congrès doit agir sur cette
grave question sans délai, avant qu'une nation étrangère ait fait
une démonstration qui ressemblerait à une prise de possession ; et
une grande responsabilité pèserait sur nous, si nous renoncions
aujourd'hui aux chances de maintenir notre suprématie sur ce
continent. »

Enfin, le président Hayes adressait au Sénat, le 8 mars 1880,
un message spécial, où il est dit en substance que « le canal de
Panama doit être placé sous le contrôle exclusif des Américains...,
que ceux-ci ne sauraient consentir à céder le contrôle à aucune
puissance européenne..., » et enfin « que le canal doit faire virtuellement partie du littoral des États-Unis. »

Quoi que l'on pense de la déclaration célèbre de 1823, on ne
peut l'invoquer pour empêcher la construction du canal isthmique.
Car l'entreprise de M. de Lesseps est une entreprise toute privée
qui n'a absolument aucune couleur ni aucune signification politique. Au reste, le gouvernement français l'a officiellement
déclaré, afin de calmer les susceptibilités américaines.

Cela n'a pas entièrement détruit l'effervescence des fanatiques admirateurs de la *Doctrine*, qui n'en ont pas moins persisté à crier que leur pays ne saurait tolérer sur aucun autre État de l'Amérique Centrale ou sur aucun des États-Unis de Colombie, aucun embargo européen pouvant arrêter ou embarrasser le progrès de l'Union vers le Sud. — Mais, à ce compte, on ne pourrait plus faire un pas dans nulle partie du Nouveau-Monde, sans s'exposer à être arrêté comme blasphémateur de la *Doctrine*. Ils ont le frisson, les Américains, chaque fois qu'ils croient voir une nation européenne prendre pied sur l'Amérique Centrale. Lors de l'expédition anglaise qui s'empara de Greytow, après avoir pris d'assaut le fort de Sérapiqui, M. Clayton déclara « *qu'il y a une portion de territoire en dehors des États-Unis, où ceux-ci ont des intérêts particuliers et qu'il est impossible de permettre à aucune autre grande nation maritime d'occuper, de façon à y supplanter l'Union Américaine.* »

Voilà l'audace avec laquelle la grande République affiche les perspectives gigantesques, illimitées, dont elle berce ses convoitises nationales.

Les États de l'Amérique Centrale et ceux de la Colombie en particulier, se sont émus de ces prétentions, qui ne leur laisseraient qu'une souveraineté nominale sur leur propre territoire. Les Colombiens pensent avec raison que la construction d'un canal interocéanique est une entreprise purement commerciale, qu'elle n'implique aucun privilège politique et qu'elle ne constitue aucun danger pour les intérêts et la *Destinée* de l'Union. Le gouvernement de Bogota a même protesté d'une manière énergique, à l'occasion d'une démonstration militaire de deux navires de guerre américains dans ses eaux, sans s'émouvoir de cette boutade d'un journal de New-York : « Quelques-unes des petites Républiques de l'Amérique Centrale sont portées à s'opposer à la doctrine

Monroë sous les prétextes les plus futiles ; et, si les principes établis par cette doctrine étaient abandonnés par les États-Unis, tous les petits gouvernements sur l'isthme seraient avalés en un **an** par les puissances européennes. »

C'est cette opposition que M. de Lesseps est allé combattre en Amérique. Opposition systématique, tenace et d'autant plus forte qu'elle est basée non sur des sentiments d'hostilité privée, mais sur des idées générales et un principe politique !

En quittant Panama, il s'est rendu aux États-Unis et a visité successivement Washington, Philadelphie, Boston, Chicago, San-Francisco.

L'immortel créateur du canal de Suez a été diplomate avant d'être ingénieur. Il a gardé de ses premières fonctions une perception prodigieusement fine et délicate des aspects essentiels que présente une question. Aussi, a-t-il abordé sans contrainte, devant les Américains, toutes les objections soulevées contre son projet, et les a-t-il résolues avec une logique et une précision remarquables.

« L'entreprise isthmique est une affaire essentiellement privée qui intéresse le commerce du globe. — Que s'il s'élève, à l'occasion et à côté de cette œuvre, des questions politiques, c'est aux gouvernements à les traiter. Libre à eux de faire tous les arrangements qu'il leur conviendra pour concilier leurs prétentions ou leurs droits respectifs. Je suis même fort loin de méconnaître les *droits*, les *intérêts* et les *traditions* de la nation américaine ; je respecte les susceptibilités d'un patriotisme ardent et je désire sincèrement que l'on donne satisfaction aux aspirations légitimes des États-Unis ; mais les considérations de cet ordre ne sont point de mon domaine ; je n'ai qu'à sauvegarder des intérêts matériels, et pour tout le reste, je m'en rapporte à la sagesse et à la libéralité des gouvernements. »

Tel est le langage plein de logique, de raison et de délicatesse que M. de Lesseps a tenu devant le peuple des États-Unis, et, si sa parole n'a pas converti tous les intransigeants, elle a du moins dissipé tous les nuages.

Au reste, quand le canal sera construit, n'est-ce pas la République Nord-Américaine qui en profitera le plus ? On se souvient de l'opposition implacable que fit l'Angleterre au canal de Suez. Or, c'est elle surtout qui, plus tard, en a profité, et cette œuvre, qu'elle combattit de toutes ses forces, est devenue l'un des plus précieux instruments de sa fortune et de sa puissance. — Il en sera de même de l'Union Américaine pour le canal de Panama. La première émotion passée, elle reconnaîtra son erreur. Le Canal sera l'une des premières routes de son cabotage, et presque tous les pays du monde auront avec elle de plus grandes relations de commerce. La facilité de ses communications avec tous les points de son double et immense littoral de l'Atlantique et du Pacifique accroîtra son importance maritime, et lui rendra bientôt la suprématie que la guerre de Sécession lui a enlevée.

L'Angleterre, il faut le dire à sa louange, a, dans cette circonstance, fait preuve de bon sens et d'impartialité. Elle s'est montrée généralement favorable à l'œuvre de M. de Lesseps, et le *Standard* et le *Times* se sont particulièrement élevés contre la prétention des Américains d'exercer un droit exclusif de suzeraineté sur l'isthme qui sépare les deux Océans. « M. de Lesseps, disait naguère cette dernière feuille, offre au monde un bienfait plus grand que celui du canal de Suez. La plupart des patriotes américains doivent comprendre que leur pays ne saurait, par égoïsme, se priver ni priver le reste du monde du bienfait promis par un étranger, sans assumer la responsabilité à sa place. Dans l'idée de la plupart des citoyens américains, la doctrine Monroë est une loi de la nature. On l'invoque maintenant pour prétendre qu'un canal à travers l'isthme, à Panama ou par le Nicaragua ou par toute autre partie de l'isthme, fait *virtuellement* partie des États-Unis. La Grande-Bretagne peut se féliciter que le canal Calédonien soit déjà creusé, car autrement il pourrait donner lieu à des complications internationales. »

Enfin, si j'en crois des renseignements tout récents, la Grande-Bretagne proposerait, en ce moment, aux puissances maritimes du continent de répliquer par une protestation collective, à la doctrine de Monroë, si le gouvernement de Washington persiste à la jeter comme une menace à la face de l'Europe. Nous sommes loin, on le voit, du jour où Canning, l'inspirateur de la Déclaration américaine de 1823, se vantait « *d'avoir appelé à l'existence un nouveau monde pour rétablir l'équilibre de l'ancien.* »

Quoi qu'il en soit, le canal est commencé et il se finira, grâce au génie et à l'indomptable volonté du *Grand Français*. Après avoir ouvert les portes de l'Orient à travers les sables du désert, M. de Lesseps va ouvrir celles de l'Occident à travers les Cordillères du Darien.

L'Égypte, cette terre classique des magiques splendeurs, ne lui doit pas la moins éclatante de ses merveilles... Bientôt l'Amérique elle-même et le monde entier lui devront ce passage gigantesque où couleront à loisir les produits de l'intelligence et de l'industrie humaines. Œuvre magnifique, grandiose, d'une prodigieuse influence civilisatrice : car raccourcir les distances, c'est rapprocher les hommes, c'est élever la société et les nations et préparer la fédération chrétienne et humanitaire des peuples, cet idéal des grands esprits et des grands cœurs.

Les deux Océans ne se touchent qu'à l'extrémité lointaine de l'Amérique Méridionale, par le détroit de Magellan et au cap Horn, parages glacés, plein de périls et de tempêtes. Dans six à huit ans d'ici, le canal isthmique les aura réunis par une percée

de 73 kilomètres, à niveau constant et découvert. Quels dangers
et quels retards épargnés à la navigation ! — Entre le Havre,
Londres ou Liverpool et San-Francisco, la distance sera abrégée
de 3,500 *lieues !!!* On passera alors librement et *directement*
d'Orient en Occident, et on pourra dire que le monde a achevé sa
route.

J'ai été frappé, à Aspinwal, par un beau monument, — le seul
que l'on y rencontre. — C'est un superbe groupe en bronze, que
l'on a pu admirer à l'Exposition Universelle de 1867 : Christophe
Colomb soutient et présente à l'Europe une petite sauvagesse,
toute belle dans sa timidité et sa candeur. M. de Lesseps va compléter la pensée de l'immortel *Descubador*, et, après l'achève-
ment de son œuvre grandiose, ne méritera-t-il pas de voir sa
statue se dresser à côté de celle du grand navigateur espagnol ?..

« Pour la construction du canal de Suez, disait un jour M. de
Lesseps, j'ai eu les femmes pour moi ! elles valent chacune *cent*
hommes, quand elles veulent favoriser une œuvre. » — Les femmes sont encore avec lui dans son entreprise Panaménienne. Sans
doute elles ne la connaissent pas d'une manière scientifique, mais
elles en devinent la grandeur. Car l'influence et la compétence de
la femme, dans un certain sens, embrassent tout dans le monde.
En politique et en affaires, elles ont comme des inspirations
divines et des illuminations prophétiques, qui leur montrent la vérité.
Mme N. me consultait un jour sur le côté financier de la question
du canal isthmique. « Incompétent, madame, lui répondis-je ;
mais ce que je sais, c'est que cette entreprise a le plus brillant
avenir ; et dans tous les cas, c'est une conception grande et généreuse. — Eh bien ! je prendrai des actions, s'écria-t-elle, car une
œuvre grande est une œuvre française ! »

C'est une femme, Mlle Ferdinande de Lesseps, qui a donné le
premier coup de pioche à Panama, en présence de l'évêque de

cette ville, des autorités colombiennes, des plus grandes illustrations scientifiques et d'une foule immense.

Que d'autres coups féminins portés sans doute, d'une manière invisible, à la barrière de l'isthme ! L'aimable sexe se trouve, de quelque manière, dans toutes les grandes choses. Les hommes y déploient le génie de leur intelligence, les femmes... le génie de leur cœur.

RUPTURE DU VOYAGE ET RETOUR DE LA JUNON

ÉPIDÉMIE. — FIÈVRE JAUNE

I

En quittant Valparaiso, j'écrivais ces lignes dans mon journal : « ..... Séjour délicieux au Chili. Je suis fier et heureux des amitiés que j'y ai conquises. Notre Expédition devient de plus en plus agréable, mais pourquoi faut-il que la crainte vienne désormais empoisonner tous nos plaisirs? Le différend qui s'est élevé entre la Société des Voyages et la Compagnie Frayssinet a failli provoquer l'arrêt de la *Junon* dans ce port. M. Biard a triomphé une première fois de ces difficultés, mais en triomphera-t-il toujours et serons-nous condamnés à voir bientôt notre voyage rompu?... J'ai, malgré tout, moins d'alarme que d'espoir, car la haute valeur du commandant me rassure, et, si l'insuccès de l'entreprise peut être absolument prévenu, il le sera par son habile clairvoyance et son calme courage. »

Mon attente, hélas! ne tarda pas à être déçue, et, après plus d'un mois passé dans l'incertitude, l'expédition fut rompue à Panama. Je ressentis une profonde impression de tristesse, lorsque M. Biard nous annonça officiellement ce fatal dénouement après la revue du 15 décembre, et ce n'est pas sans une vive émotion qu'il nous fit et que nous entendîmes ses adieux.

« OFFICIERS, ÉQUIPAGE,

« Notre voyage est rompu. La Société qui l'avait organisé, en présence des difficultés de toute nature qui lui ont été opposées, a déclaré qu'elle refusait de continuer à employer la *Junon* dans de pareilles conditions. A partir de ce jour, la *Société des Voyages* ne conserve plus aucun droit ni intérêt sur la *Junon*. La direction commerciale du voyage et bientôt le commandement du navire passera aux mains du représentant de MM. Fraissinet.

« Il me sera pénible, croyez-le, de me séparer de vous et de ce bâtiment, qui était l'expression vivante d'une idée française et remplissait une mission digne de toutes sympathies. Je garderai de vous un bon souvenir et je vous suis reconnaissant de vos services, auxquels je dois une navigation constamment heureuse, même dans les parages difficiles. Je vous souhaite un semblable bonheur pour votre voyage de retour.

« Quels que soient les événements, servez de votre mieux et donnez le bon exemple ; c'est un devoir absolu qui n'est que la juste représentation des salaires qui vous sont acquis. »

M. Andrac, fondé de pouvoirs de la Compagnie Fraissinet, reçut, en effet, le commandement de la *Junon* et, trois jours après, le 23 décembre, nous reprenions mélancoliquement le chemin de la France.

A peine étions-nous au large qu'un grand fracas fit retentir la chambre du commandant! une belle glace venait d'être renversée par le roulis et avait, de tous côtés, volé en éclats. « Voilà le guignon qui commence! » dirent quelques matelots. Oserai-je avouer que, déjà bien triste moi-même, je ne pus me défendre de quelques appréhensions mystérieuses pour le retour?...

La fête de Noël fut célébrée à bord avec un pieux entrain. Je dis la messe, sur le pont, par une de ces belles nuits tropicales qui enchantent le regard et ravissent l'âme.

Il me semblait singulier de voir l'équipage assister, en pantalons blancs, à cette cérémonie, dont le nom, en Europe, rappelle toujours l'hiver avec sa neige et ses frimas. On chanta, avec accompagnement de piano, les *Rameaux* de Faure et le *Noël* d'Adam. Cette fête, la plus douce et la plus attendrissante de l'année, émeut et attire partout; mais quel charme pénétrant n'at-elle pas surtout pour celui qui peut la célébrer en plein Océan, au bruit majestueux des vagues et à la lumière des mille étoiles qui resplendissent au ciel!...

J'adressai ensuite quelques paroles aux braves marins réunis en l'honneur de l'Enfant-Dieu; je leur offris mes vœux les plus ardents pour que la *Junon* nous fît franchir sans accident les vastes solitudes des deux Océans et nous rendît tous, sains et saufs, à nos familles et à notre patrie. Hélas! pour plusieurs d'entre eux, mes souhaits devaient être stériles et mes espérances cruellement déçues.

Le 21 décembre, nous arrivons au Callao. Je prends immédiatement le chemin de fer de Lima, et me voilà bientôt avec mes amis, M. Durand, Mgr Rocca, M. Carriquiry et d'autres, qui s'évertuent avec une touchante sollicitude à me distraire et à m'égayer.

La capitale du Pérou était encore sous le coup de l'émotion produite par l'assassinat du président du Sénat, Manuel Pardo.

Celui-ci entrait dans la Chambre Haute, lorsqu'un sergent de garde le tua à bout portant. Plusieurs personnes, accusées d'avoir armé le bras de l'assassin, furent arrêtées. Le gouvernement accusa Pierola d'avoir, de loin, préparé ce meurtre, et ne pouvant le mettre personnellement dans les fers, il y fit jeter sa femme. Celle-ci marcha en prison avec une calme fierté, en protestant de son innocence : c'est qu'elle est de la race de ces âmes d'élite qui planent toujours dans les régions supérieures de la pensée et du sentiment et qui ne craignent rien dans le monde, si ce n'est le déshonneur. Les vrais coupables furent bientôt découverts, et la noble dame, remise en liberté, sortit de cette épreuve avec une auréole de gloire qui ajouta singulièrement au prestige de son parti. « Le pays est indigné, me dit un jour un personnage considérable de Lima, de l'injuste traitement qu'on a fait subir à Mme Pierola. Soyez sûr que, tôt ou tard, il voudra réparer cette honte et appellera au souverain pouvoir le héros du *Huascar*. » Les événements devaient bientôt justifier cette prédiction.

Les funérailles du président du Sénat se firent avec une pompe incomparable, et Mgr Rocca prononça son oraison funèbre avec une émotion et une éloquence qui provoquèrent le plus douloureux enthousiasme. Manuel Pardo était d'ailleurs, on le sait, un des hommes les plus remarquables du Pérou ; il méritait, à tous égards, les honneurs qui lui furent rendus et les larmes que tout un peuple versa sur son tombeau.

Je passai quelques jours bien agréables dans la capitale du Pérou et ce n'est pas sans un profond regret que je quittai cette ville enchanteresse. On me fit d'ailleurs, en haut lieu, de brillantes propositions pour m'y retenir, et j'avoue que je fus violemment tenté de les accepter, afin d'étudier davantage et de connaître complètement les merveilles de ce beau pays. Un rude combat se livra dans mon esprit et dans mon cœur, entre le légitime désir

de satisfaire d'illustres amitiés et l'impatience de revoir au plus
tôt ma famille et la France. Enfin ce dernier sentiment l'emporta,
et, poussé d'ailleurs par une inspiration mystérieuse, je remontai
encore sur la *Junon*, emportant du Pérou un souvenir ineffaçable
et attendri.

De Valparaiso au Callao, on fait ordinairement une traversée
d'un calme et d'un charme ravissants. Les vents favorables du
Sud soufflent constamment, et les voiles enflées prêtent un concours
fraternel à la vapeur. Il n'en est pas ainsi du Callao à Valparaiso.
Le bâtiment dirigé sur cette dernière ville doit péniblement lutter
contre les vents qui secondent la marche des navires voguant
dans une direction opposée. Aussi les paquebots réguliers, qui
font le service entre ces deux ports, exigent-ils un prix plus élevé
du Callao à Valparaiso que de Valparaiso au Callao.

Les deux derniers jours de notre traversée furent terriblement
orageux : nous avions constamment un vent violent et une mer
démontée. Des lames gigantesques se précipitaient sur le bateau,
tantôt l'emportant sur leurs cimes échevelées, tantôt le plongeant
dans leurs sombres profondeurs ; et l'hélice, presque toujours en
dehors de l'eau, secouait l'arrière du bâtiment par les chocs les
plus désordonnés. L'Océan semblait avoir soulevé ses plus furieuses légions. C'est alors cependant qu'il est beau à voir et l'on
ne se lasse point de contempler ses vagues tourbillonnantes ni
d'entendre sa voix terrible et sublime, qui proclame si bien la
petitesse de l'homme et les grandeurs de Dieu !

Le 15 janvier au soir, nous arrivions à Valparaiso, où se
trouvait l'escadre française du Pacifique. Parmi les officiers je
rencontrai, avec une bien agréable surprise, un de mes compatriotes,
M. Faure, — de Toulouse, — jeune enseigne de vaisseau, plein
d'avenir. C'est là que je ressentis les premières atteintes de la
fièvre paludéenne dont je devais longtemps souffrir.

Le dimanche 19, je quittais avec douleur mes amis chiliens et surtout la famille Recart, de l'hôtel de France, qui m'avait comblé des plus aimables prévenances.

Le vendredi 25, nous entrons, par le golfe Penas, dans ces fameux Canaux Latéraux que j'avais parcourus avec tant de bonheur et où je ressentis encore des émotions bien profondes. Le soir, à 6 heures, nous mouillions dans cette excellente crique, le *port Grappler*, mais une pluie continue et de folles brises nous empêchent de descendre à terre. Le lendemain, par un temps magnifique et un soleil radieux, nous passions devant Puerto-Bueno, ce beau bassin où nous avions coulé de si doux moments. Quelles promenades agréables, quelles courses vagabondes à travers ces épaisses forêts sur ces collines, près de ces lacs, de ces torrents !!! Les vagues, les arbres, les rochers, tout me parlait de ces instants délicieux, et il me semblait sentir passer sur cette nature grandiose, comme un souffle d'intelligence et de sensibilité.

« Objets inanimés, avez-vous donc une âme ? ... »

Le dimanche, vers neuf heures du matin, nous quittons les Canaux Latéraux pour entrer dans le détroit de Magellan. Il vient alors de l'Océan Pacifique un vent violent et des rafales, qui contrastent singulièrement avec le calme des dernières jours. Froid assez intense et grains fréquents. Nous passons, vers trois heures du soir, devant la gracieuse baie de *Swallow* et le lendemain devant Punta-Arenas, sans nous y arrêter. Nous nous contentons, selon l'usage maritime, d'échanger un salut avec le vaisseau chilien, en station dans la rade. Cette petite ville, qui m'avait paru si triste la première fois, me sembla alors bien plus désolée encore. Dans les environs et de tous les côtés, nous vîmes des tourbillons de flammes : c'étaient des bois que les colons brûlaient pour y faire des plantations.

Le lundi dans la nuit, nous entrâmes dans l'Océan Atlantique par un temps orageux et sombre. Pluie continuelle et froid rigoureux ! Enfin, le vendredi 31 janvier, à sept heures du soir, le ciel se voile entièrement et une pluie diluvienne commence à balayer le pont. Les mâts gémissent ; poulies, cordes, cloisons, objets divers, tout craque avec un bruit sinistre et le navire tangue et roule horriblement sur les vagues tumultueuses qui le battent en brèche. L'éclair sillonne les nuages tourbillonnants ; pendant plusieurs heures le tonnerre nous enveloppe et nous menace de son épouvantable fracas. Enfin un bruit plus retentissant nous fait frissonner : la foudre éclate et tombe... Mais heureusement la chaîne du paratonnerre qui plonge dans la mer a détourné le péril !

Le calme après la tempête !... Le lendemain samedi 1er février, la journée est splendide, et l'Océan d'une radieuse sérénité. La lune nous éclaire de sa moins pâle lumière, lorsque nous entrons dans le *Rio de la Plata*, et le lendemain, à deux heures du matin, nous jetons l'ancre devant Montévidéo. Nous ne passons que deux jours dans cette ville ; je les ai consacrés exclusivement à l'amitié.

Cependant le capitaine n'y trouva pas de fret assez rémunérateur et mit aussitôt le cap sur Rio-Janeiro : c'était alors le plus fort de l'été dans l'Amérique méridionale et, par conséquent, le temps de la fièvre jaune.

Parfois, nous nous amusions à lire, dans des ouvrages de médecine que M. le Dr Debelly avait laissés à bord, les pages qui concernaient ce fléau. « Il n'y a contre cette redoutable maladie, qu'un seul remède absolument efficace : s'éloigner des pays qui en sont infestés. » Telle était toujours la conclusion de la science. « Eh bien ! n'allons pas au Brésil, filons tout droit vers la France ! »

s'écriait alors M. Humbert avec un air de gaieté simulée, mais avec conviction : on voyait que de tristes augures traversaient son âme...

Alea jacta est !... Le dimanche matin 9 février, je me réveillai dans la belle rade de Rio.

II

Le *Vomito negro* au Brésil. — Mort d'un prêtre français à Rio-Janeiro. — Le
Jornal do Commercio et M. Humbert. — Invasion de la fièvre jaune à bord.
— Épidémie. — Sept morts. — Les ensevelissements dans l'Océan. — Tombeau maritime. — Terreur et dévouement. — A Saint-Vincent et à Gibraltar. —
Arrivée à Marseille. — Quarantaine au Frioul. — Délivrance et séparation. —
Adieu et au revoir.

Je fus très agréablement surpris de recevoir immédiatement à
bord la visite de mon cher compatriote M. Sengès. Il venait
m'offrir et m'imposer l'hospitalité dans sa maison, afin, disait-il,
de me faire braver impunément la fièvre jaune. En même temps,
hélas ! il m'annonçait la mort d'un de nos amis communs, M. l'abbé
Langlade. Telle fut la première nouvelle que j'appris dans cette
ville aussi belle que néfaste, qui devait me causer tant de joie et
tant d'angoisse ! La fièvre jaune y sévissait alors avec intensité.
Les notes officielles et les renseignements des habitants du pays
ne portaient qu'à un chiffre médiocre et peu supérieur à la moyenne
de l'année, le nombre des cas. Mais on cachait patriotiquement la
vérité : car on voyait les bateaux hisser leur pavillon jaune avec
une fréquence significative et le canot de *l'Intendance Sanitaire*
sillonner constamment, dans tous les sens, les eaux de la rade.
Plusieurs navires avaient la plus grande partie de l'équipage à

l'hôpital. Un bâtiment français s'est même trouvé, un moment, tout à fait désarmé : le capitaine seul restait à bord.

M. Langlade, cependant, n'avait pas été emporté par ce fléau, mais par un accès pernicieux de fièvre paludéenne. J'appris, sur ses derniers moments, des détails douloureusement intéressants que j'ai racontés ailleurs.

Dans un faubourg de la ville, au pied d'une colline, loin de l'agitation et du bruit, se trouve un cimetière où l'on voit un emplacement spécial exclusivement réservé aux Lazaristes. C'est là que repose M. l'abbé Langlade, dans une modeste tombe, qu'il m'avait un jour fait visiter. J'y suis revenu avec tristesse, pour y dire une prière et y cueillir une fleur.

On sais que le Brésilien est très susceptible ; nous en eûmes, en arrivant, une preuve assez curieuse. Notre professeur de géographie avait, paraît-il, parlé d'une façon un peu plaisante des Fluminenses, dans le *National,* où il publiait ses impressions de voyage. Il leur reprochait leur amour *des breloques* et d'autres excentricités. La feuille parisienne reçut, de haut lieu, de violents démentis et le *Jornal do Commercio,* renseigné par son correspondant de France, se déchaîna contre M. Pradez, un des plus grands négociants de la capitale du Brésil, l'accusant d'avoir fourni aux passagers de la *Junon* des informations fausses et passionnées. Il n'en était rien cependant, et M. Humbert, dès son arrivée à Rio, se hâta de protester par la lettre suivante qu'il publia dans le *Messager du Brésil :*

« Monsieur le Rédacteur,

« Merci mille fois d'avoir bien voulu prendre en main la défense de ce digne M. Pradez. J'étais désolé d'avoir été la cause involontaire des désagréments qui lui sont survenus. Il ne m'avait dit sur sa patrie d'adoption, je l'affirme, que des choses bienveillantes et je revendique hautement la responsabilité personnelle des menues critiques qui ont si désagréablement chatouillé certains épidermes.

« Est-il besoin d'ajouter que j'entends n'attenuer en quoi que ce soit aucune de mes assertions ! Tant pis pour l'immortel rédacteur du *Jornal do Commercio* !

« A vous de cœur.

« Victor HUMBERT.

« A bord de la *Junon*, mardi 11 février 1879. »

Ce n'est guère que pour cet incident, et deux ou trois fois seulement, que notre professeur de géographie descendit à terre : il redoutait la fièvre jaune. Pour moi, au contraire, jugeant que le mouvement et les distractions m'étaient plus que jamais nécessaires, je me promenai et m'agitai beaucoup avec M. Collot. C'est alors que nous fîmes dans l'intérieur cette course assez intéressante que j'ai déjà racontée.

Cependant la *Junon* avait fini son chargement, le mardi 18 février. Treize mille sacs de café étaient entassés dans sa cale, et le transport seul jusqu'à Marseille devait coûter plus de soixante mille francs. Il fallait donc quitter ce pays dont les magnificences incomparables m'avaient plus frappé et séduit encore la seconde fois que la première ; il fallait me séparer des amis sincères qui avaient bien voulu me combler d'affectueuses bontés et, notamment, de M. Sengès et de M. Salabery. Ma dernière visite fut pour les sœurs de Charité de la *Santa casa*, ces saintes femmes qui, dans les pays lointains, sont pour moi, comme pour tout Français, l'image la plus sympathique et la plus sacrée de la patrie.

Touristes, ne redoutez rien, même dans les contrées les plus inhospitalières, pourvu que vous trouviez une fille de Saint-Vincent-de-Paul. A tout mal, à tout chagrin, à tout ennui elle apporte quelque adoucissement, quelque consolation.

> .... Un peu de baume à la souffrance,
> Aux corps quelque remède, aux âmes l'espérance,
> Un secours au malade, aux partants un adieu,
> Un sourire à chacun, à tous un mot de Dieu !

L'ancre fut levée le soir, et ce n'est pas sans attendrissement que je vis disparaître Rio-Janeiro : car j'y laissais peut-être quelques *saudades*, et mon cœur, du moins, en emportait beaucoup...

Après avoir crié : Machine en avant ! le commandant dit à son consignataire, M. Pradez, en lui serrant la main : « *Je bénis Dieu de franchir sans accident cette dangereuse étape.* » Sa joyeuse illusion allait bientôt faire place à de poignantes angoises.

Le lendemain même, au matin, le garçon coiffeur, Ballat, était très souffrant. Son malaise s'était déclaré l'avant-veille, il est vrai ; mais il était ou plutôt il paraissait absolument insignifiant. Nul caractère particulier toutefois ne se révéla dans sa maladie, et tout en lui donnant les soins qu'exigeait son état, on ne concevait pas de fortes inquiétudes. Le vendredi matin on le trouva mort dans sa cabine. Assis sur le canapé, la tête légèrement penchée, il semblait sommeiller. On comprend notre douloureuse surprise. Le cadavre avait une couleur jaune ; les téguments étaient injectés ; certaines parties du corps même, marbrées et tachées d'ecchymoses. On ne pouvait en douter, il avait succombé sous le coup de la terrible maladie qui régnait à Rio.

On dressa immédiatement, sur le gaillard d'arrière, une espèce

de chambre mortuaire faite de drapeaux et de toile à voiles, et on
y transporta le corps *paré*, selon l'expression des matelots, c'est-
à-dire cousu et ficelé dans plusieurs draps de lit, et un grand
poids de fer aux pieds pour faciliter l'immersion. Il était recouvert du drapeau français, douce et noble image de la patrie !
Parfois des marins allaient jeter sur lui un regard furtif et s'en
revenaient pâles d'émotion.

Quelques heures après ces sombres préparatifs, nous procé-
dions aux funérailles. Singulières funérailles et tristes entre toutes !
Lorsque la cloche du tillac sonna midi, « *Stop !* » s'écria le capitaine d'une voix forte, et la *Junon* s'arrêta. On n'entendait plus le
bruit de la machine ni les trépidations de l'hélice ; un religieux
silence, que troublait seul le léger mugissement des vagues,
régnait sur toute l'étendue du navire et les matelots étaient là, la
tête découverte, calmes et affligés, écoutant les prières funèbres.
Lorsque je les eus finies, le corps, rapidement entraîné par un poids
de 40 à 50 kilog, de fer, glissa sur une planche disposée à cet
effet et disparut dans les abîmes de l'Océan... On entend un bruit
sourd qui nous fait frissonner d'un tressaillement mystérieux, et
le navire reprend sa marche, et l'hélice recommence ses monotones trépidations. Je ne puis cependant détacher mes yeux de ces
flots sinistres qui viennent de recouvrir le malheureux, et les
vagues qui battent les flancs du bateau frappent aussi mon cœur
et le submergent d'une compatissante amertume.

Il est triste de mourir loin des siens et de son pays ; mais
mourir en mer pour être jeté dans ses mystérieuses profondeurs,
n'est-ce pas le comble de la fatalité ?... la tombe du malheureux
Ballat restera à tout jamais inaccessible et oubliée: sa famille et
ses amis ne la verront point, ils ne pourront jamais y répandre
leurs prières et leurs pleurs. Quand on meurt à terre, quelque
lointaine et sauvage que soit la région où l'on succombe, on peut

creuser un tombeau, le marquer d'une pierre ou d'une croix et espérer de le revoir. Mais dans les immensités de l'Océan, le corps roule dans les flots, et puis rien!... rien qu'un souvenir d'attendrissement et d'effroi !

O sombre Océan ! l'homme se dessine à peine sur ta surface, lorsqu'il s'enfonce comme une goutte d'eau dans tes gouffres profonds, ignoré, privé de linceul et de tombeau [1] *!*

C'est dans de tels malheurs surtout qu'il faut faire appel aux sentiments chrétiens. Après tout, aux yeux de la foi, de cette foi héroïque et toute pure qui transporte les montagnes, qu'importe l'endroit où repose ce corps si vite dissous et corrompu? Qu'importent le lieu et la nature de la tombe, pourvu que l'âme s'envole dans le repos du Seigneur...

Nous étions par 18° 03′ latitude Sud et 40° 32′ longitude Ouest, à la hauteur environ du *Rio-Dolce*. C'est à ce point d'intersection que se trouvait la tombe de M. Ballat. Je pris donc une plume, et, après avoir cherché ce point sur une carte marine, j'y dessinai une *croix*. Puis, au dessus, j'inscrivis le nom du malheureux et la date du décès.

Voilà tout le monument funéraire que l'on peut élever sur les tombes du vaste et redoutable Océan!...

Deux autres marins étaient déjà alités, et l'un deux, Camoïn inspira, dès le lendemain, les plus vives inquiétudes. J'allai le voir et je fus frappé de la coloration jaune de ses yeux. Le soir, le *vomito negro* commença. Ses effets sont terribles et on ne peut les voir sans frissonner. Le pauvre matelot ne pouvait garder aucun aliment. Tout ce qu'il prenait, il le rendait aussitôt avec des flots de sang noirâtre comme du marc de café ; et les vomissements étaient continuels : un peu de glace fondue dans la bouche suffisait à les

---

[1] Byron.

provoquer, et un hoquet invincible venait encore ajouter un sur-
croît de fatigue et de souffrance. En vain ses compagnons, pleins
de sympâthie pour sa douleur et d'admiration pour son courage,
lui prodiguent-ils les soins les plus dévoués : le moment fatal
approche.

Mais c'était une de ces constitutions robustes et nerveuses qui
résistent jusqu'au bout ; un caractère ferme qui ne connaît point
la peur. On aurait dit que la force de sa volonté ralentissait le pas
de la mort. Il réagissait donc avec une étonnante énergie, et il
conserva jusqu'à la fin tout son courage et toute son intelligence.
Moins d'une heure avant sa mort, bercé par une trompeuse espérance, il parlait avec bonheur de sa guérison future, en reconnaissant avec effusion les soins qui lui étaient prodigués. Enfin,
il tombe dans le délire, ses mains se crispent, sa figure se con-
tracte... Quelques minutes encore... et il rend le dernier soupir.

C'était le lundi gras, 24 février, aux premières ombres du soir,
« à cette heure sombre, qui, selon le poète, ramène les regrets
chez ceux qui naviguent et attendrit leur cœur en leur rappelant
les doux amis auxquels ils ont dit adieu. »

Camoïn était un marin intelligent et intrépide. Les attraits de
notre voyage et les sollicitations amicales d'un officier de la *Junon*
lui avaient fait quitter à terre une excellente situation. Et le voilà
qui meurt tristement, loin de sa famille, dont il était le Benjamin,
et à laquelle il venait d'annoncer son arrivée prochaine. Deux
heures après son trépas, nous lui rendions les derniers devoirs
par le parallèle de Pernambouc.

Bientôt une autre victime ! Le maître charpentier, Jance, mourut
le surlendemain 26, le mercredi des *Cendres*, à 10 heures du
matin, près de l'île *Fernando-Noronha*. Les frayeurs morales ont
vraisemblablement hâté sa fin, si elles ne l'ont pas causée... Il
travaillait tranquillement sur le pont, quand on transporta le corps

de M. Ballat sur la dunette. Ce spectacle l'épouvanta. « Je suis malade », dit-il assitôt, comme mystérieusement frappé par l'aile sinistre de la Mort...

Terrible maladie qui, en quelques jours, parfois en quelques heures, vous enlève avec la plénitude des facultés intellectuelles. Elle revêt diverses formes, suivant les divers individus, se dissimulant presque toujours, dans le principe, sous l'apparence d'un malaise vague et à peine sensible. Et rien, quand le malade est arrivé à la période des vomissements, ne peut arrêter la terminaison fatale.

Voilà déjà trois personnes de l'équipage perdues. Une seule pensée s'empare des esprits, un seul mot circule sur le bateau : *La fièvre jaune, l'épidémie est à bord !...* Parole sinistre et bien capable d'émouvoir tout caractère, quelles que soient sa trempe et son énergie. On se figure aisément la terreur d'une population en proie à la peste, au choléra, et renfermée dans les murs d'une ville par un cordon sanitaire. Que d'effroi! Que de gens affolés par la peur et le désespoir ! Mais à bord le danger est bien plus grand, le spectacle plus triste. Là, les ressources de toute sorte abondent, l'espace est relativement grand, les personnes qui meurent à vos côtés vous sont souvent indifférentes, et la fuite, quoique lâche et inutile dans bien des cas, n'est pas néanmoins impossible. Ici, une prison étroite dans laquelle vous retient fatalement l'immensité des flots... Et d'ailleurs l'arrivée près d'un port ne change rien à votre situation ; vous avez des barques pour franchir les eaux vous voyez à quelques pas la terre qui peut-être vous guérirait, mais des règlements nécessaires et inflexibles vous enferment dans votre malheur... Où fuir, où se réfugier? On est définitivement parqué dans l'épidémie et condamné à en suivre les chances jusqu'au bout.

« L'épidémie est à bord ! » Elle y était bien, en effet, et très caractérisée et de plus en plus menaçante. Et la fournaise des régions équatoriales, où nous nous trouvions pour quelques jours encore, devait en favoriser le funeste développement. L'élévation extraordinaire de la température rendait nos cabines inhabitables et il fallait installer des lits de camp dans les salons et sur le pont. Et notre navire marchait avec une lenteur désespérante. Luttant contre le vent et les courants, et plongeant trop dans l'eau sous le poids de ses treize mille sacs de café, il était retardé de deux ou trois milles par heure, et au lieu d'avoir, comme à l'ordinaire, une moyenne de dix nœuds, il n'en filait plus que sept à huit.

Enfin, pas de médecin. Notre docteur, malade, avait été débarqué déjà, à l'aller, à Montévidéo. Le pharmacien, souffrant lui-même, nous avait quittés à Panama pour regagner directement la France.

Heureusement notre professeur d'histoire naturelle, M. Collot, grâce à ses grandes connaissances en chimie et en pharmacie, put jusqu'à un certain point, les remplacer.

Cependant le fléau se joue de notre vigilance et de nos efforts. Voici notre cher compagnon de voyage, M. Humbert, le professeur de géographie, atteint d'un violent mal de tête, qu'il néglige pendant deux jours. Le vendredi soir, 28 février, apparaissent des symptômes nouveaux : il est plongé dans un grand abattement et sent tout son corps frissonner ; ses membres et ses reins surtout sont brisés. Le poison de la fièvre jaune circule dans ses veines ; ne l'aura-t-il pas déjà trop profondément lésé ? On lui administre immédiatement les remèdes indiqués. C'est trop tard. Il succombe quarante-huit heures après, le dimanche 2 mars, à neuf heures du soir.

Il s'éteignit doucement, sans souffrances apparentes, et sans avoir conscience de son état. A un certain moment, il se redressa subitement; levant sa main et tenant ses regards fixés sur un objet, il comptait: *un, deux, trois, etc... dix-neuf...* — « Dix-neuf », répéta-t-il, et il expira.

Nous disions souvent que nous arriverions à Marseille vers le 19 mars. Ce fut cette pensée sans doute qui donna un reste de force à sa main, et à ses yeux un dernier éclat. La France, en ce moment suprême, traversa son esprit et son cœur, comme une radieuse vision : il mourut en rêvant de la patrie! ! !

Cette fin si tragiquement rapide, nous émut jusqu'au plus profond du cœur. Alsacien, d'une confiance indomptable, M. Humbert av ait un caractère doux et un esprit facile, qui lui avaient, dès le premier moment, concilié la sympathie de tous. Mourir à cette heure où l'avenir lui souriait avec amour, c'était dur, c'était navrant! Une nuit excessivement noire nous enveloppait, le vent soufflait avec force et la mer déferlait sur le navire. « Mon Dieu! s'écria un officier à cette nouvelle, qu'un cyclone vienne nous submerger, et tout sera fini. »

Que l'on ne s'étonne point de cette sombre impatience. Les marins ne redoutent ni fatigues, ni obstacles matériels ; ils luttent, sans défaillir, contre la fureur de l'Océan, mais il ne sont pas habitués à combattre un ennemi insaisissable et invisible. Un bon matelot ne *boude* jamais devant la mer et ses tempêtes, mais une épidémie qui l'attaque à l'improviste le surprend et le trouble. Frappés et déconcertés, beaucoup perdent alors leur sang-froid proverbial et leur folle assurance.

L'équipage a peur... Les funérailles, dès le second décès, se font plus rapidement et avec moins de solennité. On n'arrête point e bateau et on ne transporte plus les cadavres sur la dunette; on les jette à la mer, une heure, une demi-heure après la mort, à l'endroit du pont le plus rapproché. Un simple *De profundis*. et le corps de l'infortuné est abandonné dans la plaine liquide...

M. Humbert semblait avoir, depuis longtemps, des pressentiments sinistres. Lorsque la *Junon* reçut, à Panama, l'ordre d'interrompre son voyage, les passagers étaient déjà dans l'intérieur des États-Unis. Nous dûmes donc, sans avoir le plaisir de leur faire nos adieux, reprendre le chemin de la France par la longue route du détroit de Magellan. Pour moi, j'étais peu effrayé de cette perspective et il ne me déplaisait pas trop de revenir dans des pays où j'avais bien des amis à revoir, bien des choses à étudier et à admirer. Mais M. Humbert, assez faible par tempérament, et qui s'était laissé envahir par le *spleen*, redoutait ce second tour de l'Amérique; souvent il paraissait en proie à une sombre tristesse. « Pourtant, lui disais-je parfois, ne préférez-vous pas, somme toute, être venu jusqu'ici qu'être resté à Paris? — Oui, plus tard, je le préfèrerai, quand je serai en France... si j'y arrive, mais jusque-là, non !... »

Si nous avions pu du moins l'enterrer sur une terre quelconque!... Mais rien autour de nous; pas un îlot, pas un rocher. Et nul moyen de le conserver. D'ailleurs la situation est critique; les mesures hygiéniques, dans ces circonstances, ne sauraient être trop sévères: *Dura lex, sed lex*. C'est donc dans l'Océan encore que nous ensevelissons notre malheureux ami. Le corps est jeté, derrière l'hélice, dans les lames qui bouillonnent. Je reste quelque temps sous la dunette avec M. Collot, et, appuyés sur le bastingage, nous tenons nos regards attachés sur le point où il a disparu, écoutant les plaintes des vagues et les gémissements des flots... Mais la *Junon* marche avec rapidité, la nuit est sombre et nous envoyons un dernier adieu à son tombeau. Qu'il soit respecté par les terribles habitants des eaux et par les courants impétueux, mais surtout que Dieu ait son âme !

Le commandant fait prendre des mesures hygiéniques; le phénol et le chlore sont répandus à profusion, des fumigations sont faites dans les cabines, les salons, sur le pont, partout. Mais tout est inutile : rien n'arrête l'implacable puissance du fléau.

Le lendemain matin, 3 mars, nous avons un autre malade, l'excellent maître d'hôtel, M. Habets. Et, pour comble de malheur, M. Collot lui-même se sent bientôt atteint et est cloué dans son lit.

Le jeudi matin, 6 mars, nous arrivons à l'île Saint-Vincent. La vue de la terre nous cause une grande joie, mais nous n'y trouvons que déceptions et ennuis. *L'Intendance sanitaire* nous interdit toute communication avec la ville. Pas même la faculté de nous promener, quelques heures, dans quelque coin isolé d'une île stérile et inhabitée dans sa plus grande étendue ! Durant tout notre séjour, une barque montée par des nègres reste embossée derrière le navire, pour prévenir toute descente.

Le soir, l'état de M. Habets empirait d'une manière inquiétante et le capitaine fit prier le Directeur de vouloir bien recevoir le malade dans le lazaret, s'il y en avait un, ou de lui faire du moins, dans le cas d'un refus, une visite à bord. Pour toute réponse, le docteur nous envoya, par un nègre, l'ordre de quitter la rade et d'aller mouiller au loin. « Dites, répliqua le commandant, que nous ne reculerons pas d'un tour d'hélice, avant d'avoir reçu les provisions et les remèdes demandés. » Enfin le lendemain, à midi, le médecin venait le long du bord pour voir de loin le malade et lui ordonner le vin d'Oporto. Quel souci et quelle promptitude ! Quelle charité et quel courage ! Quant au lazaret, on a le projet d'en construire un... plus tard. Grande consolation pour nous !

Impossible donc de débarquer le pauvre malade. Je me trompe : on nous proposa de le laisser seul sur la rade dans une *mahone* où, tous les matins, la nourriture lui serait apportée. Quelle dérision ! Que l'on juge, par là, du pays et des gens ! Mieux vaut, s'il faut absolument mourir, rester au milieu d'un entourage affectueux que parmi des barbares.

La quarantaine est juste sans doute, et il est fort légitime et tout naturel que des milliers d'habitants ne laissent pas répandre dans leur sein le danger et la mort. Pourtant faut-il encore donner des secours aux navires ainsi *anathématisés :* la justice et l'humanité le réclament impérieusement. Mais qu'importe tout cela à messieurs les Portugais ? Partout ils se montrent inconvenants et grossiers. N'est-ce pas à eux qu'un grand homme jetait, un jour, cette apostrophe : *Vous seriez le dernier des peuples, si les Napolitains n'existaient pas !* » Et, pour compliquer encore la situation, on n'envoyait à la *Junon* ni vivres ni charbon. La fatalité ne semblait-elle pas nous poursuivre ? Un hasard extraordinaire voulut nous faire rencontrer, là, toute une escadre anglaise, qui allait au Cap de Bonne-Espérance combattre les Zoulous révoltés. Les *John-Bull* de Saint-Vincent, qui tiennent entre leurs mains les négoces les plus importants, servaient naturellement leurs compatriotes avant nous. Je ne leur en fais point un crime, mais ce n'en était pas moins fâcheux, car nous restions ainsi dans un climat et sous un ciel qui favorisaient le fléau. Nous dûmes passer, là, près de quatre jours, au lieu de douze ou treize heures, qui nous eussent suffi dans des circonstances ordinaires, et subir constamment les chants militaires et bachiques des dragons anglais.

Nous partîmes enfin le dimanche au soir, 9 mars. Le bruit de l'appareillage et les premiers sifflets de la machine jetèrent dans le pauvre malade un trouble qui m'émut jusqu'au fond du cœur. « Est-ce qu'on chauffe ?... Est-ce qu'on part ?... me demanda-t-il, effaré, tremblant. — Oui, lui dis-je, mais vous ne vous en trouverez que mieux : car nous rentrerons plus tôt dans les régions tempérées et en France. — Oh ! me répondit-il, je n'y arriverai pas !... » Et en même temps il me regardait avec tristesse et il serrait passionnément mes mains de ses mains défaillantes, tandis que je m'efforçais de ranimer son courage et de calmer sa douleur.

Il ne se faisait aucune illusion sur son état : la fièvre jaune était désormais connue. Mes secours spirituels parvinrent cependant à le tranquilliser. Le lendemain matin, le trouvant très mal, je ne le quittai presque plus. D'une constitution forte, il résista longtemps à la terrible action de la maladie, dont il suivait d'ailleurs les progrès croissants avec une lucidité d'esprit surprenante. Souvent il se regardait attentivement les mains pâles et amaigries, et alors il soupirait profondément et il se mettait à pleurer. « Quel jour est-ce ? » demanda-t-il une fois ; et comme son garde-malade eut l'imprudence de lui dire : « *Pourquoi cette question ?* — Mon ami, répondit-il, en jetant sur lui un regard d'une tristesse indicible, vous ne devriez pas me parler ainsi. » Je restai à son chevet toute la nuit du lundi au mardi. Dans le délire, il prononçait souvent les noms de sa femme et de son enfant : douces et lointaines visions qui lui apportaient sans doute et la plus suave félicité et les plus poignantes douleurs. Parfois aussi il avait des accès de chagrin et d'impatience que ma parole seule pouvait apaiser. Cependant cette agitation délirante tomba quelques heures avant son trépas pour faire place à un calme admirable. Le mal semblait s'en aller doucement. Hélas ! c'était pour tout emporter avec lui... (mardi 11 mars, onze heures du matin). Sa mort fut douce et paisible ; ses traits, loin de subir la moindre déformation, prirent au contraire une expression d'ineffable sérénité, et lorsque je dis au garde-malade : « *Tout est fini,* » on eût pu croire qu'il sommeillait encore. M. Habets était un Hollandais, un bel homme, la bonté et la loyauté même. Indépendamment de sa langue nationale, il parlait et il écrivait le français, l'allemand, l'anglais. La fièvre jaune semblait convoiter de nobles victimes. Plus que personne, il souffrit dans son esprit et dans son cœur. Sans illusions, sans espoir de salut, loin des siens... et puis l'Océan pour tombeau !... Cette pensée surtout l'attristait. « Je serai jeté à la

mer, dit-il une fois ; plaise au Ciel du moins que ma famille ne le
sache pas ! faites-lui croire qu'on m'a enterré à Saint-Vincent. »
Hélas ! cette faible consolation même, on ne put l'accorder aux
siens. La loi, à cet égard, est d'une sévérité impitoyable : il faut
préciser le lieu du décès, et sa famille sut bientôt que l'infortuné
avait été enseveli à midi, dans l'Océan, par 20° 06′ lat. N. et 24° 11′
long. O., à la hauteur du banc d'*Arguin*, que le naufrage de la
Méduse a rendu si tristement célèbre.

Enfin nos malheurs sont sans doute finis ! Voilà bien assez et
trop de victimes ; Dieu va arrêter là nos épreuves.

Tandis qu'on se berce de cet espoir, trois personnes tombent
malades à la fois : un officier, un chauffeur et le second cuisinier.
Celui-ci paraît le plus grièvement atteint. Comme on essayait de
lui persuader qu'il avait seulement une fièvre intermittente. « Non,
non ! répondit-il, je l'ai eue autrefois, cette fièvre, et je reconnais bien que ceci est un mal différent ; j'ai la fièvre jaune !... »
Et, la figure injectée, il allait et venait, courait sur le pont, montait sur la dunette, se réfugiait dans sa cabine, s'étendait sur un
hamac ou sur un fauteuil, puis se levait en sursaut pour courir
encore avec une sinistre agitation, comme s'il eût voulu s'étour-
dir et s'assurer contre sa faiblesse et les progrès du mal. Vains
efforts ! la fièvre jaune sévit cette fois avec une cruauté et une
rapidité foudroyantes ; en moins de quarante-huit heures, elle
emporte sa proie au milieu d'un cortège non encore observé de
souffrances, de râles et de convulsions. C'était le dimanche matin
16 mars. La journée était délicieusement belle et la mer déroulait
ses nappes les plus unies et les plus limpides. Le cadavre est jeté
dans les flots et le vaste tombeau se referme et la mer sereine continue à scintiller et à sourire sous les baisers de la brise et du
soleil. Cette gaieté des flots semblait insulter à notre malheur, et le
contraste augmentait encore nos angoisses.

On voulait cacher sa mort aux autres malades, mais le cadavre, en tombant, passa précisément devant leur hublot !

Quelle douloureuse navigation et avec quelle mélancolie nous pensions aux premiers jours de notre voyage, qui nous avaient donné tant de plaisir et tant de joie !

Nous voilà dans des régions assez fraîches : nous venons. d'atteindre le 34ᵉ parallèle Nord. Et la maladie néanmoins persiste toujours. Comment n'a-t-elle pas cédé à la fraîcheur de la température ? quand donc serons-nous à l'abri de ses mortelles étreintes ?... On se le demande avec anxiété ; on fait des suppositions, des hypothèses diverses, et on se livre à mille conjectures. D'aucuns pensent que le bord même est empoisonné et que la, marchandise est infectée. Des phénomènes analogues se sont vus paraît-il, autre part et plus d'une fois. Étions-nous dans le même cas, ou bien la fièvre jaune ne se développait-elle réellement que sous l'action tardive de germes délétères pris à Rio-Janeiro ? *Chi lo sa ?*

Le lundi soir, 17, nous arrivons à Gibraltar. La libre pratique nous est rigoureusement interdite, et toutes les lettres que nous envoyons en France sont reçues au moyen de longues pincettes, percées de coups de canif et purifiées sérieusement avec du vinaigre et je ne sais quelles drogues parfumées. La patente de santé subit tant de lustrations qu'elle n'est plus qu'un chiffon en lambeaux et à peine lisible, quand elle est rendue au capitaine. Mais du moins, la provision de charbon et de vivres est promptement portée à bord, et le lendemain nous pouvons partir.

D'ailleurs les malades vont bien, en apparence du moins. Voilà devant nous les côtes d'Espagne. Et puis bientôt les rivages de la France !... Oh ! de quels vœux ardents nous appelons cette terre bénie qu'il nous semble toujours entrevoir à l'horizon !... Quelques heures encore et nous allons retrouver la joie du foyer et respi-

rer au bonheur, au souffle ardent de la patrie. Nous voilà sauvés !...
Hélas ! non. Le calice des douleurs n'est pas entièrement épuisé.

Le premier chauffeur, Ginovard, qui semblait depuis quelques
jours en convalescence, tombe tout à coup dans un affaiblissement
de triste présage. C'était un Espagnol ; il allait passer devant
Barcelone, où il avait reçu le jour et coulé son enfance, et
d'avance il savourait son bonheur. Il y arriva, mais l'intelligence
obscurcie, le regard éteint (samedi 22 mars). Ainsi il mourut et
fut jeté à la mer presque devant sa belle ville natale. Peut-être
même les courants l'auront-ils porté dans ses eaux et sur sa plage
si tendrement rêvée !...

La fièvre jaune venait de conquérir une proie de plus. Et nous
étions si près du port ? à quelques heures de Marseille ! La Mort
nous poursuivait avec une désespérante cruauté : elle monta à
bord à Rio-Janeiro et nous accompagna avec une terrible et perfide ténacité. Elle nous frappa jusqu'au dernier terme avec une
rigueur implacable, et ce n'est qu'en face des premières côtes de
France et au seuil pour ainsi dire de nos foyers et dans les bras
de nos familles qu'elle arrêta ses coups.

Enfin, nous arrivons à Marseille par un temps sombre et plu-
vieux, à cette heure du soir où toutes les cloches de la ville son-
naient l'*Ave Maria*. Heure toujours solennelle que celle du retour,
souvent aussi triste, parfois même plus douloureuse et plus agitée
que celle du départ. Car qui peut assurer à l'absent qui arrive
qu'il retrouvera tous ceux auxquels il a dit adieu ? — Depuis
longtemps sans nouvelles de nos familles, nos cœurs, à cet égard,
étaient partagés entre la crainte et l'espérance. Et puis comment
ne pas penser aux malheureux que nous avions perdus en route ?
Aussi cette joie qui palpite si vivement dans le sein du voyageur
lorsqu'après les périls d'une longue navigation, il revoit le sol
natal, était-elle chez nous fortement mélangée de tristesse ; et les

carillons que j'entendais retentissaient à mes oreilles, tour à tour
ou à la fois, comme un glas frémissant et lugubre et comme une
voix mélodieuse de joie et de bonheur.

Le capitaine partit immédiatement avec M. Collot pour aller
arraisonner à travers une grille tutélaire avec la *santé*. Après
avoir, d'après le code sanitaire, prêté le serment de révéler sans
restriction toute la vérité, il déclara que *sept* hommes étaient
morts de la fièvre jaune !... « Sept ? répondit le délégué stupéfait !
sept ?... par la fièvre jaune !... Partez pour le *Frioul*, on statuera
ultérieurement sur votre sort. » — Et il ferma précipitamment le
guichet.

Le Frioul est un port artificiel récemment construit par une
belle jetée qui relie les deux îles de *Pomègue* et de *Ratonneau*,
situées en face et à quatres mille environ de Marseille. Ce sont des
rochers remarquablement nus et infertiles, sur lesquels s'aven-
turent timidement quelques plantes étiolées et des arbustes
rabougris. Vous y chercheriez en vain un autre abri que les
bizarres déchirures du roc, une autre ombre que celle des roches,
une autre promenade que des sentiers ardus, difficilement tracés
sur des pentes rocailleuses. On ne pouvait mieux choisir, pour
la séquestration des navires contaminés, que ces deux masses
granitiques : on dirait que la nature les a placées devant Marseille,
comme des sentinelles jalouses, pour en écarter la contagion. Des
hôtels ont été construits pour les quarantainaires, ainsi que des
parloirs, assez semblables à ceux des prisons. Un triple rang de
grilles sépare de leurs visiteurs les quarantainaires, qui d'ailleurs
sont toujours accompagnés d'un garde sanitaire. C'est là que
nous fûmes envoyés avec l'obligation d'y rester jusqu'à nouvel
ordre. Et encore fûmes-nous l'objet d'une insigne bienveillance :
car on tenait fort à nous reléguer dans une crique complètement
isolée, à l'extrémité méridionale de Pomègue où se trouve le

Lazaret. C'est là que la réclusion, eût été complète. Le bateau se trouvait heureusement trop grand pour y entrer.

« Après tous les dangers de la mer, tous les tourments de la vie commune sous une discipline sévère et dans un espace étroit, après toutes les douleurs de l'absence, les angoisses du départ et même du retour, les tortures de la [quarantaine doivent être comptées parmi les plus rudes épreuves du marin.

« L'ancrage est pris, les voiles roulées, une longue campagne est finie, on n'ose encore le croire, c'est trop de bonheur !... De nombreux bateaux s'avancent, chacun reconnaît un fils, un père, une mère, une fiancée peut-être, dans cette escadrille, qui voudrait prendre le navire d'assaut. On se fait des signes, on se tend les bras, on se parle de loin, des larmes roulent dans tous les yeux ; on a besoin de se donner le baiser du retour, de se dilater le cœur, de retrouver enfin les affections de la famille et de la patrie.

« Mais hélas ! un pavillon jaune flotte au mât de misaine !...

. . . . Le pavillon jaune, comme les cliquettes des lépreux d'autrefois, retient tous les canots à distance respectueuse. Les pêcheurs prennent le large, les bateliers évitent le voisinage du navire ; le stationnaire, bâtiment chargé de la police de la rade, veille à ce qu'aucun imprudent ne se hasarde dans les eaux du vaisseau contaminé. Malheur au téméraire qui tenterait de forcer le passage, il serait exposé au feu des mousquetons et des espingoles de la sentinelle maritime [1]. »

Marseille est la terre classique des quarantaines ; il y avait au Frioul beaucoup d'autres navires, qui venaient du Levant ou de l'Égypte, parce que la réapparition plus ou moins grièfe du choléra dans ces pays en rendait toutes les provenances *suspectes*. Mais, comme la plupart n'avaient eu aucun cas de mort à enregis-

---

[1] La Landelle.

trer durant la traversée, c'était seulement une courte observation qu'ils subissaient. Pour nous, on nous infligea un régime sévère, strict, sans accommodements.

Quelque sauvages et désolés que soient les rochers du Frioul, nous aurions eu cependant bien du plaisir à y faire quelques courses vagabondes. C'eût été pour moi une douce et salutaire distraction que de pénétrer dans les anfractuosités de ces roches, d'en gravir les sommets et d'en parcourir les rares sentiers, surtout du côté de la pleine mer. Mais, rien de tout cela : rigoureusement séparés des autres bâtiments, comme des pestiférés, nous passâmes une semaine sans mettre le pied hors du bateau, et un garde sanitaire, grotesque milicien de la salubrité, était à bord avec la mission de faire respecter la consigne. Enfin, on nous accorda, comme une grande faveur, un tout petit espace dans une grande carrière pour nous y promener deux heures par jour.

Une telle rigueur n'est-elle pas excessive ? De l'avis des auteurs les plus compétents, les séquestres sont inhumains, et loin d'arrêter les maladies pestilentielles, ils en favorisent au contraire le développement. Que, pour préserver une ville et tout un pays d'un fléau épidémique, on relègue les navires contaminés à une île déserte, à un rocher isolé, très bien ! Mais là, du moins, on doit faire *disséminer* les malades. En les agglomérant dans les lazarets ou à bord, dit avec raison La Landelle, on fournit un centre d'action à l'épidémie et on condamne à la mort les bien portants.

Nous avions chaque jour la visite du docteur du Frioul, et un bateau nous apportait les provisions avec la correspondance. Tout était débarqué sur la berge ; puis on prenait nos lettres avec une gaffe ou avec des pincettes, et la barque repartait avec un joyeux entrain.

L'état des malades allait en s'améliorant, et notre appétit

prenait des proportions jusque-là inconnues. N'importe ! nous ne cessions d'être regardés et traités comme des pestiférés. Notre réputation, à Marseille, était on ne peut plus mauvaise, et notre proximité de la ville y causa, à certains moments, dit-on, de folles frayeurs. C'est que les Marseillais, malheureusement, connaissent bien les épidémies. On sait les visites qu'ont faites dans leur cité la peste et le choléra. C'est assez, certes, c'est trop ; et, malgré leur ingratitude pour des héros de charité comme Mgr de Belzunce, je fais des vœux sincères pour qu'ils ne fassent pas la connaissance d'autres fléaux exotiques. *Trondé lèr !* si la contagion venait à les décimer, à les détruire, que deviendraient la France et le monde ?...

Un journal de Marseille, sans doute en quête de nouvelles à sensation, apprit un jour à ses lecteurs que, depuis son arrivée, la *Junon* avait perdu encore plusieurs hommes. Dans la ville et au sein des familles intéressées surtout, l'émotion fut grande. L'erreur fut immédiatement rectifiée, mais la *Junon* néanmoins restait toujours suspecte. Les autres bâtiments en quarantaine défilaient successivement devant nous comme avec un air dédaigneux, et nous les regardions s'enfuir, avec des yeux de regret et d'envie. Et ainsi, pendant dix-sept jours, nous restâmes en contemplation, sans pouvoir y pénétrer, devant la *Terre Promise*. Je connais maintenant le supplice de Tantale.

Enfin, après le *déchargement complet du navire*, on le peignit à la chaux, on le lava avec de l'eau chlorurée, on assainit les cales, les salons, les cabines, tout le bord enfin, avec une foule de drogues amalgamées, que, par antithèse sans doute, on décore du nom de *parfums*. — Nos personnes même furent purifiées par des fumigations nauséabondes ; alors nous fûmes *sanitairement réhabilités* et jugés dignes de reprendre notre rang dans la société.

Le pavillon jaune glisse le long du mât et l'ancre est levée,
— mardi soir, 8 avril. L'agitation la plus bruyante et la plus
joyeuse anime le navire. *Machine en avant!* Dans une heure, la
Junon s'est envolée au bassin du Radoul, où elle va réparer ses
avaries, et tous de prendre notre essor. Cette fois, enfin, c'est la
délivrance et la liberté. Nous voilà sur le sol français et au milieu
de la merveilleuse *Cannebière*.

Rudes épreuves que celles qui viennent de finir ! J'ai eu du
moins, dans ces tristes circonstances, l'âcre volupté, la douloureuse satisfaction de prodiguer les consolations morales et les
secours spirituels aux malheureux qui souffraient et qui mou-
raient. Je suis resté des heures et des nuits entières dans leur
cabine ou sous leur tente ; j'ai prié et veillé à leur chevet, j'ai
respiré leur haleine, j'ai assisté à leur dernier soupir. Et ainsi
pendant trente jours, à chaque heure et à chaque minute, ma vie
a été en péril. Dieu ne m'en a pas demandé le sacrifice, qu'il en
soit béni ! Des constitutions d'une force rare ont été un moment
affaiblies et perdues. Et ma santé n'a été éprouvée que par quelques accès de fièvre paludéenne. Pourquoi ? Serait-ce parce que
le dévouement sacerdotal partage souvent, avec l'abnégation du
médecin et la tendresse maternelle, le privilège d'échapper à la
contagion ?...

Je dois un hommage particulier aux matelots Moulard, Labru-
quère et Santelli, qui accomplirent si vaillamment la tâche des
soins matériels nécessaires aux malades.

A la fin, alors que tout le monde chancelait à leurs côtés, ils
restèrent seuls à porter le faix du jour. Et ils ne firent entendre
aucune plainte, et ils ne montrèrent aucune défaillance. Leurs
mains lourdes, accoutumées aux durs travaux, avaient près des
moribonds d'affectueuses prévoyances, et leur cœur éclatait en
ingénieuses délicatesses. Témoin ému du courage et de la sim-

plicité de ces esclaves obscurs du devoir, il m'appartient aussi d'en être le fidèle narrateur. Il m'est doux d'en conserver le souvenir et d'ajouter de nouveaux traits à la liste de ces dévouements inconnus qui ne sont excités ni par l'attente d'une récompense ni par le désir de la gloire.

Mais c'est surtout M. Collot qui acquit des droits à notre reconnaissance. Dès le début de l'épidémie, il mit généreusement à notre service les connaissances qu'il possédait, et, sans son dévouement, j'en suis convaincu, nous aurions eu encore plus de victimes à pleurer. Nuit et jour, il était à la disposition des malades, et refoulant au fond du cœur ses inquiétudes et ses tristesses, il n'apparaissait jamais près d'eux que le front serein et le sourire sur les lèvres. Enfin, épuisé de fatigues et d'émotions, la fièvre l'atteignit à son tour, et je fus heureux d'alléger alors, même par des soins matériels, l'amertume des longs jours qu'il passa dans sa cabine.

Nos malheurs furent grands, mais n'auraient-ils pas pu l'être beaucoup plus encore ? Combien d'autres marins ne pouvaient-ils pas succomber ? Après la mort des hommes les plus vigoureux du navire, Habets, Ginovart, etc., qui se serait étonné que tel et tel les eussent suivis ?... La Providence nous avait gardés, et l'*Étoile de la mer* nous avait souri. Aussi, qu'il me tardait d'offrir mes tendres actions de grâces à Notre-Dame de la Garde, que nous invoquions à la prière publique de chaque jour !

Le matin de Pâques, je montai à son beau sanctuaire, avec quelques amis du bord. On m'y montra suspendu à la voûte, un joli petit navire, *ex-voto* de la *Junon*, en mémoire d'un terrible ouragan qui faillit l'engloutir un jour entre Malte et Alexandrie.

Grande tempête aussi que la fièvre jaune et n'en avais-je pas été préservé peut-être par la *Bonne Mère* !... Aussi, lui offris-je de grand cœur l'hommage de ma gratitude et de mon amour !

Et maintenant, nous voilà dispersés aux quatre vents du ciel !
Mais tout reste et restera toujours gravé dans ma mémoire. La
Junon me rappelle des heures tristes et d'amères déceptions, mais
aussi et surtout des jours bien précieux pour l'esprit et le cœur.
Hæc olim meminisse juvabit. Non, je n'oublierai jamais l'esprit si
distingué, pourquoi ne dirai-je pas supérieur de M. Biard, l'affabilité de M. Andrac, le sympathique caractère des passagers et
des officiers.

Aussi avec quels regrets je songe parfois à la mer que j'adore
et que, — dans un sens, — les tombeaux de nos chers défunts
me rendent encore plus chère, et à tous ces compagnons de voyage
qui m'ont inspiré et accordé tant de sympathie ? Leur excellent
caractère, plus encore que plusieurs mois de vie commune, avait
établi entre nous des relations agréables et une sincère intimité.
Du moins, si j'ai dû faire à quelques-uns mes adieux, j'ai pu
dire à d'autres ce mot plein d'espérance : Au revoir !

TABLE DES MATIÈRES

LE BRÉSIL

RIO-DE-LA-PLATA. — MONTÉVIDÉO. — BUENOS-AYRES

LE PÉROU

PANAMA

RUPTURE DU VOYAGE ET RETOUR DE LA JUNON

—

ÉPIDÉMIE. — FIÈVRE JAUNE

TOURS. — IMPRIMERIE DESLIS FRÈRES.